"十三五"国家重点出版物出版规划项目

|经|济|建|设|卷|

国有企业改革与发展

THE REFORM AND DEVELOPMENT OF STATE-OWNED ENTERPRISES

葛扬 等著

中国财经出版传媒集团
经济科学出版社
Economic Science Press

图书在版编目（CIP）数据

国有企业改革与发展/葛扬等著．—北京：经济科学出版社，2020.1（2023.5 重印）

（中国道路·经济建设卷）

ISBN 978-7-5218-1238-1

Ⅰ.①国⋯　Ⅱ.①葛⋯　Ⅲ.①国有企业-企业改革-研究-中国　Ⅳ.①F279.241

中国版本图书馆 CIP 数据核字（2020）第 014346 号

责任编辑：白留杰
责任校对：齐　杰
责任印制：李　鹏　范　艳

国有企业改革与发展
葛　扬　等著

经济科学出版社出版、发行　新华书店经销
社址：北京市海淀区阜成路甲28号　邮编：100142
教材分社电话：010-88191309　发行部电话：010-88191522
网址：www.esp.com.cn
电子邮箱：bailiujie518@126.com
天猫网店：经济科学出版社旗舰店
网址：http://jjkxcbs.tmall.com
北京季蜂印刷有限公司印装
710×1000　16开　17印张　220000字
2020年6月第1版　2023年5月第2次印刷
ISBN 978-7-5218-1238-1　定价：62.00元
（图书出现印装问题，本社负责调换。电话：010-88191545）
（版权所有　侵权必究　打击盗版　举报热线：010-88191661
QQ：2242791300　营销中心电话：010-88191537
电子邮箱：dbts@esp.com.cn）

《中国道路》丛书编委会

顾　　　问：魏礼群　马建堂　许宏才

总　主　编：顾海良

编委会成员：（按姓氏笔画为序）

　　　　　　马建堂　王天义　刘　志　吕　政
　　　　　　向春玲　陈江生　季正聚　季　明
　　　　　　竺彩华　周法兴　赵建军　逄锦聚
　　　　　　姜　辉　顾海良　高　飞　黄泰岩
　　　　　　傅才武　曾　峻　魏礼群　魏海生

经济建设卷

主　　　编：黄泰岩　吕　政　王天义

《中国道路》丛书审读委员会

主　任：吕　萍

委　员：李洪波　陈迈利　柳　敏　樊曙华
　　　　刘明晖　孙丽丽　胡蔚婷

总　　序

中国道路就是中国特色社会主义道路。习近平总书记指出，中国特色社会主义这条道路来之不易，它是在改革开放40多年的伟大实践中走出来的，是在中华人民共和国成立70多年的持续探索中走出来的，是在对近代以来170多年中华民族发展历程的深刻总结中走出来的，是在对中华民族5000多年悠久文明的传承中走出来的，具有深厚的历史渊源和广泛的现实基础。

道路决定命运。中国道路是发展中国、富强中国之路，是一条实现中华民族伟大复兴中国梦的人间正道、康庄大道。要增强中国道路自信、理论自信、制度自信、文化自信，确保中国特色社会主义道路沿着正确方向胜利前进。《中国道路》丛书，就是以此为主旨，对中国道路的实践、成就和经验，以及历史、现实与未来，分卷分册做出全景式展示。

丛书按主题分作十卷百册。十卷的主题分别为：经济建设、政治建设、文化建设、社会建设、生态文明建设、国防与军队建设、外交与国际战略、党的领导和建设、马克思主义中国化、世界对中国道路评价。每卷按分卷主题的具体内容分为若干册，各册对实践探索、改革历程、发展成效、经验总结、理论创新等方面问题做出阐释。在阐释中，以改革开放40多年伟大实践为主要内容，结合新中国成立70年的持续探索，对中华民族近代以来发展历程以及悠久文明传承的总结，既有强烈的时代感，又有深刻的历史感召力和面向未来的震撼力。

丛书整体策划，分卷作业。在写作风格上，注重历史和现实相贯通、国际和国内相关联、理论和实际相结合，对中国道路的重大理论和实践问题做出探索；注重对中国道路的实践经验、理论创新做出求实、求真的阐释；注重对中国道路做出富有特色的、令人信服的国际表达；注重对中国道路为发展中国家走向现代化的途径、为解决人类问题所贡献的中国智慧和中国方案的阐释。

在新中国成立特别是改革开放以来我国发展取得的重大成就基础上，近代以来久经磨难的中华民族实现了从站起来、富起来到强起来的历史性飞跃，焕发出强大生机活力，迈进中国特色社会主义道路发展的新时代。在新时代建设社会主义现代化强国的新的历史征程中，中国财经出版传媒集团经济科学出版社、中国特色社会主义经济建设协同创新中心精心策划、组织编写《中国道路》丛书有着更为显著的、重要的理论意义和现实意义。

《中国道路》丛书2015年策划启动，2017年开始陆续推出。丛书2016年列入"十三五"国家重点出版物出版规划项目、主题出版规划项目。丛书第一批，2017年列入国家"90种迎接党的十九大精品出版选题"；2018年获国家出版基金资助，作为馆藏图书被大英图书馆收藏；2019年被中宣部遴选为"书影中的70年·新中国图书版本展"参展图书，并入选国家社科基金中华学术外译项目推荐选题目录。丛书第二批于2019年陆续推出。

《中国道路》丛书编委会
2019年9月

前　　言

　　国有企业是国家理性选择的结果。尽管世界上很多国家都拥有自己的国有企业，但是，各国经济制度的差异必然导致建立国有企业目的的不同，因而国有企业的性质也会不同。我国仍处在社会主义初级阶段，其基本经济制度就是以公有制为主体、多种所有制经济共同发展。这就决定了社会主义中国的国有企业不同于西方资本主义国家的国有企业。在我国社会主义条件下，发展国有企业，做强做优做大国有企业是为了解放和发展社会主义生产力，为了建立发展社会主义制度的物质基础和生产关系基础，为了实现共同富裕和社会的全面进步，并最终巩固和完善社会主义的基本制度。

　　在社会主义市场经济中，公有制经济为主体，国有经济为主导，这是由社会主义基本经济制度决定的。国有经济的主导作用是由公有制的主体地位赋予的，体现了社会主义基本经济制度的根本性质，国有经济的主导作用是与社会主义初级阶段的基本经济制度和中国的特殊发展阶段相联系的。国有企业是公有制经济的重要载体，国有企业作为公有制实现形式而存在，这是由社会主义本质决定的。因此，我们的国有企业不仅具有企业的一般性，还具有社会主义基本经济制度的规定性，既要承担一定的社会目标，如提供公共品、弥补市场缺陷等，还要追求一定的经济发展目标，如促进资本形成、发展战略性民族产业、落实国家产业政策、实现国有资产的保值与增值以及国家税收的增加等。因此，我国社会主义国有企业具有双重性。

我国国有企业的社会性，不仅来自市场经济本身发展的需要，更来自社会主义制度的要求。作为社会主义国家，我国国有企业的产生及其功能的发挥不仅体现了社会主义公有制理论逻辑，也符合社会主义的制度逻辑。社会主义国家性质决定国有企业性质，社会主义的制度安排决定国有企业的功能定位。我国国有企业是全民所有制企业的性质，实质就是企业生产资料归全体人民共同所有的企业，也就是生产资料归全体人民共同所有的企业所具有的性质。全民所有制是社会主义生产关系的一种主要具体体现形式。实际上，在我国全民所有制企业是以国家所有制具体实现形式体现的。国家所有制具体实现形式，是通过全社会范围的经济联合使劳动者取得生产资料共有者的地位。

社会主义公有制理论逻辑集中体现在我国宪法和党的重要文件及重大决定中。我国《宪法》第六条规定，"中华人民共和国的社会主义经济制度的基础是生产资料的社会主义公有制，即全民所有制和劳动群众集体所有制""国家在社会主义初级阶段，坚持公有制为主体、多种所有制经济共同发展的基本经济制度"。第七条明确指出："国有经济，即社会主义全民所有制经济，是国民经济中的主导力量。国家保障国有经济的巩固和发展。"党的十五届四中全会通过《关于国有企业改革和发展若干重大问题的决定》明确指出，"国有企业是我国国民经济的支柱。发展社会主义社会的生产力，实现国家的工业化和现代化，始终要依靠和发挥国有企业的重要作用"。党的十六大报告指出："国有企业是我国国民经济的支柱。发展壮大国有经济，国有经济控制国民经济命脉，对于发挥社会主义制度的优越性，增强我国的经济实力、国防实力和民族凝聚力，具有关键性作用。"党的十七大和十八大报告同时强调"毫不动摇地巩固和发展公有制经济"

前　言

"增强国有经济活力、控制力、影响力"。党的十八届三中全会指出，"公有制为主体、多种所有制经济共同发展的基本经济制度，是中国特色社会主义制度的重要支柱，也是社会主义市场经济体制的根基""必须毫不动摇巩固和发展公有制经济，坚持公有制主体地位，发挥国有经济主导作用，不断增强国有经济活力、控制力、影响力"。党的十九大报告在重申"必须毫不动摇巩固和发展公有制经济"的基础上强调，要完善各类国有资产管理体制，改革国有资本授权经营体制，加快国有经济布局优化、结构调整、战略性重组，促进国有资产保值增值，推动国有资本做强做优做大，有效防止国有资产流失。深化国有企业改革，发展混合所有制经济，培育具有全球竞争力的世界一流企业。

中国特色国有企业改革发展是中国特色社会主义道路的重要组成部分。国有企业改革始终是我国经济体制改革的中心环节。改革开放40年来，国有企业改革发展不断取得重大进展，总体上已经同市场经济相融合，运行质量和效益明显提升，国有资产管理体制不断完善，国有资产监管力度不断加强。在国际国内市场竞争中涌现出一批具有核心竞争力的骨干企业，为推动经济社会发展、保障和改善民生、开拓国际市场、增强我国综合实力作出了重大贡献，实现了国有企业改革理论和实践的重大突破，实现了市场经济一般规律同中国具体实践相结合。

（1）国有企业改革激活了社会主义市场经济微观主体，促进了社会主义市场经济体制的完善。

国有企业改革实现了从政府机构附属物向市场竞争主体的转变，建立起了以资本为纽带的、以现代企业制度为基础的公司制。国有企业运行质量和竞争力不断提高，对经济社会发展的影响力显著提高，一批富有活力的国有企业脱颖而出，成为国有经济健康发展的坚强主体。随着国有企业改革，国有企业所有权与经营权相分离，政企关系不断理顺，权利、义务和责任相统一，激励机制与约束机制相结合。通过转变政府职能，推进简政放权，依法落实法人财产权和自主经营权。国有企业成为依法自主经营、自负盈亏、自担风险、自我约束、自我发展的独立市场主体，为我国国有企业规模扩大、绩效提高和竞争力的增强奠定了重要基础。

党的十八大以来，国资监管机构职能发生转变，由以管企业为主向以管资本为主转变，董事会依法行使重大决策、选人用人、薪酬分配等权利，保障经理层经营自主权，任何政府部门和机构不得干预。国有企业改革促进了社会主义企业运行机制的发展。通过股份制改革，积极引入各类投资者，实现股权多元化，大力推动国有企业改制上市，发展混合所有制经济。以推进董事会建设为重点，健全公司治理结构，推行职业经理人制度。国有企业实行商业化运作，依法独立自主开展生产经营活动，实现优胜劣汰、有序进退，不断完善了作为独立市场主体公平参与市场竞争环境。从而有效推进了社会主义市场经济的发展和完善。

（2）国有企业改革推进了工业化进程和产业结构演变，促进了我国国有经济布局的战略性调整。

改革开放40年来，国有企业改革有力推动了我国工业化进程，产业结构快速变化，由一个传统的农业国不断发展为工业国。党的十九大报告提出，我国经济已由高速增长阶段转向高质量发展阶段正处在转变发展方式、优化经济结构、转换增长动力的攻关期，建设现代化经济体系是跨越关口的迫切要求和我国发展的战略目标，加快建设制造强国，加快发展先进制造业，推动互联网、大数据、人工智能和实体经济深度融合，促进我国产业迈向全球价值链中高端，培育若干世界级先进制造业集群。改革开放40年来，我国工业化进程的演进和产业结构的升级进程，如我国移动通信业、新能源新材料业等，是以国有企业为支柱发展起来的。

大型国有企业产业结构、产品结构和企业结构的优化，促进了我国国民经济快速发展，我国国有经济布局也不断优化。中央企业从 2012 年底的 115 家调整到 2019 年的 106 家，提高了产业集中度，减少了同质化竞争，提升了专业化水平，增强了产业协同效应。国有资本更多向关系国家安全和国民经济命脉的行业和领域集中，国有资产在军工、电信、民航、能源等重要领域占比达到 90% 以上。我国的基本经济制度所决定了国有经济布局的战略性调整必须巩固和发展公有制经济，增强国有经济的控制力、影响力、带动力，发挥国有经济的主导作用。经过战略性调整，国有资本向关系国家安全和国民经济命脉的重要行业和关键领域集中；国有资本向那些技术先进、结构合理、机制灵活、核心竞争力强的大公司大企业集团集中；国有资本向有市场竞争力的优势行业集中。国有经济的职能、价值与作用体现在对整个国民经济的控制力和主导作用上，强化国有经济的控制力和主导作用，促使整个国民经济充满活力、富有效率、健康运行。因此，搞好国有经济布局与结构的战略性调整，也就相辅相成地推进着非国有经济的发展，有助于突出公有制经济与非公有制经济两者之间的不同优势，并构筑和加强其互补关系，以共同服从真正能够造福于全体人民的国民经济这一最高利益、整体利益。

(3) 国有企业改革提升了自主创新能力，推动了具有全球竞争力的世界一流企业建设。

大型国有企业成为我国科技创新的重要力量，也是我国产业国际竞争力提升的动力源泉。40 年来，国有企业发展取得巨大成就，为我国经济社会发展、科技进步、国防建设、民生改善作出了重要贡献。目前，国资监管系统企业资产总额达 144.1 万亿元，上缴税费约占全国财政收入的 1/5，增加值约占全国 GDP 的 1/7。我国的基础设施建设、能源资源保障、国防军工和战略性新兴产业大多主要集中在国有企业。国有企业在载人航天、探月工程、深海探测、高速铁路、特高压输变电、第四代移动通信等领域取得了一批具有世界先进水平的重大科技创新成果。目前，我国的科技创新投入仍然以大中型国有工业企业为主，其研发投入所占百分比最大。2012~2015年，32.1%的国家科技奖励、46.1%的科技进步一等奖、40%的国家技术发明一等奖由中央企业获得，其中，12项国家科技进步特等奖中央企业获得了10项。在贯彻落实国家宏观调控政策、实施国家重大战略、支持国防现代化建设、保障能源资源安全、精准脱贫攻坚、维护社会稳定等方面，国有企业也都发挥了顶梁柱作用。从新中国成立以来的经济建设看，尽管走过一些弯路，但我国生产力发展速度远比资本主义国家要快，特别是改革开放以来，创造了连续40年高速增长的世界奇迹，一跃成为世界第二大经济体。国有企业在其中发挥着特别重要的作用！

党的十九大报告强调，"创新是引领发展的第一动力，是建设现代化经济体系的战略支撑""加强国家创新体系建设，强化战略科技力量""建立以企业为主体、市场为导向、产学研深度融合的技术创新体系"。在国家创新体系建设中，国有企业的作用举足轻重。必须培育国有企业成为技术创新的主体，从技术引进转变为自主创新，即"从增强国家创新能力出发，加强原始创新、集成创新和引进消化吸收再创新"；同时在产业政策、财税及相关创新服务方面鼓励国有企业专注主营业务，建立研发机构并增加研究开发费用投入，使得自主创新和较强的竞争力成为国有企业绩效增长的源泉。

中国特色社会主义进入新时代，中国经济发展也进入新时代，已由高速增长阶段转向高质量发展阶段，正处在转变发展方式、优化经济结构、转换增长动力的攻关期。新时代经济发展的基本特征，反映了我国社会主义初级阶段社会主要矛盾的转化。在新时代，国有企业面临的国际竞争更加激烈，肩负的使命和责任更加重大。必须针对国有企业在管理体制、运行机制和布局结构等方面还有许多不完善的地方，仍然存在一些亟待解决的突出矛盾和问题，深入推进国有企业改革，对于坚持和完善基本经济制度、坚持走中国特色社会主义道路，对于落实"四个全面"

前 言

战略布局、实现中华民族伟大复兴中国梦，对于适应经济发展新常态、推动我国经济实现中高速增长和迈向中高端水平，对于破除体制机制弊端、做强做优做大国有企业，都具有十分重要的意义。

首先，必须坚持社会主义市场经济改革方向。

长期以来，国有企业改革进程中一直存在两种错误的声音。一种声音主张，效率低是国有资本的天然属性，改革的出路是完全市场化、私有化，否则永远搞不好；另一种声音则主张不能用经济效益等市场化的标准来评价国有企业，国有企业是政府职能的延续，主要是承担社会责任。对此，2015年颁布的《中共中央、国务院关于深化国有企业改革的指导意见》在基本原则中明确提出，要坚持社会主义市场经济改革方向；在主要目标中提出，要"形成更加符合我国基本经济制度和社会主义市场经济发展要求的国有资产管理体制、现代企业制度、市场化经营机制"，这就指明了改革的方向，规划了发展的路径。

坚持社会主义市场经济改革方向，一方面，要求国有企业改革必须坚持和完善基本经济制度，坚持"两个毫不动摇"，坚持公有制主体地位。国有经济不是可有可无的，其主导作用不可或缺，国有企业改革必须积极促进国有资本、集体资本、非公有资本等交叉持股、相互融合，推动各种所有制资本取长补短、相互促进、共同发展。同时，要始终坚持党对国有企业的领导，坚持党的建设与国有企业改革同步谋划、党的组织及工作机构同步设置。另一方面，国有企业改革又要遵循市场经济规律和企业发展规律，坚持政企分开、政资分开、所有权和经营权分开，坚持权利、义务、责任相统一，促使国有企业真正成为依法自主经营、自负盈亏、自担风险、自我约束、自我发展的独立市场主体，坚持激励机制和约束机制相结合，积极推进国有企业分类改革，加快建设中国特色现代国有企业制度。

其次，必须理直气壮做强做优做大国有企业。

在社会主义市场经济条件下，国有企业不仅具有市场主体追求利润的一般属性，同时还承载着实施国家战略和执行国家政策的重任，在促进社会整体效率、稳定社会经济方面发挥着关键作用。国有企业是中国特色社会主义的重要物质基础和政治基础，也是我们党执政兴国的重要支柱和依靠力量。理直气壮地做强做优做大国有企业，是国有企业肩负的重要使命，也是发挥国有企业稳定经济压舱石作用的需要。做强做优做大国有企业，是巩固和完善社会主义制度的根本要求。国有企业属于全民所有，是推进国家现代化、保障人民共同利益的重要力量。做强做优做大国有企业，充分发挥国有经济的主导作用，是维护最广大人民根本利益的客观需要，是全面建成小康社会的重要保障；对巩固和完善社会主义制度，发挥社会主义制度的优越性，具有重要的作用。当然，我们要认识到国有企业与其他所有制企业之间并不是此消彼长、你进我退，而是取长补短、相互促进的关系，二者互利共赢、共同发展，统一于社会主义现代化建设的进程中。

做强做优做大国有企业，是新时代国有企业改革发展的重要目标。习近平总书记强调，要坚持国有企业在国家发展中的重要地位不动摇，坚持把国有企业搞好、把国有企业做强做优做大不动摇。推进国有企业改革要有利于国有资本保值增值，有利于提高国有经济竞争力，有利于放大国有资本功能。这是新时代国有企业改革的基本遵循、目标方向和价值取向。在中国特色社会主义新时代，作为"共和国长子"，国有企业在实现"两个一百年"奋斗目标和中华民族伟大复兴中国梦的历史进程中肩负着重大的责任和使命。只要我们坚定不移地沿着中央指明的改革方向砥砺奋进，理直气壮地做强做优做大国有企业，持续加大改革力度，深入实施创新驱动战略，不断增强国有经济的活力、控制力、影响力、国际竞争力和抗风险能力，国有企业发展定会迈上新台阶，为我国经济社会发展作出新的更大贡献。

再次，必须在深化改革中健全各类国有资产监管制度。

前言

理直气壮做强做优做大国有企业的关键是管理好国有资产管理,这就需要不断改革、健全国有资产监管体制。在新一轮国资国企改革中,国资监管工作必须把制度建设摆在更加突出的位置,努力构建系统完备、科学规范、运行有效的制度体系,使国资监管各方面制度更加成熟定型。党的十九大报告提出,要完善各类国有资产管理体制,改革国有资本授权经营体制,加快国有经济布局优化、结构调整、战略性重组,促进国有资产保值增值,推动国有资本做强做优做大,有效防止国有资产流失。国有企业是国有经济的具体形式,国有资本也是国有经济的具体形式。发挥国有经济的主导作用,不仅要做强做优做大国有企业,还要做强做优做大国有资本。党的十八大以来,国有资本授权经营体制转为以"管资本为主","管资本"是指国家所有权机构直接监管的对象由"企业"转变为"资本"。实现这个转变的前提是国有资产由实物形态的"企业"转换成价值形态的"资本"。

改革和健全国有资产监管体制,是深化经济体制改革的重要任务。要继续探索有效的国有资产经营体制和方式,体现体制、技术和管理创新。如果说经过几十年的积极探索和大胆摸索,国有资产监管机构的职责定位和职能转变都已经有了一个比较成熟的思路的话,如何改进监管方法和手段,适应这样的转变,应该是更大的难点。因为,无论是监管机构还是工作人员,都可能很难适应这样的转变。搞不好,就会陷入老路上去。因此,要按照事前规范制度、事中加强监控、事后强化问责的思路,更多运用法治化、市场化的监管方式,切实减少出资人审批核准事项,改变行政化管理方式。国资国企改革一系列配套制度的健全完善任务十分艰巨。一方面,国资监管各个专业领域已经出台的规章、规范性文件还不尽平衡,"以管资本为主"涉及的一些领域法规制度还比较薄弱;另一方面,现行法律法规与改革举措之间还存在一些不衔接、不协调现象,包括准确界定不同国有企业功能、改组或组建国有资本投资运营公司、积极发展混合所有制经济、规范实行员工持股、建立职业经理人制度等，都亟待在制度建设上加快完善、配套推进。其一，要加快推进国资监管机构职能转变。要按照企业国有资产法、公司法等法律法规，围绕以管资本为主加强国有资产监管的要求，牢牢把握出资人职责定位，进一步明确国资监管边界，大力推进简政放权，全面清理规章和规范性文件。其二，要探索以管资本为主改革国有资本授权经营体制。明确国有资产监管机构与国有资本投资、运营公司，以及国有资本投资、运营公司与所出资企业的关系。其三，要不断强化国有资产监督。健全规划投资、财务审计、产权管理、收益管理等制度，加强出资人监督；加强和改进外派监事会监督，做深做实做细当期和事中监督，及时发现问题、揭示问题和报告问题。

国有企业特别是中央企业，在关系国家安全和国民经济命脉的主要行业和关键领域占据支配地位，是国民经济的重要支柱，在我们党执政和我国社会主义国家政权的经济基础中也是其支柱作用的。深化国资国企改革的任务艰巨，意义重大。因此，国有企业改革发展必须坚持社会主义市场经济改革方向，努力把握市场经济规律和企业发展规律，通过体制、机制和制度创新，完善国有资产管理体制、现代企业制度和市场化经营机制，以解放和发展社会生产力为标准，激发国有企业活力，增强国有经济控制力和影响力，提高发展的质量和效益，为实现"两个百年目标"和中国梦作出更大贡献。

葛 扬
2019 年 11 月

目 录

第一章 国营企业建立和发展 …………………… 1

一、没收官僚资本 / 2

二、改造外国资本 / 6

三、改造民族资本 / 10

四、"156项工程"建立的国营企业 / 15

五、国营企业存在的弊端 / 19

第二章 国有企业改革历程 …………………… 23

一、国有企业放权让利的改革探索阶段
（1978~1984年）/ 23

二、两权分离为基础的经营承包制改革阶段
（1985~1992年）/ 27

三、推进现代企业制度建设阶段（1993~2002年）/ 32

四、深化国有企业改革阶段（2003~2012年）/ 37

五、以实现国有企业功能为导向的混合所有制改革
（2013年至今）/ 42

六、国有企业改革的意义和启示 / 47

第三章　国有企业分类及其改革 ……… 51

一、国有企业分类 / 51

二、推动公益类国有企业改革 / 58

三、推动特定功能性国有企业改革 / 62

四、推动商业类国有企业改革 / 70

第四章　现代国有企业制度构建 ……… 74

一、完善产权制度是构建中国特色现代国有企业
制度的前提条件 / 74

二、公司法人治理结构是完善现代企业制度的关键 / 78

三、职业经理人制度是构建中国特色现代国有
企业制度的灵魂 / 88

四、坚持党的领导是现代中国特色国有企业制度的
特质 / 97

第五章　国有企业创新驱动发展 ……… 103

一、国有企业改革进程中科技创新能力的提高 / 103

二、新时代科技创新推动国有企业竞争力提升 / 112

三、国有企业改革视域下的创新体系与方式 / 127

四、企业家精神与国有企业科技创新 / 133

五、完善知识产权制度推进国有企业创新发展 / 135

第六章　国有企业混合所有制改革与发展 ……… 141

一、发展混合所有制经济是国有企业改革、发展的
必然要求 / 141

二、发展混合所有制经济做强做优做大国有企业和
国有资本 / 148

三、混合所有制经济是基本经济制度的重要实现形式 / 154

四、发展混合所有制经济就是要实现"国民共进" / 159

第七章　国有企业国际化发展 …………………… 166
　　一、国有企业国际发展的历程 / 166
　　二、国有企业国际化发展的战略选择 / 177
　　三、"一带一路"条件下国有企业国际化发展 / 184
　　四、在把握机遇和挑战中积极参与"一带一路"建设 / 197

第八章　国有资产管理体制改革 ………………… 205
　　一、我国国有资产管理体制的演化历程 / 205
　　二、国有资产管理从"管资产"向"管资本"转变 / 215
　　三、推动国有经济布局和结构优化 / 221
　　四、国有资产监管体系的完善 / 233

参考文献　/ 239
后记　/ 247

第一章

国营企业建立和发展

从国营企业到国有企业，是随着改革开放的推进而转变的。由于历史原因和特殊国情，我国国营企业的建立和分类相当复杂。在解放战争胜利及新中国成立前期，我国国营企业的主体主要是通过"没收官僚资本归全民所有"建立的；还有一部分是革命根据地、解放区的公营经济转变而来的。在新中国成立初期，主要是通过对外国资本、民族资本进行改造而来。我国大规模的国营企业建立是在20世纪50年代。伴随着第一个五年计划的全面实施，在苏联的帮助下，我国集中力量优先发展以能源、原材料、机械工业等基础工业为主的重工业，建立了一大批国营企业，初步形成了独立的比较完整的工业体系。无论是从理论上还是从各国经济发展的历史看，国营企业在经济发展的不同阶段都会发挥不同的作用，其在国民经济和社会生活中的地位也不尽相同。在我国，国营企业是共和国的长子，为我国的经济建设作出了巨大的贡献。尤其在新中国成立初期，它为新生的中华人民共和国奠定了可靠的经济基础，成为新中国发展生产、繁荣经济、新中国成立立业的主要物质基础。国营企业在国民经济的运行、加强宏观调控、稳定政治和稳定社会等方面，都起着中流砥柱的作用。

一、没收官僚资本

19世纪后期清政府洋务派大官僚采取官办、官督商办、官商合办等形式开办的近代军事企业和民用企业，是中国官僚资本的雏形。以后北洋政府由外债支持建立的一些官办企业也构成官僚资本的一部分。到了1927年以蒋介石为首的国民党新军阀的统治开始后，官僚资本得到了长足的发展。以蒋宋孔陈四大家族为代表的官僚资本集团，是半殖民地半封建中国的垄断资本。

抗战之后，四大家族通过发行公债、苛捐杂税、商业投机、通货膨胀等手段巧取豪夺而建立起来的国家垄断资本主义工商企业，尤其是在抗日战争时期，四大家族利用自己的政治特权和战时经济统治手段大发横财。到1949年新中国成立前夕，官僚资本在旧中国约占中国全部工业资本的2/3和全部工矿、交通运输固定资产的80%，进而控制了国家经济命脉。另外，官僚资本本身又是一种高度集中的社会化大生产，它集中了一定的现代化设备和科技力量。中国新民主主义革命胜利后，人民政府在全部没收官僚资本的基础上，制定了一系列有关接收官僚资本的方针和政策，直接建立了社会主义国营经济。

早在抗日战争时期，中国共产党就提出了没收官僚资本的基本政策。1940年1月，毛泽东在《新民主主义论》中指出，"大银行、大工业、大商业，归这个共和国的国家所有。'凡本国人及外国人之企业，或有独占的性质，或规模过大为私人之力所不能办者，如银行、铁道、航路之属，由国家经营管理之，使私有资本制度不能操纵国民之生计，此则节制资本之要旨也'"。[①] 1945年4月，毛泽东在中共七大所做的政治报告中指出，国民

[①] 《毛泽东选集》第2卷，人民出版社1991年版，第678页。

党主要统治集团所代表的是中国的大地主、大银行家、大买办阶层的利益。它"一面在口头上宣称要发展中国经济,一面又在实际上积累官僚资本,亦即大地主、大银行家、大买办的资本,垄断中国的主要经济命脉,而残酷地压迫农民,压迫工人,压迫小资产阶级和自由资产阶级"。① 为此,毛泽东重申了孙中山关于"节制资本之要旨",指出独占性的或者规模过大的企业,应由国家经营,并把"要求取缔官僚资本"列入了党的具体纲领。

抗日战争胜利后,中国共产党顺应形势发展,力争通过和平的途径来实现中国的进步和发展,一度把没收官僚资本改为"反对国内官僚资本",进而改为"防止官僚资本之发展"。但是由于国民党挑起内战,中国共产党不得不把"防止官僚资本之发展"恢复为没收官僚资本。

在全面内战爆发一年后,人民解放军转入战略进攻。1947年8月31日,西北野战军前敌委员会在关于在蒋管区作战的几个问题的决定中,提出了"没收战争罪犯、官僚资本、贪官污吏、反动头子、恶霸全部财产"的要求。这个决定得到了中共中央的批准。同年10月10日颁布的中国人民解放军宣言,正式宣布"没收蒋介石、宋子文、孔祥熙、陈立夫兄弟等四大家族和其他首要战犯的财产,没收官僚资本",是"本军的基本政策"之一;同年12月25日,毛泽东在《目前形势和我们的任务》的报告中,明确指出,"没收蒋介石、宋子文、孔祥熙、陈立夫为首的垄断资本归新民主主义的国家所有"② 是新民主主义革命的三大经济纲领之一。

为了顺利地没收官僚资本,中共中央十分注意及时总结和推广经验。1948年2月19日,中央发出"中央工委关于收复石家庄的城市工作经验",指导全党接收城市没收官僚资本的工作。

---

① 《毛泽东选集》第3卷,人民出版社1991年版,第1046页。
② 《毛泽东选集》第4卷,人民出版社1991年版,第1253页。

同年 2 月 25 日，又发出《中央关于注意总结城市工作经验的指示》，"责成各中央分局前委对自己占领的城市，凡人口五万以上者，逐一作出简明扼要的工作总结"，并将总结报告中央。此后各地及时总结经验，报告中央。同年 11 月 28 日，陈云在向中共中央东北局并转中央的报告中，系统地总结了接管官僚资本的经验。在不断总结经验的基础上，中共中央发出了《关于接收官僚资本企业的指示》（1949 年 1 月 15 日）、《关于没收战犯财产问题的指示》（1949 年 1 月 26 日）、《中央关于对旧职员的处理原则的指示》（1949 年 3 月 22 日）、《中央关于接收企业问题的指示》（1949 年 5 月 26 日）、《中央关于旧人员处理问题的指示》（1949 年 9 月）。同时，中央批转了 4 月 1 日《华东局关于接管江南城市指示草案》及请示报告（1949 年 4 月 25 日）、5 月 14 日《华东局对无锡市恢复和发展生产的指示》（1949 年 5 月 21 日）。此外，政务院制定并公布了《企业中公股公产清理方法》（1951 年 1 月 5 日）、《关于没收战犯、汉奸、官僚资本家及反革命分子财产的指示》（1951 年 2 月 4 日）、《关于没收反革命罪犯财产的规定》（1951 年 6 月）。这些指示和《国内和平协定》（最后修正案，1949 年 4 月 15 日），详尽规定并解决了有关接收官僚资本企业的方针、政策、方法，保证了官僚资本主义企业不受损害和破坏，并随即顺利改造成为社会主义的国营企业。

随着人民解放战争的胜利和城市的收复，没收官僚资本工作全面展开，中国共产党对没收工作发布了一系列指示，进一步明确了没收官僚资本的政策界限。1948 年 4 月，中共中央在攻克洛阳后给洛阳前线指挥部的电报中指出："对于官僚资本要有明确的界限，不要将国民党人经营的工商业都叫作官僚资本而加以没收。对于那些查明确实由国民党中央政府、省政府、县市政府经营的，即完全官办的工商业，应该确定归民主政府接管营业的原则。""对于小官僚和地主所办的工商业，则不在没收之列。一切民族资产阶级经营的企业，严禁侵犯。"这个电报指明了应没收的官僚资本主要是国家垄断资本即由国民党中央及省、市县政府举办的工商业。

到1949年底,除台湾地区外,所有在中国大陆的官僚资本企业,都相继由人民政府接管。共计接管的官僚资本企业有①:

工矿方面:国民党政府资源委员会所属企业;中国纺织建设公司所属企业;国民党兵工系统和军事后勤系统所办企业;国民党政府交通部、粮食部和其他部门所办企业;宋孔家族和其他官僚的"商办"企业,"CC"系统的"党营"企业,以及各省地方官僚资本系统的企业。合计工矿业2 858个,其中包括发电厂138个,采煤、采油企业120个,铁锰矿15个,有色金属矿83个,炼钢厂19个,金属加工厂505个,化学加工厂107个,造纸厂48个,纺织厂241个,食品企业844个等。这些企业的职工约129万人。

交通运输方面:国民党交通部、招商局等所属全部交通运输企业。记有铁路2.198万公里,机车4 096台,客车约4 000辆,货车约47 000辆。公路通车里程8.077万公里,载货运输汽车32 543辆。铁路车辆和船舶修造工厂约30个。轮驳船5 698艘,共37万吨。原中国、中央两航空公司在香港的12架飞机,也由职工起义,飞回祖国。

商业方面:复兴、富华、中国茶叶、中国石油、中国盐业、中国蚕丝、中国植物油、孚中、中国进出口、金山贸易、利泰、扬子建业、长江中美实业等十几家垄断性的贸易公司。

金融方面:四大家族把持的"四行两会一库"(中央银行、中国银行、交通银行、中国农民银行,中央信托局、邮政储金汇业局及合作金库)系统和国民党省、市地方银行系统共2 400多家银行,以及原国民党官商合办的其他银行中的官股。

---

① 廖盖隆:《中华人民共和国编年史》(1949~2009),人民出版社2010年版,第11页。

上述企业，包括了官僚资本的最主要部分，没收了它们，标志着没收官僚资本任务的基本完成。

官僚资本主义企业，从被接收的那一天起，随着所有制关系的改变，其性质就发生了根本的变化，成为社会主义性质的国营企业。随着所有制关系的改变，随之而来的就是对企业进行各种管理变革和生产变革。管理变革废除了各种旧的管理制度，改造旧的领导机构，建立新的管理制度和组织机构；生产改革是废除旧的不合理的生产管理和技术管理制度，建立新的生产管理和技术管理制度，使国营企业的面貌焕然一新。随着改革的完成，企业从所有制性质到经营管理制度都发生了根本的变化，社会主义公有制经济逐步建立，确保了人民政府对国家经济命脉的掌控。

二、改造外国资本

解放战争期间，在党的领导下，中国人民逐步摧毁了帝国主义在中国的经济控制权，实行了独立自主的海关政策和对外贸易政策，建立了对外贸易的管理和外汇的管理。然而，直到新中国成立，对帝国主义国家在中国残存的1 000多家企业，并没有没收。

解放战争后期，随着解放军在各个战场捷报频传，外资企业纷纷收缩并且进行资金转移。到解放时，全国只有1 000多家外资企业，拥有职工12万多人，其中90%以上集中在上海。这些企业中包括煤炭、石油、造船、机器、发电等重工业企业；卷烟、肥皂、纺织、制药、食品等轻工业企业；还有一些城市公用事业以及银行、进出口贸易、码头、仓库、房地产等，大部分属英、美资本。以上海为例，1949年5月初上海解放初期，上海的国民政府垄断企业、民族资本主义企业、私营商业企业及外资企业共有33 281家，职工92.41万人，其中外资企业数量锐减到

910家,占比2.7%;职工人数51 476人,占比5.6%[①]。不过,由于外资企业在一些行业具有长期的从业历史,因此仍然占有非常重要的地位。如公用事业几乎全由外商经营,英商、法商经营的电车、自来水、煤气均居独占的地位,一般工业中,英商的卷烟、肥皂、造船、蛋品、硫酸、唱片、牛奶、啤酒、毛绒;美商的电话器材、版纸;法商的氧气;瑞典商的火柴;瑞士商的铝片在行业中有压倒优势。

在新中国成立后,外资企业的特权废除,失掉了依靠和存在的条件。特别是美国对我国实行"封锁禁运"以后,这些企业陷于业务瘫痪状态。随后,我国政府通过管制、征用、代管转让等方式,对有关国计民生和带有垄断性的外资企业以及公用事业有步骤地、有区别地进行了改造、调整和处理。到1956年底,这些企业基本上转入我国政府手中后,逐步变为社会主义国营企业。

以上海为例,外资企业的改造过程分为四个阶段:

第一阶段(1949年5月~1950年12月),这一阶段主要是监督和利用在华外资企业。解放战争后期,随着城市不断解放,在城市经济的接受和管理过程中,如何对待外资企业是一个复杂的问题,而中国共产党又缺乏经验,在这种情况下,有关政策的根据主要还是来自中国共产党对外资的认识。

1949年5月上海解放后,根据英、美、法等国在水、电、煤气、交通等行业的特殊地位,为了保证城市人民生活的正常进行,对问题较多或与城市经济生活相关的领域中主要涉及公用事业中具有垄断地位的企业,如美商电力公司、法商电车电灯公司、英商电车公司和自来水公司等,军管会和人民政府派驻军事特派员或联络员实行监督;一般企业则由公用局派驻业务联络

[①] 根据上海档案馆、财政部财政科学研究所:《上海外商档案史料汇编》(一),1987年,第26页附表,第27页附表,第480页附表资料统计而成。

员。对于其他行业，包括在国际经济正常往来上尚有作用的外资银行、进出口企业、轮船公司以及外侨赖以生活的小工商业，则允许继续经营，凡有利于我国国计民生的生产事业，也允许外商继续投资。①对那些没有什么财产的外资企业，促成其歇业或公告停业，如舞厅、饭店、咖啡馆附设舞厅及电影公司、经营国际贸易公证业务的公证行等。另外，以敌产的性质，接管了3家德国企业。

在第一阶段，在华外资企业有所减少，歇业的有164家，集中于国际贸易和保险、银行业。以银行为例，在其中心业务外汇买卖上，所占比重越来越小。1950年7月国家外汇银行为49.86%，华商银行为26.05%，外商银行尚有23.64%；到了9月，国家银行占有95.09%，华商为3.01%，外商银行只有1.9%。②

第二阶段（1950年12月~1952年），开始大量军管、征用、代管、转让外资企业。其原因是受到朝鲜战争爆发的影响。朝鲜战争爆发后，1950年12月16日美国悍然宣布管制中国在美的公私财产，禁止一切在美注册的船只开赴中国。在此背景下，中国政府采用了针锋相对的应急措施，1950年12月28日就发布命令，对在我国境内的美国政府和美国企业的一切财产实行管制，进行清查，并冻结美国在华公私财产③。根据政务院的管制命令，上海市军事管制委员会公告美国企业的所有人及管理人负责呈报财产情况，未经批准，不得转让及处理。12月30日，华东军事管制委员会首先军管了美国企业：上海电力公司和电话公司、沪西电力公司，分别组织临时管理委员会进行管理。随后被

---

① 孙怀仁：《上海社会主义经济建设发展简史》（1949~1985），上海人民出版社1990年版，第24页。

② 武力：《中华人民共和国经济档案资料选编：金融卷》，中国物资出版社1996年版，第139页。

③ 中央人民政府政务院：《关于管制美国财产冻结美国存款的命令》，载于《新华月报》1951年1月号，第587页。

管制的美国企业还有：友邦银行、美国商业银行、德士古汽油公司、美孚火油公司等115家①。

第三阶段（1953~1956年），上海外资企业全部纳入改造轨道。1953年社会主义改造开始，中国共产党在过渡时期总路线中提出，私营工商业要进一步纳入国家资本主义体系。"帝国主义在华企业"也要"转变为社会主义的人民的企业，成为社会主义性质的国民经济的一个组成部分，促进整个国民经济中社会主义成分的比重增长，国营经济的领导力量增强"②。

面对社会主义改造高潮，外商深感在当时的社会经济状况下，"华商要改造，外商当无前途"，意识到在中国经营企业已无前途，转让可能是结束企业的最有利方式，因此也积极配合人民政府的改造措施。同时，部分合资的企业中，华籍资方向外籍资方也表达了要求改造的倾向性意见。而外资企业中的职工更是强烈要求改变生产关系。另外，在外交方面，1954年中英两国互派代办，英国官方对英商的态度是尽快结束其企业，并认为不可支持英商在转让中谋取高价。"英国政府的态度是明朗的，在华英商应该适应中国所发生的巨大变化"，对英商负责人则表示"无论你们采取什么态度，你们的企业终将为政府所有"③。1953年，上海对价转让了8家外资企业；1954年，又对价转让了9家。1955年，英商汇丰、麦加利、有利3家银行以及英商可的牛奶公司等4家企业完成转让；1956年，14家外资企业以转让的方式成为国营企业。至1956年底，上海剩余外资企业53家，剩余职工2 353人，使已处置外资企业资产数达到原有外资

---

① 上海市档案馆、财政部科学研究所：《上海市外商档案史料汇编》（二），1988年，第25页。此时，北京、天津、广州、南京、汕头等地政府也对该地区的美国企业实行了管制。

② 上海市档案馆、财政部科学研究所：《上海市外商档案史料汇编》（一），1987年，第158页。

③ 上海市档案馆、财政部科学研究所：《上海市外商档案史料汇编》（一），1987年，第469页。

企业总数的 92.8%。①

第四阶段（1957~1962年），外资企业改造进入尾声。经过 1949~1956 年的改造后，上海的外资企业所剩无几，1957 年转让 1 家，歇业 3 家；1958 年又转让 6 家，合营 1 家，歇业 5 家；1959 年代管 1 家。1960 年瑞士华铝钢精厂的顺利转让，外商在华大型企业全部改造完毕；法商永兴洋行的转让，使外商仅存的大型码头仓库也被收为国有。1961 年 2 家公司转让，3 家外商的歇业申请被批准。1962 年，2 家外资企业歇业。从 1949 年 5 月至 1962 年 12 月 14 日期间，755 家外资企业被批准歇业；147 家大中型企业以行政方式和商业方式改造，这些企业转变为社会主义国营企业，成为社会主义经济的支柱之一。

三、改造民族资本

所谓的对民族资本的改造，就是通常所说的三大改造中的对资本主义工商业社会主义改造。毛泽东在继承列宁国家资本主义思想的基础上，结合中国的国情，创造性地提出资本主义工商业的改造形式。根据资本主义工商业的不同情况以及利用、限制、改造的需要，采取国家资本主义方式及和平赎买政策。

从历史发展的进程看，对民族资本的改造大体上可以分为三个阶段：

第一阶段（新中国成立前后到 1953 年上半年），是对民族资本改造形式的探索，产生了委托加工、计划订货、统购统销、委托经销代销等国家资本主义的初级形式，国家资本主义是对资本主义工商业进行社会主义改造的形式。

---

① 上海市档案馆、财政部科学研究所：《上海市外商档案史料汇编》（一），1987 年，第 480 页。

第一章 国营企业建立和发展

新中国成立前后,党和国家的正式文件中最早提到国家资本主义的,是1948年9月中共中央东北局的《关于东北经济构成及经济建设基本方针的提纲》(以下简称《提纲》)。《提纲》是张闻天起草的,经中共中央并批示可"作为各解放区经济建设的方针",因此可以认为它也是中共中央的意见。《提纲》指出,东北地区在彻底消灭封建主义、官僚资本主义,取消帝国主义的经济特权后,国民经济基本上是由五种经济成分构成,这就是国营经济、合作社经济、国家资本主义经济、私人资本主义经济、小商品经济。《提纲》还指出,国家资本主义经济是国家为了经济上的需要,提供私人资本家以一定的生产或经营的条件,而私人资本家则利用这些条件从事生产或经营,这是一种国家同资本家的自愿两利的合作。在这种合作中,资本家可以取得一定的利润,国家则可以对资本家的生产或经营进行必要的管理。这种经济形式是私人资本主义经济中最有利于新民主主义经济发展的,应该成为私人资本主义发展的方向,我们也应当有意识地承认"国家资本主义"这个经济范畴,并有意识地加以提倡和组织。同时,《提纲》还根据东北地区的经验,提出了国家资本主义经济可以有出租制、加工制、订货制、代卖制等具体形式。应当说,这些分析和主张是非常正确的。它们虽然还只是初步的,但对我们党从理论上认识和在实践中发展国家资本主义这种经济成分是非常重要的。

1949年3月,党的七届二中全会吸取了《提纲》中的一些思想,明确提出了国家资本主义是国家同私人资本合作的经济,是新民主主义国家五种经济成分之一。同年9月,中国人民政治协商会议通过的起临时宪法作用的《共同纲领》规定:"国家与私人合作的经济为国家资本主义性质的经济,在必要和可能的条件下,应鼓励私人资本向国家资本主义方向发展,例如为国家企业加工,或与国家合营,或用租借形式经营国家的企业,开发国家的富源等。"① 以上党和政府的正式文件，反映了新中国成立初期党对国家资本主义的基本认识和政策，对实践有极为重要的指导作用。

1950年物价稳定后，因投机倒把、囤积居奇而产生的市场虚假购买力消失，资本主义工商业的生产和经营发生了困难，加上抗美援朝开始，国家需要大批物资，因此，加工订货迅速增加。但从主观认识上来讲，人们仍然只是把加工订货看作是一种维持生产、帮助私营工商业克服困难同时也满足国家需要的手段，而不是着眼于通过这种经济形式来改造私营工商业。

不过，随着加工订货、统购包销的增多和实践经验的积累，人们的认识也逐步深入，看到了这些经济形式可以在一定程度上克服生产的无政府状态，把私营工业的生产和销售纳入国家计划；可以在一定程度上对私人资本主义经济起限制作用；是利用和限制私人资本主义的好形式。1950年6月，陈云在党的七届三中全会上发言讲到有计划地安排对私营工业的加工订货时说："这是逐步消灭无政府状态的手段。通过这种办法，把他们夹到社会主义。"② 在这里，陈云第一次把加工订货这样一种国家资本主义的形式同社会主义前途联系起来，这是一个非常精辟的思想，在实践上有意识地发展了国家资本主义经济。

第二阶段（1953年下半年到1954年上半年），是国家资本主义高级形式——公私合营以及和平赎买政策的产生。

1952年9月以后，经过3年的努力，国民经济已经恢复，社会主义改造和社会主义建设的任务已实际地摆在党的面前。以此为起点，中共中央着手具体解决对资本主义工商业进行社会主义改造的道路问题。1952年10月25日，周恩来在全国工商联筹备委员会第二次常委会后同若干资本家代表谈话。在谈到资本主义

---

① 《中国人民政治协商会议共同纲领》第31条，1949年9月。
② 《陈云文选》（第2卷），人民出版社1984年版，第93页。

工商业的前途时，他一方面指出，私人资本主义经济，特别是工业，一定会随着国家建设的发展而发展，因此不应该担心私营工商业的前途；另一方面也指出资本主义经济将来要转变为社会主义经济。他还说，"将来用什么方法进入社会主义，现在还不能说得很完整，但总的来说，就是和平转变的道路。"① 在这里，周恩来重申了党的和平转变的方针。1953年2月19日，毛泽东在武汉同中南局的几位负责人谈话时说："对民族资产阶级，可以采取赎买的办法。"② 至此，中国共产党人关于和平赎买的概念基本形成。

1953年春，中共中央统一战线工作部部长李维汉带领调查组到上海、南京、武汉等地作调查，对工业中的各种国家资本主义形式作了深入的分析和研究。同年5月27日，他给中共中央送上了一个题为《资本主义工业中的公私关系问题》的报告。在这个报告中，李维汉根据实际调查所得到的材料，分析了从初级形式到高级形式的国家资本主义在社会经济活动中的意义和作用。这个报告鲜明地提出了公私合营是改造资本主义工业的主要好办法，这在认识上是一个飞跃。

毛泽东非常重视李维汉的这个报告，亲自打电话给李维汉，告诉要将他的报告提交中央政治局讨论。1953年6月15日，中共中央政治局召开扩大会议讨论资本主义工商业社会主义改造的问题。会上，李维汉作了《关于利用、限制、改造资本主义工商业的若干问题》的报告，毛泽东、刘少奇、周恩来、邓小平等在会上发表了重要讲话，肯定了李维汉的报告。从1949年3月党的七届二中全会提出的利用、限制资本主义的方针，到1953年6月政治局会议确定为利用、限制和改造资本主义的方针，政策更加完整和系统，对民族资本采取公私合营方式和赎买政策已确定。

---

① 《周恩来统一战线文选》，浙江人民出版社1985年版，第238页。
② 《毛泽东年谱》（1949~1976）第2卷，中央文献出版社2013年版，第33页。

第三阶段（1954年下半年到资本主义工商业社会主义改造基本完成），是国家资本主义的高级形式——全行业的公私合营时期。

1954年1月，中央人民政府政务院财经委员会（以下简称中财委）召开了扩展公私合营工业计划会议。这个会议明确提出了"对有利于国计民生的资本主义工商业的社会主义改造，大体上分两个步骤进行：第一步，基本上纳入国家资本主义轨道；第二步将国家资本主义变为社会主义"。1953年夏季以后，国家资本主义经济形式大发展。国家在扩大加工、订货、经销、包销这类初级形式的国家资本主义的同时，把公私合营这种高级形式的国家资本主义作为改造的主要环节。1954年9月2日，政务院通过《公私合营工业企业暂行条例》，其中规定，对资本主义企业实行公私合营，应当根据国家的需要、企业改造的可能和资本家的自愿。合营企业中，社会主义成分居领导地位，私人股份的合法权益受到保护。合营企业应当遵守国家计划。合营企业的盈余，在依法缴纳所得税后的余额，应当就企业公积金、企业奖励金和股东股息红利三个方面，加以合理分配。股东的股息红利，加上董事、经理和厂长等人的酬劳金，可占全年盈余总额的25%左右，即赎买政策中的"四马分肥"。到1954年底，私营工业的绝大部分都被纳入国家资本主义的轨道，剩下的为数不多。到了1956年底，基本上实现了全行业的公私合营。

1956年实现全行业公私合营以后，赎买改用定息的办法，即在一定时期内，国家按照公私合营企业中核定的私股股额每年付给资本家5%的股息。此外，还保留在职资本家较高的薪金。定息的形式已使资本家的剥削与企业盈余多少无关，也与企业资金的调配、运用脱离了关系，企业的私股只是领取定息的凭证。1966年取消定息，国家资本主义变成社会主义，企业完全转变成全民所有制的国营企业了。

四、"156 项工程"建立的国营企业

除了没收官僚资本，对外国资本改造以及对民族资本改造以外，新中国初期还依靠"156 项工程"① 为核心的近千个工业项目建立了不少国营企业。

新中国成立后，中国的工业化基础十分薄弱，近代工业产值仅占工农业总产值的 12.3%。② 如何快速发展经济、巩固新生的社会主义政权成为执政者最为关心的问题，加快工业化进程并建立一个完整的工业化体系更是成为巩固与维持政治独立的经济前提。

20 世纪 50 年代是二战之后两极格局对峙最为激烈的时期。随着冷战的逐渐展开，以苏联为首的社会主义阵营与以美国为首的资本主义阵营之间的矛盾不断激化。两个阵营不仅在政治制度与军事实力上展开全方位竞争，还围绕着两种不同的经济发展道路展开了激烈较量。中国身处社会主义阵营，对外采取"一边倒"的外交策略。同时中国也是社会主义阵营中经济发展最落后的国家之一。生产落后和长期的战争直接导致新政府的财政困难，正如刘少奇 1951 年 7 月 5 日在一次报告中承认的，中国的

---

① 是中国第一个五年计划时期从苏联与东欧国家引进的 156 项重点工矿业基本建设项目，奠定了中国初步工业化的部门经济基础。以这些项目为核心，以 900 余个限额以上大中型项目配套为重点，初步建起了工业经济体系。如长春第一汽车制造厂、洛阳拖拉机厂等。当时，中国和苏联两国政府经过多次谈判，商定由苏联方面分批分期，以帮助设计、提供成套设备和主要建设物资等形式，对我国扩建 174 个建设项目。在执行过程中，由于建设条件不具备等原因，取消 18 个，形成 156 个项目。其中，扣除两项重复计算和 4 因厂址等问题没有建设的项目，实际正式施工的项目为 150 个，但习惯上仍称为"156 项工程"。

② 中国社会科学院、中央档案馆编：《1949~1952 年中华人民共和国经济档案资料选编》（综合卷），中国城市经济社会出版社 1990 年版，第 63~64 页。

经济还无法做到真正独立。① 在遭受全球绝大多数资本主义国家封锁、禁运、孤立、制裁的环境下,新中国当时可以指望的外来援助只能来自苏联及其他社会主义国家,这也是新中国成立初期在经济发展上依赖苏联的主要原因。

在此背景下,新中国通过等价交换的外贸方式,接受了苏联和东欧国家的资金、技术和设备援助,建设了以"156项工程"为核心的近千个工业项目,使中国以能源、机械、原材料为主要内容的重工业在现代化道路上迈进了一大步。以"156项工程"为核心、以900余个大中型项目(限额以上项目)为重点的工业建设,使中国大地上史无前例地形成了独立自主的工业体系雏形。我国众多的大型国有企业就是伴随着156个项目的实施而建成的。"156项工程"分三批建设完工。

第一批建设项目始于新中国成立初期。随着国民经济已经得到全面恢复与初步发展,政治趋于稳定,经济秩序恢复正常,社会秩序较为安定,为大规模展开经济建设提供了难得的历史机遇,加快经济发展成为全国人民的一致要求。这时中国工业基本建设的核心就是苏联帮助援建的重点项目,即人们常提到的"156项工程"引进工程中的第一批50个项目。

在中国人民政府宣布成立后的1个多月里,中国主要领导人与苏联大使频繁接触,不断反映新中国面临的困难,要求苏联给予帮助。1950年初毛泽东访苏时,双方以政府名义签订了贷款协定并进行了会谈。② 1950年2月中苏领导人会谈的结果是苏联政府答应帮助中国援建恢复经济急需的煤炭、电力、钢铁、有色金属、化工、机械和军工部门的50个重点项目,实际建成47

---

① 中央财经领导小组办公室编:《中国经济发展五十年大事记》,人民出版社、中共中央党校出版社1999年版,第35页。
② 协定文本见中国社会科学院、中央档案馆编:《1949~1952年中华人民共和国经济档案资料选编》(基本建设投资和建筑业卷),中国城市经济社会出版社1989年版,第87~88页。

个，其中改建扩建 22 个，新建 25 个，其中煤炭 5 个（辽源中央立井、阜新平安立井、阜新海州露天矿、鹤岗东山 1 号立井、鹤岗兴安台 10 号立井），电力 6 个（阜新热电厂、抚顺电厂、丰满水电站、富拉尔基热电站、郑州第二热电站、乌鲁木齐热电站），钢铁 1 个（鞍山钢铁公司），有色金属 2 个（抚顺铝厂、哈尔滨铝加工厂），化学 5 个（大连化工厂等），机械加工 5 个，造纸 1 个；70% 以上的企业位于东北境内，这也是东北国有企业是共和国长子的历史原因。[①]

第二批大规模的建设在 1953～1957 年，伴随着新中国实施的第一个五年计划，一直持续到 50 年代末。

第一个五年计划，早在 1951 年春开始由中财委着手试编。1954 年 4 月，中央成立编制五年计划纲要 8 人小组，陈云任组长，开始全面编制工作。第一个五年计划的主要任务有两点，一是集中力量进行工业化建设，二是加快推进各经济领域的社会主义改造。在工业化建设方面，一五期间的基本任务是：集中主要力量，进行以苏联帮助中国设计的 156 个建设项目为中心、由限额以上的 694 个建设项目组成的工业建设。建立社会主义工业化的初步基础，对重工业和轻工业进行技术改造。

1952 年 8～9 月，周恩来率政府代表团赴莫斯科，与苏联政府商谈即将于 1953 年开始的第一个五年计划制定和中国工业化建设问题。原则确定之后，李富春等继续留下与苏方商谈苏联援助的具体细节，历时 8 个月。苏联政府在对周恩来交付的"一五"计划重点工业项目逐一进行了极为详细周密的研究后，除少数中国自己能办或因地质资源不明和"一五"计划期间无法上马的项目外，同意满足中国政府的要求，甚至增加了一些应该开

---

① 中国社会科学院、中央档案馆：《1953～1957 年中华人民共和国经济档案资料选编》（固定资产投资和建筑业卷），中国物资出版社 1998 年版，第 386～387 页；《1949～1952 年中华人民共和国经济档案资料选编》（基本建设投资和建筑业卷），第 270 页。其中不含军工项目。

办而中方没有考虑到的企业。双方最终确定，在1953～1959年内由苏联援助中国新建和改建91个企业。1953年5月15日，李富春和米高扬分别代表两国政府签订了关于苏联援助中国发展国民经济的协定，其中确定的苏联援建项目为2个钢铁联合企业，8个有色金属企业，8个矿井，1个煤炭联合厂，3个洗煤厂，1个石油炼油厂，32个机器制造厂，16个动力机器及电力机器制造厂，7个化学厂，10个火力发电站，2个医药工业企业，1个食品工业企业，共91项。① 截至1960年底，"156项工程"已建成133项工程。

第三批建设是在20世纪60年代。整个50年代，工程项目都是在苏联专家指导下建设的。1960年7月16日，苏联政府突然照会中国政府，决定自1960年7月28日到9月1日撤走全部在华苏联专家，单方面撕毁了对华援助合同。此时，"156项工程"中还有17项正在建设中，这使得剩下的17项工程进入自主建设阶段。我国人民发扬"独立自主、自力更生"的精神，攻克了建设过程中碰到的一个个技术难题，成功地完成了剩余项目的建设工作。

"156项工程"重点建设项目和限额以上的近千个工业建设项目，也初步改变了旧中国工业布局不合理的状况，促进了区域经济的平衡发展。旧中国工业设施的70%集中在沿海一带，有限的内地工业也主要集中在少数大城市。占全国土地面积1/3的大西北，1949年工业产值仅占全国的2%弱，近百年来始终没有工业基点。微弱的工业过于集中于东部沿海一隅，不仅不利于资源的合理配置，对于国家的经济安全也极为不利。为了改变这种状况，第一个五年计划期间，中国政府把苏联援建的"156项工程"和其他限额以上项目中的相当大的一部分摆在了工业基础相

---

① 中国社会科学院、中央档案馆：《1953～1957年中华人民共和国经济档案资料选编》（固定资产投资和建筑业卷），第359～364页。

对薄弱的内地。西部地区形成第一次大规模投资，极大地改变了西部地区的落后面貌，促进了西部地区经济的发展和城市化进程。

以上大型国营企业的建成及"一五"计划的顺利完成，在很长时期内都是我国现代化工业的骨干，其中有许多都是我国过去没有的新工业，如飞机、汽车、发电设备、重型机械、新式机床、精密仪表、电解铝、无缝钢管、合金钢、塑料、无线电和有线电以及基本化工和国防军工企业等。这些新工业的建立，改变了新中国成立前我国工业部门残缺不全的面貌，为我国建立独立完整的工业体系和国民经济及技术改造奠定了主要基础，标志着中国高度集权的以公有化、计划化为根本特征的经济体制的建立。在接下来的20年中，因为历史原因，我国的主要工作重心从经济建设转移到各种政治运动中，经济发展基本上处于停滞状态。正是这些国营企业，奠定了我国国民经济的基础。

五、国营企业存在的弊端

由于历史原因，我国国营企业曾存在着高度垄断、体制僵化、政企不顺、管理落后等多种弊端，这就要求我们要进一步深化国有企业改革，增强其活力和市场竞争力，使之真正成为我国国民经济发展的中坚力量，中国特色社会主义的支柱。

我国的经济制度在改革开放前是单一的公有制计划经济形式，国营企业的生产、销售、价格等依据政府行政计划安排。国营企业的利弊在改革开放前更多地体现在计划经济这种体制上。这种经济体制的基本特征可以概括为以下几点：单一的公有制体制；经济决策权高度集中于中央；在经济调节方面，强调指令性计划的作用；在分配方面倾向于平均主义的"大锅饭"。这种特征决定了计划经济在新中国成立初期起着巨大的作用，但随着时间的推移，其缺陷和弊端日益暴露。

1. 单一的公有制与低下的生产力不相适应

新中国建立初期，我们在认识社会主义社会时，存在认识上的误解，认为社会主义只能是单一的公有制形式。尤其是社会主义改造后期，过急过快，形式过于简单划一，到1956年底，"全私营工业户数的99%，私营商业户数的82.2%，分别纳入了公私合营或合作社的轨道""参加合作社的手工业人员已占全体手工业人员的91.7%"。[1] 从国民收入看，国营、合作社、公私合营三种社会主义经济成分，1956年已达93%，剩下的7%为个体经济；1957年，社会主义经济成分进一步上升到97.2%，个体经济仅占2.8%。单一的公有制生产关系和当时极其低下的生产力极为不适应，严重压制了人们的生产积极性，造成整个社会无法合理配置资源、生产效率低下等问题。经过长时间的曲折，我们才懂得，我国目前还处于社会主义初级阶段，需要坚持公有制为主体、多种所有制经济共同发展的基本经济制度。

2. 经济决策权高度集中于中央

按照传统的理论，计划经济体制似乎应该有利于保持国民经济按比例发展。但宏观调控主体的责权利脱节，党政机关频繁的行政干预和政治运动对经济管理工作的一再冲击，以及企业的讨价还价，都使信息失去时效性，决策的科学性和正确性难以保证，因而在实际上指令性计划的贯彻反而导致宏观上的和结构上的失衡，致使各种商品和物资的短缺几乎成为一种常态。这是因为，"社会产品有几万种、几十万种，如按不同的规格、花色计算那就为数更多，不可能都列入国家计划……而且各类产品（特别是不同的规格、花色）的生产和需要经常发生变化，上级机关

---

[1] 胡绳主编：《中国共产党的七十年》，中共党史出版社2010年版，第321页。

规定得越具体,就越难保障它们供求之间的平衡"。① 因而,宏观经济的总体平衡往往是纸上谈兵。从微观上讲,高度集中统一的计划经济管理体制基本形成以后,中央集权过多,地方和企业的积极性得不到充分发挥,企业的生产、销售、购买原材料、筹集资金、人员招收、产品定价等,完全没有自由选择的余地,从来不必考虑市场竞争的供求变化的影响;我国有许多在50年代、60年代建立的国营企业,本来技术也很先进,但是,十几年、20多年面貌不变,和资本主义国家同类型的工厂比较就大大落后了,一个重要原因是企业缺少自力更生进行技术革新的机动权,微观活力无从谈起。随着时间的推移,其弊病已不是仅仅影响经济的某一地区、某一部门、某一行业或某一环节,而是波及几乎所有的部门、地区和社会再生产的各个环节。"一切基层企业甚至集体经济单位都只能够按照国家计划下达的指标办事,取消它们的自主权和主动性。这样做,将使民经济陷入任死状态,生产和需要互相脱节的现象永远无法解决。特别是在我们这样国土大、人口多的国家,这种计划管理制度,显然是不适宜的。"②

3. 忽视商品经济和价值规律的作用

长期以来,尤其是社会主义改造基本完成以后,长期统治中国社会主义经济建设的指导思想是"计划万能论",商品经济被认为是与社会主义经济不相容的东西,市场经济就是等同于资本主义。在高度集中统一的计划经济管理体制中,原材料、生产、销售、人员、工资总额等都是按计划分配,企业的利润全部上交国家。企业不论经营好坏,盈利还是亏损,工资照发,企业工资总额与经营效果脱节,导致企业吃国家的"大锅饭";在企业内部,职工无论干多干少,干好干坏,都不会影响个人工资分配,

---

① 薛暮桥:《中国社会主义经济问题研究》,人民出版社1979年版,第147页。
② 薛暮桥:《中国社会主义经济问题研究》,人民出版社1979年版,第151页。

工资分配存在严重的平均主义，导致职工吃企业的大锅饭。所谓的按劳分配变成按资历、职位、级别、身份、行业、行政指令等分配。这种制度严重压制了人们的积极性、主动性、创造性，这也是当时国营企业效益低下的主要原因。

这些弊端导致了我国经济发展长期滞后，人民生活水平徘徊不前。1978年党的十一届三中全会之后，以邓小平为核心的党中央，逐步开辟了一条建设中国特色社会主义的道路，开启了我国国有企业改革的时代。

第二章

国有企业改革历程

改革开放 40 年来,作为我国国民经济支柱的国有企业在改革历程中经历了风风雨雨、艰难坎坷,取得了骄人的成绩。40 年改革开放历程表明,国有企业改革是我国经济改革的中心环节,改革的成效或成败,关系到整体经济改革和国民经济的命运。随着改革的不断深入,我国国有企业的管理体制和经营机制发生了深刻变化,国有企业逐步转变成自主经营、自负盈亏的市场竞争的主体,激发出强大的企业活力,国有经济布局和结构调整取得了重大进展,国有经济效益实现了持续增长。在中国特色社会主义新时代,国有企业作为推进国家现代化、保障人民共同利益的重要力量,作为党和国家事业发展的重要物质基础和政治基础,地位重要,作用关键,不可替代。我们要认真总结国有企业 40 年改革历程的经验教训,继续深化国有企业改革,坚定不移地做强做优做大国有企业。

一、国有企业放权让利的改革探索阶段（1978~1984 年）

在 1978 年改革开放之前,我国社会生产是以国有企业为主,企业相当于政府的一个部门,在行政管理等方面完全隶属于政府,生产任务下放,国家统收统支,企业利润全部上缴。国家统负盈亏,企业不负盈亏责任。企业一般采取经济核算制,同时没有破产制度,由政府决定关停并转,企业没有劳动用工权,实行劳动终身制,职工工资等级由政府统一规定。1978年国营工业企业产值占到工业总产值的77.6%,国有企业采取高度集中的计划管理体制,发展乏力。对传统国有企业政企关系不顺、经营者缺乏自主权等弊端,中央政府决定推动国有企业的改革。

党的十一届三中全会前,城市经济体制改革在局部地区进行试点。1978年10月,四川省就确定成都灌县(今都江堰市)宁江机床厂等6家企业率先进行扩大企业自主权改革试点,得到中央的支持。党的十一届三中全会后,中央政府颁布了一系列扩大企业自主权的文件,率先推动了国有企业在经营权层面的改革,次年4月,试点工业企业扩大到100家,另有40家商业企业开展了扩大经营管理自主权试点。①

1979年5月,国家经委等6部门选择首都钢铁公司、天津自行车厂、上海柴油机厂等8家企业进行扩大企业自主权改革试点。同年7月,国务院印发《关于扩大国营工业企业经营管理自主权的若干规定》《关于国营企业实行利润留成的规定》《关于开征国营工业企业固定资产税的暂行规定》《关于提高国营工业企业固定资产折旧率和改进折旧费使用办法的暂行规定》《关于国营工业企业实行流动资金全额信贷的暂行规定》等5个文件,用以指导改革,并要求地方和部门再选择一些企业进行试点。1979年底,试点企业扩大到4 200个,1980年发展到6 000个,占全国预算内工业企业的16%、产值的60%、利润的70%。②通过扩权试点,企业有了部分的自主计划权、部分的产品销售

---

① 佚名:《改革开放30年中国工业大事记》(1978~1980),载于《中国工业报》2009年8月9日。

② 章迪诚:《中国国有企业改革编年史》(1978~2005),中国工人出版社2006年版,第56页。

权、部分的资金使用权、部分的干部任免权等。1980年12月举行的中共中央工作会议，对党的十一届三中全会以来的经济改革作了充分的肯定。鉴于1979年、1980年连续出现的巨额财政赤字，中央提出了增加财政收入，减少财政赤字的要求。在扩权试点的基础上，对工业企业实行利润包干的经济责任制。1981年又在商业系统推行经营责任制，实行的商业企业达17 750个，占独立核算企业的35%。同年12月，国务院批转了国家经委等单位拟定的《关于实行工业企业经济责任制若干问题的意见》，确定了利润留成、盈亏包干和以税代利、自负盈亏的经济责任制基本形式。实践上，选择了"盈亏包干"经济责任制的企业达4.2万户[①]。扩大企业自主权改革中最重要的有两条：一是在利润分配上，给企业以一定比例的利润留成；二是在权利分配上，给企业以一定的生产计划、产品购销和资金运用的权利，以打破企业是政府机关的附属物、吃国家"大锅饭"的体制。其基本思路是希望把企业经营好坏与企业和职工利益挂钩，以调动企业和职工的积极性。1979~1982年，企业有了利润，可以按国家与企业协商的比例，留给企业一部分，但企业分成比例一般较小，后来又改为基数加增长分成，但由于原来上交的基数不同，导致过去效率好的企业往往分得少，效益差的企业反而分得多，被企业形容为"鞭打快牛"，不能调动多数企业的积极性，没有取得成功。

由于1979年1 600多万下乡知识青年回城，1 000多万下放干部重新安排工作，社会待业人员将近3 000万人，形成了巨大的社会就业压力。为此，1980年8月，中共中央转发了全国劳动就业会议下发的《关于进一步做好城镇劳动就业工作》的文件，强调"大力发展城镇集体和个体经济"。1981年10月，中

---

① 章迪诚：《国企改革三十年：推行工业生产经济责任制》，中国工业新闻网，2008年9月18日。

共中央、国务院作出《关于广开门路,搞活经济,解决城镇就业问题的若干决定》,强调"必须着重开辟在集体经济和个体经济中的就业渠道"。在国有企业一时难以吸纳如此众多的待业人员的情况下,党中央和国务院将就业、再就业以"政治任务"分解给各个地区、部门和单位,原则上待业人员由各地区、部门、企业自行安排。采用父母提前退休、子女顶替的办法,国有企业和集体企业安排了相当一部分待业人员。通过国家机关和企事业单位兴办"大集体"企业安排了一部分待业人员,并鼓励待业人员集资兴办合作企业或由个人创业。自1983年开始,允许私人开办企业(当时限定雇工不得超过7人),生产市场上短缺的小商品。到1983年底,城市出现一批个体工商户和私营企业,其中,从事个体工商业的有40万人。到1984年底,全国城镇集体所有制职工达3 216万人,比1978年增加了近1 200万人;城镇个体经济就业人数达339万人,比1978年增加了324万人[1]。

1983年4月,国务院批转了财政部《关于全国利改税工作会议的报告》和《关于国有企业利改税试行办法》,实行第一步利改税:把部分实现利润改为所得税。1984年9月,国务院批转财政部《关于国营企业推行利改税第二步改革的报告》,改变企业利润上缴形式,国家对国有企业实现利润分别征收所得税和调节税。为国有企业改革进一步引入市场机制和实现制度创新开启了探索之路[2]。

1984年5月10日,国务院颁发《关于进一步扩大国营工业企业自主权的暂行规定》,明确自主权划分为10个方面:(1)生产经营计划权;(2)产品销售权;(3)产品价格权;(4)物资选购权;(5)资金使用权;(6)生产处置权;(7)机构设置权;

---

[1] 国家统计局国民经济综合统计司:《新中国五十年统计资料汇编》,中国统计出版社2005年版,笔者根据数据计算而得。

[2] 国家发展改革委经济体制与管理研究所:《改革开放三十年:从历史走向未来》,人民出版社2008年版,第19页。

(8) 人事劳动权；(9) 工资资金使用权；(10) 联合经营权。1985 年国务院又批转了国家经委、国家体改委制定的《关于增强大中型国营企业活力若干问题的暂行规定》，要求继续扩大企业自主权。

放权让利的企业改革，实际上是在旧的体制框架下对政府和企业的关系作局部的调整，虽然这种调整还是表面的，但是已经触及了政企关系不顺这一旧的国有企业的根本性弊端，并试图通过政府和企业在生产过程中的权力结构来解决政企不分的问题。可以说，在国有企业改革的初始阶段，政府就抓住了国有企业改革的核心问题。这决定了我国国有企业改革一直是沿着正确的方向前进的。扩大企业自主权有力地促进了国有企业生产积极性，但是局限性及与现行体制的矛盾很快也显现出来。"放权让利"改革存在着根本性缺陷，这是因为在不触动企业财产关系的前提下进行的行政性分权、让利，产权制度并无实质变化。由于企业自主权是由政府机关和领导人决定的，他们可以给予，也可以收回，企业自主权往往难以落实，并且由于政府目标和企业目标很可能发生冲突，也使得政府很可能随时改变决定，甚至收回已经下放的权力。所以"放权让利"不能解决国有企业的矛盾和问题，并且扩大企业自主权行动并不是一蹴而就、一帆风顺的。这意味着政府与国有企业之间需要运用经济杠杆规范其经济关系，国有企业在获得某些权力的同时，更应承担起相应的责任，要解决扩权试点与旧体制的矛盾，最根本的出路是深入推进经济体制的改革。

二、两权分离为基础的经营承包制改革阶段（1985～1992 年）

1984 年 10 月召开的党的十二届三中全会，提出要建立自觉运用价值规律的计划体制，发展社会主义商品经济。按照发展社会主义有计划商品经济的需要，决定全面推进以增强企业活力特别是增强国有大中型企业活力为中心、以城市为重点的经济体制改革，并重新确立了国有企业改革的目标模式。这就是：要使企业真正成为相对独立的经济实体，成为自主、自负盈亏的社会主义商品生产者和经营者，具有自我改造和自我发展的能力，成为具有一定权利和义务的法人。

党的十二届三中全会通过的《中共中央关于经济体制改革的决定》提出，过去国家对企业管得过多过死的一个主要原因，就是把全民所有同国家机构直接经营企业混为一谈，根据马克思主义的理论和社会主义的实践，所有权和经营权是可以适当分开的。由于社会需求十分复杂而且经常处于变动之中，企业条件千差万别，企业之间的经济联系错综复杂，任何国家机构都不可能完全了解和迅速适应这种情况。如果全民所有制的各种企业都由国家机构直接经营和管理，那就不可避免地产生严重的主观主义和官僚主义，压抑企业的生机和活力。因此，在服从国家计划前提下，企业有权选择灵活多样的经营方式，有权安排自己的产销活动，有权拥有和支配自留资金，有权依照规定自行任免、聘用和选举本企业的工作人员，有权自行决定用工办法和工资奖励方式，有权在国家允许的范围内确定本企业产品的价格，等等。这就是当时关于国有企业所有权与经营权适当分离原则的基本思路。于是从1984年开始，国家探索在全民所有制工业企业推行厂长（经理）负责制。1986年9月，中共中央、国务院颁布了搞活全民所有制工业企业的三个《条例》（《全民所有制工业企业厂长工作条例》《中国共产党全民所有制工业企业基层组织工作条例》和《全民所有制工业企业职工代表大会条例》），把厂长（经理）负责制作为企业的一项基本经营制度。1986年12月，国务院发布《关于深化企业改革增强企业活力的若干规定》，提出全民所有制大中型企业要实行多种形式的经营承包责任制。同时，国务院提出，要推行多种形式的经营承包责任制，给经营者以充分的经营自主权。

对于深化改革中如何实行"两权分离",使国有企业成为商品生产者和经营者,当时有种种议论,后来确定通过承包租赁来推进改革,比之承包制,租赁制更进一步斩断了政府与企业的行政经济关系,使企业自然而然地真正成为独立的商品生产者和经营者,变政府和企业之间的"婆媳关系"为相互服务的"伙伴关系"。这种经营方式主要在小型国有企业特别是国有商业企业采用,取得了良好的效果。1987年1月,国务院召开全国经济工作会议,提出要深化企业改革,关键在于推行多种形式的承包经营责任制。1987年4月,国家经委受国务院委托,召开了全国企业承包经营责任制座谈会,研究部署实行企业承包经营责任制。从此,承包经营责任制在国有大中型企业得到普遍实行。《全民所有制工业企业法》的通过确立了国有企业的法律地位,明确规定企业实行厂长(经理)负责制;中国共产党在企业中的基层组织,对党和国家方针、政策在本企业的贯彻执行实行保证监督;企业通过职工代表大会和其他形式,实行民主管理。从1987年开始,大中型企业普遍推行企业承包经营责任制。到1987年底,全国预算内企业的承包面达78%,大中型企业达80%。[1] 1988年2月,国务院发布《全民所有制工业企业承包经营责任制暂行条例》,进一步规范企业经营承包制。到1990年,第一轮承包到期的预算内工业企业有3.3万多户,占承包企业总数的90%。接着又开始第二轮承包[2]。承包制的推行,确实调动起企业和职工的积极性,推动了国有经济的发展。1987年和1988年我国工业增长速度分别为14.1%和20.7%。企业实现利润和上缴税金1987年比1986年增长8.0%,1988年比1987年增

---

[1][2] 张卓元:《30年国有企业改革的回顾与展望》,载于《企业文明》2008年第1期。

长18.2%，亏损面也逐年下降，经济效益有所提高。① 1992年国务院发布《全民所有制工业企业转换经营机制条例》，根据企业法的精神对企业经营自主权作出具体规定。企业享有包括生产经营决策权；产品劳务定价权；产品销售权；物资采购权；进出口权；投资决策权；留用资金支配权；资产处置权；联营、兼并权；劳动用工权；人事管理权；工资、奖金分配权等一系列的权利。企业经营权受法律保护，任何部门、单位和个人不得干预和侵犯。这一时期我国的国有企业大都有了很强的生产经营积极性，国有企业普遍实行了承包经营责任制，扩大了企业经营自主权，调动了企业和职工的积极性。但企业包盈不包亏的问题，助长了企业重生产、轻投资、拼设备等短期行为。

以"两权分离"为理论依据的承包制的推行，在推进和深化国有企业改革方面作出了重大贡献。首先，它将改革的目标由单纯扩大企业自主权，转向了以塑造具有独立经济利益和经营自主权的商品生产者为中心的改革上来，这就为进一步确立企业市场地位的改革开辟了道路；其次，它所进行的所有权和经营权适当分离的改革，在一定程度上规范和约束了政府干预企业的经济行为，明显缓解了党政不分、政企不分的尖锐矛盾，为彻底解决这一问题奠定了一个相当有利的基础；最后，它在企业享有独立经济利益和经营自主权的改革中，唤醒了企业的市场意识，使企业由过去的过分依赖政府而转向更多地依赖市场，这对激发企业的活力具有重要的意义。

不过，在推行承包制过程中，也出现了企业增效、经济增长、国家财政收入反而下降的状况。在推行承包制第一年的1987年，伴随国民经济的高速增长，财政收入却出现了低增长，财政收入占国内生产总值的比重从1986年的20.8%，骤降为18.4%，一年下降了2.4个百分点，1988年又急剧降到15.8%，

---

① 宋养琰：《国企改革30年》，中国共产党新闻网。

比1987年又下降2.6个百分点。① 这是因为国家和企业处在一种不完全的契约关系中，企业承包者可凭借充分的剩余控制权合法或不合法地追求自身利益的最大化。此外，尽管承包制取得了巨大的成绩，但我们也要看到，承包制并不是解决我国国有企业活力问题的一种长久的企业经营制度。从随后几年承包制的具体实施情况看，1988年实行承包经营的企业，95%完成了承包合同，成功率是很高的；1989年，承包合同完成情况却不尽如人意，完成率下降为不到80%；1990年进一步下降为不到70%。由于承包成功率逐年下降，企业和职工对承包的热情也在下降，积极性不高，影响了生产发展。如果说1988年承包制的高成功率证明了承包制的确还具有很强的激励作用的话，那么1989年、1990年两年承包制的低成功率便逐渐暴露出了承包制的种种弊端。承包制带来的结果也招致了全国各界的批评和反对。

　　承包制是放权让利的进一步发展，是在政府计划管理和控制的前提下，向国营企业释放更大的自主权。但是，承包制毕竟没有走出"放权"的思路，放权的内容和程度虽然有所改善，但依然掌握在行政主管部门手中，具有很强的主观性和不稳定性；承包合同本身具有的不完备性，也给政府不断干预企业发展提供了理由。因此，企业实际上并没有获得完全独立自主经营的能力，责权不清、产权不明等困扰国营企业的深层次问题依然没有得到有效解决。总之，"当企业还不准备建立完善的法人治理结构，还不是具有市场主体地位的独立法人时，企业的活力就很难真正被激发。"②

---

① 宋养琰：《国企改革30年》，中国共产党新闻网。
② 张文魁、袁东明：《中国经济改革30年》（国有企业卷），重庆大学出版社2008年版，第56页。

三、推进现代企业制度建设阶段（1993~2002年）

随着两权分离为基础的经营承包制改革的不断深入，国有企业改革进入以现代企业制度为目标的改革。1993年11月，党的十四届三中全会通过的《中共中央关于建立社会主义市场经济体制若干问题的决定》，明确提出要推动国有企业逐步建立产权明晰、权责明确、政企分开、管理科学的现代企业制度。1999年9月，党的十五届四中全会在通过的《中共中央关于国有企业改革和发展若干重大问题的决定》中提出，必须大力促进国有企业的体制改革、机制转换、结构调整和技术进步，从战略上调整国有经济布局，推进国有企业战略性重组，建立和完善现代企业制度。

1. 股份制改革

与承包制的改革主张不同，国内理论界的一些学者专家提出了深化国有企业所有权层面改革的主张，与这种主张相对应的制度选择就是股份制。股份制改革是国有企业在所有权层面改革的一个重要推进。其根本目的是要改变由国家垄断的企业财产制度，使国有企业内部形成多元化的产权结构，优化国有企业内部的治理结构，对股东、董事会和经理层进行有效的激励和制约。国有企业股份制的试点在1986年就提出了，但大多在国有中小企业中进行。试点的影响面并不广泛，主要问题在于非国有的财产主体介入不足，"找不到能够合作的非国有主体"是一种普遍的反映。截至1991年以前，我国企业的股份制试点只在少数企业进行，且组建的股份制企业大多是原始的、不规范的。1991年开始，股份制试点明显扩大，尤其是1992年以后，股份制试点出现高潮，并步入规范化发展的阶段。

1992年国务院颁布《股份制企业试点办法》《股份有限公司规范意见》《有限责任公司规范意见》《股份制试点企业财务管理若干问题的暂行规定》等11个法规,引导股份制试点走向规范化。截至1992年底,全国股份制试点企业已经达到了3 700多家。1994年,为了落实《中共中央关于建立社会主义市场经济体制若干重大问题的决定》的精神,国家经贸委、体改委会同有关部门,选择100户不同类型的国有大中型企业,进行建立现代企业制度的试点。随后,全国各地根据本地区的实际情况,先后选定了2 500多家国有企业参与现代企业制度试点。本着"产权清晰、权责明确、政企分开、管理科学"的要求,这些试点企业在清产核资、明确企业法人财产权基础上,逐步建立了国有资产出资人制度,建立了现代企业制度的领导体制和组织制度框架,初步形成了企业法人治理结构。1997年,试点企业普遍进行了公司制改造,经过一年的实施,全国2 343家现代企业制度试点企业中共有84.8%的企业实行了不同形式的公司制,法人治理结构已初步建立。在现代企业制度试点企业中,改制为股份有限公司的有540家,占23%;改制为国有独资公司的有909家,占38.8%;尚未实行公司制的国有独资企业有307家,占13.2%;其他类型企业有47家,占2%。[①] 1999年,党的十五届四中全会提出,国有大中型企业尤其是优势企业,宜于实行股份制的,要通过规范上市、中外合资和企业互相参股等形式,改为股份制企业,发展混合所有制经济,重要的企业由国家控股。

股份制以及建立现代企业制度的改革是中国国有企业改革进程中的重要转折,股份制的推行说明政府开始从所有制角度来破解国有企业改革的难题,从过去在国家所有的框架下增强企业活力到进行产权改革,从扩大企业权利到企业法人财产权的正式被

---

① 邹东涛:《发展和改革蓝皮书——中国改革开放30年》(1978~2008),社会科学文献出版社2009年版,第12章第1节。

确认,以及提出"产权清晰、权责明确、政企分开、管理科学"的十六字方针,都说明我们党开始改变只是从经营控制权的角度来改革国有企业,开始认识到企业组织形式的多元化对于企业效益提高的重要性。股份制试点在转换企业经营机制和推动企业制度创新方面取得了明显的效果:明确界定了国有资产产权;试点企业在一定程度上已实现了企业所有权、法人财产权和经营权的分离;建立了股份公司的法人治理结构。但政府对企业干预仍然过多,企业运行机制不规范;国有股权不明确,法人治理结构运作不理想。

2. 现代企业制度建设

1992年10月,党的十四大明确提出,我国经济体制改革的目标是建立社会主义市场经济体制,并要求围绕社会主义市场经济体制的建立,加快经济建设的步伐。1993年11月,在党的十四届三中全会通过的《关于建立社会主义市场经济体制的若干问题的决定》中,明确提出了国有企业建立现代企业制度的目标和步骤。1994年以后,建立现代企业制度的试点在国有企业中展开。建立现代企业制度的目标是要通过产权结构的改革,使国有企业成为"产权清晰,权责明确,政企分开,管理科学"的现代企业。在现代企业产权结构的制约下,政府不能直接地控制和经营国有企业。政府可通过其代理人即国有资产管理公司或控股公司参与国有企业重大事宜的决策,但这个决策也要受所有者出资额即所持股份数额限制,不能一家说了算。当然,政府可在国有企业清算和转让时依据终极所有权来实施和表达自己的意愿。因此,在现代企业组织框架中,从发展上看,政府的意志是递减的,是受限的,而股东的意愿和权利可得到组织和制度的保证。在现代企业制度中,权利、责任和义务是由法律规定的。决策只能由董事会成员讨论后通过表决作出,这就可以避免长官意志和个人意志的独断专行,从而为企业的科学决策的实现提供组织基础。

1994年,在进行现代企业制度的试点的同时,国家经贸委在18个城市进行"优化资本结构"的配套改革试点。试点的主旨为以市场为依托,在整体推进国有企业转换经营机制的前提下,采取多种政策,通过破产、兼并探索建立国有企业优胜劣汰机制,在补充企业资本金、减轻企业债务负担、分离社会服务功能、分流富余人员、资产多元化等方面实现了重点突破,尤其是在企业破产、兼并和职工再就业方面取得了一定成效。1995年9月党的十四届五中全会明确指出:"要着眼于搞好整个国有经济,通过存量资产的流动和重组,对国有企业实施战略性改组。这种改组要以市场和产业政策为导向,搞好大的,放活小的,把优化国有资产分布结构、企业结构同优化投资结构有机结合起来,择优扶强、优胜劣汰"。随后国务院逐步扩大了"优化资本结构"试点范围,1996年增加到58个城市,1997年扩大到111个城市。截至1997年底,在抓大方面,国家集中抓的1000家重点企业,确定了分类指导的方案。在放小方面,各地坚持"三个有利于"标准,不搞"一刀切",采取改组、联合、兼并、股份合作、租赁、承包经营和出售等多种形式,把小企业直接推向市场,使一大批小企业机制得到转换,效益得到提高。山东诸城、四川宜宾、黑龙江宾县、山西朔州、广东顺德、河南桐柏、江苏南通、福建宁德等许多地区在探索搞活小企业方面先行一步,收到了较好的效果。此外,一大批新型的民营企业从自身发展的需要出发,参与到国有企业改革中。通过兼并、收购、投资控股、承包、租赁、委托经营等改革举措,将非公有制经济的管理理念和管理方式融入国有经济运行中,盘活了大量的国有资产。特别是党的十五大肯定股份合作制和提出调整所有制结构后,各地国有中小国有企业改革的步子加快,改制企业的比重迅速上升。

党的十五大的报告中进一步强调要调整国有经济布局,明确指出,国有经济起主导作用,主要体现在控制力上。要从战略上调整国有经济布局。对关系国民经济命脉的重要行业和关键领域,国有经济必须占支配地位。在其他领域,可以通过资产重组和结

构调整,以加强重点,提高国有资产的整体质量。国有企业改革在本阶段获得了较大的发展,改革的推动模式主要有以下特点:

一是邓小平南方谈话为改革解放了思想,指明了方向。20世纪80年代末到90年代初,理论界和社会各界围绕计划与市场的争论愈演愈烈,姓"资"和姓"社"的问题严重制约着国有企业改革的推进。国有企业改革因为无法跳出计划体制的框框而举步维艰。已经迅速发展起来的个体和私营经济、外资经济,由于商品经济和市场经济"名不正"而"言不顺",发展壮大的阻力越来越大。在此关头,1992年的邓小平南方谈话指出了计划和市场的关系,明确了社会主义的本质是解放生产力,发展生产力,消灭剥削和两极分化,最终实现共同富裕。谈话完全消除了人们的疑虑和担心,极大地解放了人们的思想,彻底解除了长期以来困扰理论界和社会各界的姓"资"和姓"社"的问题,指明了深化改革的方向和目标。

二是国有企业改革是企业生存与发展的客观需求。本阶段国有企业改革较20世纪80年代为解决短缺问题而实行的改革有较大的区别。随着国有企业改革的推进及集体经济和非公经济的迅速发展,短缺现象在90年代已经有了非常大的改善。国有企业面临的生存困境成为国有企业改革新的客观原因,其背后隐藏的是企业制度上的问题。基于两权分离理论的承包经营责任制和只承认国有企业有经营权,而不承认企业作为法人应该有财产权,认为所有权全部属于国家,决定了国有企业不可能真正实现自主经营、自负盈亏、自我发展、自我制约,即不可能成为真正的企业。在这种情况下,企业的状况不断恶化,对企业制度的改革成为必然要求。

三是理论探索与实践经验总结的共同作用。20世纪90年代后,理论界关于企业制度的探讨不断深入,建立现代企业制度成为国有企业改革的主要方向。此外,20世纪80年代的国有企业改革的实践经验证明不涉及产权和计划体制本身的国有企业改革，只能停留在经营管理层面，不能触及企业的核心，因此，建立现代企业制度成为水到渠成的选择。同时，改革实践还证明，改革不仅要注重每个具体企业的改革，更要注重全局性的调整。因此，理论探索和实践经验明确了国有企业改革的任务包括两个方面：一方面是要在国有大中型企业中建立现代企业制度，使国有企业成为真正的企业。另一方面是要处理好国有经济在国民经济中的地位和作用，也就是调整国有经济布局，把国有经济在国民经济中的主体地位改变为主导地位，改变国有企业范围过宽、数量过多、比重过大的局面。

这个时期国有企业改革出现了新的重大转机，迈入一个全新的发展阶段。这是国有企业改革的一次质的飞跃，主要表现在对传统计划经济的彻底摆脱，对市场经济的明确认同。按照现代企业制度要求进行国有企业改革，首先，可以较好地解决政企不分的问题。国家作为经济管理者，面向全社会行使其经济管理职能，不再对企业的具体经营活动进行干预；同时国家作为国有资产所有者，由于享有最终所有权，因而只能作为国有资产出资者按照投入企业的资本额享有所有者权益，并对企业债务只负有限责任，而对企业的具体经营活动不能进行直接干预。其次，按照现代企业制度的要求进行国有企业改革，较好地解决了国有企业市场主体地位的确立问题。总之，按照现代企业制度的要求进行国有企业改革，是一种改革思路上的重大调整，表明我们对国有企业改革的认识上升到了应有的新高度。

四、深化国有企业改革阶段（2003~2012年）

现代企业制度的建立有力地推动了国有企业改革和发展。国有企业改革不断深化，国有资产管理方式的调整和资本市场的改革使我国国有企业改革进入了一个新的阶段。同时强调混合所有制不但能更加有效地发展公有制经济，而且作为股份制的重要组成部分，是我国国有企业有效运行的重要方式。

1. 股份制成为公有制的主要实现形式

1997年党的十五大确立了股份制改革在国有企业改革中的地位，而1999年党的十五届四中全会的召开则为国有企业股份制改革迎来了新篇章。2004年，国务院国有资产监督管理委员会作出加快189户中央企业股份制改革步伐的决定。2005年5月9日，中国证监会推出首批4家股权分置改革试点公司。2006年召开的中央经济工作会议提出将股份制改革覆盖到中央企业。截至2006年，实行股份制改革的中央企业达到64.2%，中小企业改制面超过85%。

在这一时期，股份制改革以转换国有企业经营机制为目的，在上一阶段股份制改革的基础上，重点完善股份制企业内部股权结构，促进国有资本多元化。然而，在改革过程中难免出现许多问题。在该阶段中，国有企业大多为国家独资或国家控股，国有企业内部国家股权占有率远大于其他性质股权，因此，股权结构失衡；在改革过程中，由于个人因素和企业内部利益调整等原因导致国有资产流失现象严重；股权作为企业产权的重要组成部分，明晰企业产权结构是完善股份制的重要前提，而完善产权仍有很长一段路要走；此外，我国大部分虽然实现了股份制，但是未能全面完善配套的公司治理结构，并没有建立必要的法人治理制度，相应的公司内部机构也不能良好地发挥作用。发展混合所有制经济，有助于改善国有企业公司治理结构。

建立现代企业制度，实现国有经济的战略性重组，迫切需要资本市场提供有力的金融支持与有效的金融服务。资本市场对于国有企业改革而言非常重要。一方面，改革开放的深入，非公经济的发展，经济全球化推动的国际资本的流动，使民间积累了大量资本。另一方面，"拨改贷"之后，国有企业直接融资渠道越来越窄,资本市场是国有企业理想的融资平台。此外,资本市场有利于国有企业治理结构的完善,有利于现代企业制度的建立。但是,我国资本市场中股权分置的先天缺陷严重制约其健康发展,投资、融资、定价和资源配置的功能逐渐被弱化,面临边缘化的危机。对资本市场先天缺陷的改革对于国有经济改革越来越重要,其中最主要的就是股权分置改革。2005年4月中国证监会启动了股权分置改革试点工作。到2006年末,股权分置改革基本完成,资本市场的功能逐渐回归。资本市场的功能回归,吸引了大量沉睡已久的民间资本,强烈的投资需求必然会引来更多的优质资产和公司进入资本市场,以获取资本,实现资本的增值。因此,股权分置改革成功后,随着资本市场体制的逐渐完善,资本市场将成为一个全国优质资产的吸纳器,为国有企业改革提供一个全国范围的资源配置平台,企业之间的大额换股并购有了可能。这对于国有经济的战略性结构调整,非公资本参与国有企业改制、产业整合以及上市公司做优做强都有积极的影响。而且,国有资本的市场价值和市场价格可以在资本市场获得公允的定价,股价有条件成为新的绩效考核标准。一直以来无论是考核国有资产保值增值,还是进行国有资产转让,最重要的参考指标都是净资产,但这一指标并不能反映国有资产的真实价值。因此,资本市场的巨大变革,将非常有利于国有企业改革向纵深推进。

2. 国有资产管理体制改革的深化

2002年党的十六大之后,现代企业制度建设的继续深化,国有资产管理方式的调整和资本市场的改革使我国的国有企业改革进入了一个新的阶段。2003年,国务院国资委确立了建立中央政府和地方政府分别代表国家履行出资人职责,享有所有者权益、权利、义务和责任相统一,管人、管事和管资产相结合的国有资产管理体制。目的是积极推行股份制、发展混合所有制经济,按照现代企业制度的要求,国有大中型企业继续实行规范的公司制改革、规范的董事会建设、完善的法人治理结构。

国有资产管理体制改革是经济体制改革中的深层次改革，是利益的调整和权力的重新分配，涉及政治体制和政府机构改革，困难和阻力可想而知。2002年11月，中共中央在十六大报告中提出了深化国有体制改革的重大任务，明确要求中央和省、直辖市、自治区政府设立国有资产管理机构，改变部门分割行使国有资产所有者职能。2003年3月，中央和地方国有资产监督管理委员会分别成立，统一了管人、管事和管资产的权力。此后党的十六届三中全会也提出，要建立健全国有资产管理和监督体制，国资委成立后明确所管辖的大型国有企业要吸引外资和社会资金，实行产权多元化，可以上市募集资金，而且鼓励整体上市，以保持和增强企业的整体实力，许多大型国有企业正在剥离社会职能部分，有的正逐步移交社会；在企业内部实行主辅分离，使各部门面向社会，成为独立经营的实体，企业同国资委分别签订责任书，对领导班子进行考核。

3. 混合所有制改革

所谓混合所有制，就是由多种所有制成分构成、共同经营的所有制形式，包括宏观层面上的国有、集体、民营、外资、个体组成的经济以及微观层面上的上述不同所有制成分组成的交叉、共融的所有制企业。"公有制经济不仅包括国有经济和集体经济，还包括混合所有制经济中的国有成分和集体成分"。① 在计划经济时代，公有制经济是一种产权单一的所有制。传统的所有制理论认为，所有制由于性质上的本质差别，只可以在市场关系中并存，而难以在企业内部组合。显然，对公有制经济的新解读是重要的理论创新，这为各种所有制经济以各种形式合作提供了有力的理论支撑。但是，混合所有制经济的性质比较复杂，从所有制的角度来说，有时也难以判断。

---

① 张穹：《公有制经济的科学内涵与实践探究》，载于《行政管理改革》2013年第12期，第6页。

1997年9月,党的十五大报告首次提出混合所有制经济概念,并且进一步指出股份制是现代企业的一种资本组织形式,资本主义可以用,社会主义也可以用。判断股份制是公有还是私有,关键是谁掌握了控股权。这些论述告诉我们能否科学地、积极等发展混合所有制经济,关键看企业资本的控股权掌握在谁手中。混合所有制只要是国家和集体控股,就有利于巩固和发展社会主义基本经济制度。至此,国有企业混合所有制迎来了改革热潮。混合所有制经济自提出以来,推动了国有企业改革的全面深化。到2012年,混合所有制工业企业数量占规模以上工业企业单位数的26.3%;资产占44.0%;主营业务收入占38.3%;利润总额占41.8%。2012年我国企业税收总额为11.074万亿元,其中,混合所有制的公司制企业税收总额为5.1823万亿元,占47%。截至2012年底,民间投资参与各类企业国有资产产权的交易数量总数为4 473起,占交易总数的81%,金额共计为1.749亿元,占交易总额的66%。[1]

　　混合所有制的实践成果表明,混合所有制能够有力地促进国有经济的快速发展,是我国国有企业有效运行的重要方式。它不但能更加有效地发展公有制经济,而且作为股份制的重要组成部分,能够促进企业建立起规范的公司治理框架,完善企业内部公司治理。从组成部分看,混合所有制有利于打破国有资本在一些行业中的垄断,为民间资本增加投资机会,增加国有企业资本。不光是对公有制经济有促进作用,同样能推动非公有制经济的发展。发展混合所有制经济可以为非公有制经济拓宽发展渠道,为发展提供公平、有序、良好的环境。

---

[1] 国资委:《大力支持民营资本参与国有企业股权多元化改革》,人民网,2013年12月19日。

五、以实现国有企业功能为导向的混合所有制改革（2013年至今）

2013年11月，党的十八届三中全会通过的《中共中央关于全面深化改革若干重大问题的决定》提出，混合所有制经济是基本经济制度的重要实现形式，要推进国有企业的混合所有制改革，并提出对国有企业进行分类，更好地发挥国有资本的功能作用。

1. 推进国有企业混合所有制改革

我国国有企业虽然自改革开放以来经历了多次不同程度的整合与重组，在推动我国经济向前发展的过程中发挥了重要作用。但国有企业在管理体制、运行机制和布局结构等方面还有许多不完善的地方，仍然存在一些亟待解决的突出矛盾和问题。必须破除体制机制弊端，深化供给侧结构性改革，推进国有企业混合所有制改革，建立现代经济体系，加快产业结构优化升级，提升企业的核心竞争力，以促进企业的成长与发展。

党的十八届三中全会通过的《中共中央关于全面深化改革若干重大问题的决定》，提出了全面深化改革的总目标是推进国家治理体系和治理能力的现代化，紧紧围绕市场在资源配置中起决定性作用深化经济体制改革，从广度和深度上推进市场化改革。党的十八届三中全会提出积极发展混合所有制经济之后，国有企业混合所有制改革从中央到地方、从理论到实践、从政策到执行等方面都受到了社会各界的广泛关注。2015年，中共中央、国务院发布《深化国有企业改革的指导意见》提出，分类分层推进国有企业混合所有制改革；强调要有效探索主业处于重要行业和关键领域的商业类国有企业混合所有制改革。2017年，党的十九大报告强调，要完善各类国有资产管理体制，改革国有资本授权经营体制，加快国有经济布局优化、结构调整、战略性重组，促进国有资产保值增值，推动国有资本做强做优做大，有效防止国有资产流失。深化国有企业改革，发展混合所有制经济，培育具有全球竞争力的世界一流企业。这是在新的历史起点上，以习近平同志为核心的党中央对国有企业改革作出的重大部署，为新时代国有企业改革指明了方向、提供了根本遵循。2018年政府工作报告提出，继续推进国有企业优化重组和央企股份制改革，加快形成有效制衡的法人治理结构和灵活高效的市场化经营机制，持续瘦身健体，提升主业核心竞争力，推动国有资本做强做优做大。产权是市场经济的基石，国有企业是国有资本产权的一种组织形式，加快构建现代产权制度既是国有企业进行改制重组的重要内容，也是国有企业参与混合所有制的前提和基础。国有企业混合所有制改革是真正涉及产权层面的改革，对于国有企业改革具有"牵一发而动全身"的关键作用。

国有企业混合所有制改革的目的不是为了混合而混合，而是为了让国有企业在改革中能够增加竞争力和活力，混合的目的是为企业打造一个符合现代企业治理要求的有竞争力和创新力的治理体系。在新时代，为确保国有企业混合所有制改革顺利实现，必须在以下几个方面下功夫：

第一，建立健全相关制度，保障各类资本的合法权益。国有企业混合所有制改革的实施，可以确保国有资本在国有企业占有控股权的条件下，建立健全相关的制度，保障其他各类资本，包括社会资本、非公资本等的合法利益。国有企业混合所有制改革，一方面可以规范国有资本以及其他各类资本的地位和作用；另一方面可以给予各类资本充分的监督权，保障其合法权益不受侵犯。同时，从制度层面来规定各类资本退出机制，消除中小投资者的担心和后顾之忧，提升投资的积极性和主动性。

第二，改变原有管理模式，建立现代企业管理制度。就已有的国有企业管理模式来说，国资委不仅是国有企业的出资人，也是资产的监管者，这种管理模式不利于国有企业的发展。混合所有制改革实施以后，必定会改变这一局面。通过实行混合所有制，可以有效提升企业的运营效率，理顺政府和企业关系，决策权和监督权分别由不同的主体承担。董事会行使的是决策权，负责决定企业经营方式和战略方针。监督权由监事会行使，监督权力运行，保障各出资人的合法权益，两种权力各自独立发挥职能作用。

第三，区别不同类型国有企业，混合所有制改革分类推进。目前我国国有企业的规模十分巨大，且种类特别繁多，因此，实行混合所有制改革时，不能不顾及具体情况，而采取全面推进的方法，必须要区别对待，分类推进。一是实行国有独资的行业，如国防、军工、航天企业，以维护国家的安全性和保密性。二是采取国有资本股份控制方式，可以有效推进各类资本进入煤炭、钢铁、电力等行业，提质增效。三是国有资本参股建立混合所有制方式，如服装、通信、电器等行业，可以完全交由市场竞争，让消费者来决定产品的生存和发展。

第四，允许员工合法持股，提高员工责任意识。实施混合所有制改革的国有企业，应该认可员工持股的合法性。一是允许员工合法持股，可以激励员工工作的积极性和主动性。二是允许员工合法持股，可以提高员工的主人翁思想，节约企业的成本开支，提高劳动效率。三是允许员工合法持股，有利于在企业建立监督制度，实行信息公开，引导员工关注企业经营管理情况，监督资本运营。另外，还需注意的是，要将职工的持股比重控制在合理的范围内，不能发生与股东利益冲突的情况，在合法有度的条件下，推动企业的发展。

第五，完善市场秩序，保障合法权益。国有企业混合所有制的施行，首先要健全市场秩序，建立相应管理制度，保障各类资本的合法权益。社会资本准入条件的降低，可以吸引各类资本进入国有企业参与资本运营，扩大资本规模，提升企业的核心竞争力，推动企业的发展。同时，加大执法部门的监管，保证各类资本在市场经济中的公平待遇，享有平等权利，以保障中小企业投资者的合法权益。通过企业资源的优化组合，不断提高运营效率，为企业发展提供强劲动力。

国有企业混合所有制改革是当前我国供给侧结构性改革的重要内容，整个改革的过程十分复杂，并不是一蹴而就马上能够实现的，需要有关部门合理规划、有序推进，在保证国有资产保值增值的情况下，吸引各类社会资本，进行资源优化，不断扩大规模，积极推进产业转型升级，淘汰落后产能，实现资产整合。

2. 做强做优做大国有企业和国有资本

国有企业是我国经济社会发展的主要力量和重要支柱，在我国经济新旧动能转换过程中起着举足轻重的作用，带头进行新旧动能转换，既是国有企业义不容辞的重大政治责任，也是做强做优做大的发展机遇。

早在2013年底，习近平在对国家国资委的工作批示中，首次指出"要做强做优做大国有企业"；2014年底，在中央经济工作会议上，习近平第二次强调："要坚定不移把国有企业做强做优做大，不断增强国有经济活力、控制力、影响力、抗风险能力"；2015年7月，习近平在吉林调研期间第三次强调："要做强做优做大国有企业"；2016年7月，习近平对全国国有企业改革座谈会作出重要指示，第四次强调："国有企业是壮大国家综合实力、保障人民共同利益的重要力量，必须理直气壮做强做优做大，不断增强活力、影响力、抗风险能力，实现国有资产保值增值"；2016年10月，习近平在全国国有企业党建工作会议上第五次强调："坚定不移把国有企业做强做优做大"。

为什么要强调做强做优做大国有企业？第一，国有企业是国民经济和我们党执政的经济基础中的支柱。2014年8月，习近平在中央深化改革领导小组第四次会议上深刻指出，我国国有企业"是国民经济的重要支柱，在我们党执政和我国社会主义国家政权的经济基础中也是起支柱作用的，必须搞好"；2017年12

月，在江苏徐州市考察期间强调深入学习贯彻党的十九大精神时进一步指出："国有企业是中国特色社会主义的重要物质基础和政治基础，是中国特色社会主义经济的'顶梁柱'。"第二，国有企业是强大的国家实体经济。2013年7月，习近平在武汉调研时便指出："国家强大要靠实体经济，不能泡沫化"；2015年7月，在同吉林省国有企业职工座谈时，他又指出："国有企业是国民经济发展的中坚力量。""我们要向全社会发出明确信息：搞好经济、搞好企业、搞好国有企业，把实体经济抓上去。"第三，国有企业是保障人民共同利益的重要力量。从政治经济学的角度看，国有企业和国有资本的终极所有权或产权属于全国人民，因而属于全民所有制的性质。这是中国特色社会主义贯彻"以人民为中心"和保障人民共同利益的具体体现。第四，国有企业是壮大国家综合实力和参与国际竞争的重要力量。2016年10月，在全国国有企业党建工作会议上，习近平提出要使国有企业成为党和国家最可信赖的"依靠力量"，成为坚决贯彻执行党中央决策部署，贯彻新发展理念、全面深化改革的重要力量，实施"走出去"战略、"一带一路"建设等重大举措，壮大综合国力、促进经济社会发展、保障和改善民生，让我们党赢得具有许多新的历史特点的伟大斗争胜利的"五个重要力量"。

在提出做强做优做大国有企业的基础上，党的十九大报告提出，要完善各类国有资产管理体制，改革国有资本授权经营体制，加快国有经济布局优化、结构调整、战略性重组，促进国有资产保值增值，推动国有资本做强做优做大。"做强做优做大国有资本"，有利于完善产权制度和要素市场化配置。党的十九大报告中指出，经济体制改革必须以完善产权制度和要素市场化配置为重点，实现产权有效激励、要素自由流动、价格反应灵活、竞争公平有序、企业优胜劣汰；"做强做优做大国有资本"有利于发展混合所有制经济。发展混合所有制经济的目的是放大国有资本功能、提高国有资本竞争力，实现多种所有制经济共同发展、相互促进、共同繁荣;"做强做优做大国有资本"有利于改革国有资本授权经营体制。党的十八大以来,国有资本授权经营体制转为以"管资本为主","管资本"是指国家所有权机构直接监管的对象由"企业"转变为"资本"。实现这个转变的前提是国有资产由实物形态的"企业"转换成价值形态的"资本"。国有资本作为股东,通过公司治理的途径,使国有资本增值。

在新时代,我国国有企业改革重点是加快国有经济布局优化、结构调整、战略性重组,促进国有资产保值增值,推动国有资本做强做优做大。一是放活国有资本,要改革国有资本授权经营体制,科学地界定国有资本所有权和经营权的边界,调整国资监管机构的权责事项,真正落实企业的法人财产权和经营自主权。二是管好国有资本,放不是不管,而是要创新监管方式和手段,改变行政化的管理方式,改进考核体系和办法,促进国有资本的保值增值。同时也要牢牢守住防止国有资产流失这条红线,坚决防止国有资产流失。三是优化国有资本,坚持有进有退,有所为有所不为,按照国家战略的要求,推动国有资本更多地向关系国家安全、国民经济命脉,以及国计民生的重要行业和关键领域集中,向战略性、前瞻性产业集中,向优势企业集中。四是放大国有资本,推进混合所有制改革,提高国有资本的运作效率和水平,促进各种所有制资本的取长补短、相互促进、共同发展。

六、国有企业改革的意义和启示

经过40多年的改革开放,我国国有企业改革已经积累了丰富的经验,我国创造性地将马克思主义基本原理与国有企业改革发展实践相结合,同时有选择性地学习借鉴国外理论和经验教训,形成了中国特色的渐进式国有企业改革方法论。党的十九大报告强调:"中国特色社会主义是改革开放以来党的全部理论和实践的主题,是党和人民历尽千辛万苦、付出巨大代价取得的根本成就。"① 这个根本性的结论,对国有企业改革也是完全适用的。国有企业改革的经验,就在于它实践了中国特色社会主义,把马克思主义的普遍真理与国有经济改革的实践紧密地结合起来。可以相信,随着未来我国国有企业改革的进一步深化,国有企业必将对实现中华民族伟大复兴的中国梦作出重大的贡献。

改革开放以来,国有企业改革发展不断取得重大进展,总体上已经同市场经济相融合,运行质量和效益明显提升,在国际国内市场竞争中涌现出一批具有核心竞争力的骨干企业,为推动经济社会发展、保障和改善民生、开拓国际市场、增强我国综合实力作出了重大贡献,国有企业经营管理者队伍总体上是好的,广大职工付出了不懈努力,成就是突出的。2017年世界500强企业中,中国大陆企业已经达到109家,其中64家属于国有企业,中央国资委监管企业达到48家。② 但是,这些企业还很难说是真正的世界一流企业。国有企业改革是一个"摸着石头过河"的"试错"过程,是中央推动与地方实践上下结合的产物,本质上是生产力与生产关系的相互作用,符合建设社会主义市场经济的客观需要。国有企业改革将主要集中于调整战略布局、深化混合所有制改革、健全法人治理结构、完善国有资产管理体制及国有企业领导方式等几个方向。国有企业改革进一步理顺了政府与市场的关系,更好地发挥了市场配置资源的决定性作用。这包括加快推进行政体制改革、完善要素市场体系和资源性产品价格形成机制、深化国有企业和垄断行业改革。为了与成熟的社会主义市场经济体制要求相适应,国有企业改革还需要进一步深化。

40年的历史经验表明,国有企业改革具有以下四点必要性:

---

① 《中国共产党第十九次全国人民代表大会文件汇编》,人民出版社2017年版,第13页。
② 黄群慧:《"新国企"是怎样炼成的——中国国有企业改革40年回顾》,载于《中国经济学人》(China Economist) 2018年第1期。

第一,国有企业改革是我国历史发展的必然要求。当前我国国有企业的竞争力和影响力有了显著提高,但是保持国有企业健康发展,需要全面深化改革。发展必然会暴露出各式各样的问题,而改革的目的就是解决问题。当前,我国国有企业取得了长足的发展,但是发展中也暴露出一系列突出矛盾和问题,如法人治理结构不健全,监管不到位,党建存在弱化、虚化、边缘化的现象,科技创新能力不强、核心竞争力不足等问题,这些问题互相交织、互相影响,复杂性、艰巨性、敏感性前所未有。面对这些问题必须要全面深化改革,直面矛盾问题,用全面深化改革的利剑,披荆斩棘,促进国有企业健康发展。

第二,国有企业改革是发展中国特色社会主义的必然要求。中国特色社会主义是改革开放以来党的全部理论和实践的主题,公有制为主体、多种所有制经济共同发展的基本经济制度是中国特色社会主义制度的重要组成部分。深化国有企业改革,提高效率、增强活力,发展壮大国有经济,是坚持和完善基本经济制度的根本要求,也是坚持和发展中国特色社会主义的必然要求。党的十八大以来,在习近平同志系列重要讲话精神和治国理政新理念新思想新战略的指引下,国有企业改革取得重大进展,国有企业体制机制发生了重大变革,与市场经济的融合更加紧密,规模实力和竞争力进一步增强,国有经济主导作用得到有效发挥。但也应看到,国有企业仍然存在改革推进不平衡、体制机制不健全、布局结构不合理等问题。必须以更大的决心、更大的气力把国有企业改革发展推向前进,形成更加符合中国特色社会主义新时代要求的国有资产管理体制、现代企业制度和市场化经营机制。

第三,国有企业改革是实现"两个一百年"奋斗目标的重大任务。到2020年全面建成小康社会、实现第一个百年奋斗目标,然后踏上全面建设社会主义现代化国家新征程,为实现第二个百年奋斗目标而努力。在这一历史进程中,国有企业地位重要、作用关键、不可替代。党的十八大以来，国有企业贯彻新发展理念，围绕统筹推进"五位一体"总体布局、协调推进"四个全面"战略布局，在切实履行政治责任、经济责任和社会责任中，发挥了应有的重要作用。国有企业在载人航天、探月工程、深海探测、高速铁路、商用飞机、特高压输变电、移动通信等领域取得了一批具有世界先进水平、标志性的重大科技创新成果，承担了一批重大基础设施、公共服务工程和多项国防科技工业重大项目，彰显了国之重器的实力与担当。在新的历史时期，国有企业改革发展必须与实现"两个一百年"奋斗目标同频共振，与人民群众对美好生活的向往同向共进。这是国有企业必须肩负起的光荣使命和历史责任。

第四，国有企业改革是推动我国经济持续健康发展的客观要求。当前，我国发展呈现新的阶段性特征，经济发展新常态下发展速度、结构、动力呈现新的特点。国有企业是我国先进生产力、国家综合实力和国际竞争力的代表，行业产业的影响力强，在适应把握引领经济发展新常态、推进供给侧结构性改革中发挥着重要带动作用。党的十八大以来，国有企业牢牢把握稳中求进工作总基调，坚持突出主业，大力发展实体经济，落实"三去一降一补"五大任务，深入开展瘦身健体、提质增效，大力进行重组整合，积极发展战略性新兴产业，化解过剩产能、处置"僵尸企业"，有力促进了国民经济转型升级，为我国经济持续健康发展作出了积极贡献。在新的发展阶段，必须进一步深化国有企业改革，推动国有经济、国有资本和国有企业布局优化、结构调整和战略性重组，实现质量更高、效益更好、结构更优的发展，有效发挥主导作用，推动我国经济实现中高速增长、迈向中高端水平。

第三章

国有企业分类及其改革

国有企业分类是新时代深化国有企业改革的前提和基础，对推动完善国有企业法人治理结构、优化国有资本布局、加强国有资产监管具有重要意义。对企业来说，分类推进改革可以解决功能不清晰、定位不明确、发展同质化等问题；对出资人来说，可以使考核更科学、监管更精准、改革更具有针对性；对于市场而言，分类改革也会有一个更明确的市场预期，有利于国有企业更好地与市场深度融合，加快国有企业走向市场，成为具有较强竞争力的独立市场主体。只有对国有企业进行功能界定和分类，才能逐步建立和完善分类治理体制，采用多种形式和途径深化改革，从而拓展国有企业改革的空间。

一、国有企业分类

国有企业分类就是要解决国有企业功能定位问题，这是新时代深化国有经济改革的逻辑出发点，是国有企业施策推进改革的基本前提。分类推进国有企业改革，必须遵循分类改革原则。分类改革既考虑了国有企业首先是企业的一般特征，又考虑了我国国有企业应当肩负的重大责任和特殊使命，从产品性质及行业特征两个维度来客观地制定功能导向的分类方法，针对不同类型的国有企业选择不同的改革模式。

1. 国有企业分类改革历程

国有企业分类可以追溯到 1995 年我国开始的"抓大放小"改革，国有企业提出"抓大放小"改革思路，可以看作是分类改革的前奏。从 1995 年 9 月党的十四届五中全会通过的《中共中央关于制定国民经济和社会发展"九五"计划和 2010 年远景目标的建议》（以下简称《建议》），到 1999 年 9 月，党的十五届四中全会通过的《关于国有企业改革和发展若干重大问题的决定》，一直都把"抓大放小"作为国有企业战略性改组的原则。直到 2015 年 9 月，《中共中央、国务院关于深化国有企业改革的指导意见》（以下简称《意见》）出台，正式启动国有企业的"分类改革"，对混合所有制改革、国有企业绩效考核、国有企业薪酬改革等内容作出了分门别类地规范。可见，从规模分类到属性分类、从"抓大放小"到"分类改革"，体现了我们对国有企业改革认识上的突破，也体现了进入新时代国有企业改革的特征。

1995 年《建议》中对"抓大放小"有准确的表述，就是要从整个国有经济着眼，通过存量资产流动和重组，对国有企业实施战略性改组。这种改组要以市场和产业政策为导向，搞好大的，放活小的，把优化国有资产分布结构、企业组织结构同优化投资结构有机地结合起来，择优扶强，优胜劣汰，形成兼并破产、减员增效机制，防止国有资产流失。重点抓好一批大型企业和企业集团，以资本为纽带，联结和带动一批企业的改组和发展，形成规模经济，充分发挥它们在国民经济中的骨干作用。区别不同情况，采取改组、联合、兼并、股份合作制、租赁、承包经营和出售等形式，加快国有小企业改革改组步伐。

所谓"抓大放小"，就是把众多国有企业按照规模分为大型国有企业和中小型国有企业两大部分。对大型国有企业要进一步抓好；对中小型国有企业要进一步放活。对于大型国有企业又进一步分为充分竞争领域的国有企业和特殊性、垄断性领域的国有企业。充分竞争领域的国有企业追求商业化目标；特殊性、垄断性领域的国有企业兼顾社会效益和社会目标。可见，在国有企业"抓大放小"改革中已经隐含了商业类和公益类两大类国有企业的划分。当然，尽管隐含了国有企业分类的基本思路，但其只是一种具体操作上的自发性行为，而不是理论上的自觉性行为。

"抓大放小"是与国有经济战略调整、国有经济"有所为、有所不为"联系在一起的。"抓大"也好、"放小"也好，其目的都是为了国有企业更好地发展。总体上看，"抓大放小"的成效是明显的，主要表现在国有经济总体得到加强，国有经济结构总体得到改善，国有大中型企业发展态势趋好。

在国有企业"抓大放小"改革的同时，我国学术界就开始了关于国有企业分类改革的研究。董辅礽（1995）认为，国有企业在社会主义市场经济的条件下肩负有弥补市场失灵、发展高新技术产业、满足社会公共需求、维护市场公平竞争、保证国家安全等功能，对国有企业改革要充分考虑国有企业履行不同功能的需要，分类实施改革。他将国有企业分为非竞争性企业和竞争性企业，其中非竞争性企业又可以分为自然垄断企业和以社会公益为目标的企业。自然垄断类企业包括供电、供水、供气、电信等，社会公益类企业则包括公共交通、废物处理、文化教育等。这些企业的共同特点是，虽然都有盈利的可能性，但为保证社会的公平和经济的稳定运行，应尽可能地降低供给的价格。杨瑞龙（1998）提出，国有企业改革的市场化目标不利于国有企业特殊功能的发挥，改革应根据产品的性质和市场化的程度分类推进。他将国有企业分为竞争和不完全竞争两类，不完全竞争按照产品性质又可以分为提供公共产品的企业和处于基础产业和支柱产业的企业。张淑敏（2000）认为，依据国有企业规模的大小分类是不合适的，产品的属性才是划分国有企业类别的优良指标。依据产品属性划分可以充分反映生产方式的特点，从而决定政府是否干预以及干预的程度。产品按属性可以分为私人产品和公共产品，私人产品按照需求弹性的大小又可以分为生活必需品和非必需品。另外，由于资源类产品在社会生产中特别重要且数量有限，资源类产品被单独划分。张淑敏认为对于产品属性不同的国有企业，应该实施不同的改革措施。虽然上述学者很早就提出了分类改革的思想，但是当时国有企业正处于"制度创新"改革阶段，国有企业的首要目标是解决经营效率低下问题，分类改革的思想未受到足够的重视。

2013年11月，党的十八届三中全会通过的《中共中央关于全面深化改革若干重大问题的决定》就已准确界定了不同国有企业的功能。2015年3月，全国人民代表大会通过的《政府工作报告》又进一步界定了不同国有企业的功能，以利于推进改革。2015年5月，国务院《关于2015年深化经济体制改革重点工作的意见》指出，要进一步完善中央企业分类考核实施细则，健全经营业绩考核与薪酬分配有效衔接的激励约束机制。

党的十八届三中全会之后，对国有企业分类的研究再次成为学术界关注的焦点。黄群慧（2013）认为，国有企业在经营的过程中面临"盈利性企业使命"和"公共性政策使命"冲突，国有企业应根据使命不同划分为"公共政策性企业""一般商业性企业"和"特定功能性企业"。"公共政策性企业"的主要功能是弥补市场缺陷，"一般商业性企业"存在的主要目标是实现国有资产保值增值，"特定功能性企业"则肩负巩固社会主义基本经济制度和发挥主导作用的重任。高明华（2014）综合目标和经营两个维度将国有企业分为三类，即公共政策性国有企业、"合理"垄断类国有企业和竞争性国有企业。"合理"垄断类国有企业又可划分为自然垄断类企业和稀缺资源垄断类企业，自然垄断类企业具有规模报酬递增的特点，稀缺资源垄断类企业由于产品的数量有限，应该尽可能地抑制消费。中国社会科学院工业经济研究所（2014）在已有研究成果的基础上，根据我国的具体国情，将国有经济的使命划分为"市场经济国家使命""发展中国家使命"和"转轨经济国家使命",针对这三类使命,国有经济对应的功能分别是"弥补市场失灵""实现经济赶超"和"培育市场主体"。根据国有经济的三类功能,可以将国有企业划分为"公共政策性企业""特定功能性企业"和"一般商业性企业"。中国宏观经济分析与预测课题组(2017)从产品性质和市场竞争两个维度细化了国有企业的分类。按照产品的性质,国有企业可以分为提供公共产品的企业和提供私人产品的企业。提供公共产品的企业又被划分为提供纯公共物品、提供准公共物品和提供公共政策性产品,每种类型的企业管理应该有所不同。生产私人产品的企业则按照市场竞争程度可以划分为垄断类国有企业和竞争类国有企业,垄断类国有企业大多处于基础工业领域,而竞争类国有企业的分布则较为广泛。

2015年9月《意见》明确提出,根据国有资本的战略定位和发展目标,结合不同国有企业在经济社会发展中的作用、现状和发展需要,将国有企业分为商业类和公益类。通过界定功能、划分类别,实行分类改革、分类发展、分类监管、分类定责、分类考核,提高改革的针对性、监管的有效性、考核评价的科学性,推动国有企业同市场经济深入融合,促进国有企业经济效益和社会效益有机统一。《意见》还确定了不同的改革模式,其中商业类国有企业实行公司制股份制改革,国有资本可以绝对控股、相对控股,也可以参股;而公益类国有企业则一般采取国有独资形式,但在有些领域也允许非国有企业参与。可见,我国国有企业改革经历了放权让利、承包制、租赁制、股份制改造、现代企业制度试点等改革阶段后,逐渐回归到分类改革的思路。

2. 国有企业分类改革的方向

分类是国有企业改革的一个重大突破,它是整个国有企业改革的前提和基础,影响国有企业改革的全局。按照目前国有企业分类,国有企业被分成公益类和商业类。对国有企业分类,主要目的就是解决国有企业包括央企战略定位不清、考核针对性不强也不尽科学的问题。商业类和公益类国有企业的共同点是，国有企业首先是企业，都是独立的市场主体，要融入市场经济，都要遵循市场经济规律和企业发展规律，都要服务于国家的发展战略，要实现经济效益和社会效益的统一。商业类和公益类国有企业的不同特征，尤其表现在发展目标差异上。商业类国有企业以增强国有经济活力、放大国有资本功能、实现国有资产保值增值为主要目标。主业处于关系国家安全、国民经济命脉的重要行业和关键领域、主要承担重大专项任务的商业类国有企业，应实现经济效益、社会效益与安全效益的有机统一。公益类国有企业则以保障民生、服务社会、提供公共产品和服务为主要目标。

按照各种分类原则，如分类推进改革、分类促进发展、分类实施监管、分类定责考核等，并根据不同类型企业的特点有针对性地推进改革，是国有企业功能界定与分类的重要目的。

对商业类国有企业而言，要按照市场决定资源配置的要求，加大公司制股份制改革力度，加快完善现代企业制度。商业类国有企业可以分为三种：一是主业处于充分竞争行业和领域的商业类国有企业，原则上都要实行公司制股份制改革，积极引入其他资本实现股权多元化，国有资本可以绝对控股、相对控股或参股，加大改制上市力度，着力推进整体上市。二是主业处于关系国家安全、国民经济命脉的重要行业和关键领域、主要承担重大专项任务的商业类国有企业。这类企业要保持国有资本控股地位，支持非国有资本参股。三是处于自然垄断行业的商业类国有企业。这类企业要根据不同行业特点实行网运分开、放开竞争性业务，促进公共资源配置市场化，对需要实行国有全资的企业，要积极引入其他国有资本实行股权多元化。商业类国有企业应着力追求经济目标，不需要过多关注社会目标，其改革有效与否的衡量准绳，应是纯粹的市场化原则。凡适应市场竞争者，企业可以免于政府干预之苦，健康发展壮大，国资管理部门乐享其成。不适应市场竞争者，将成为国资管理部门的包袱，这些企业对国家与社会索取多、消耗多、贡献少，通过市场竞争将被逐步淘汰。这类国有企业的改革应加快，实实在在地落实政企分开，做到全面"去行政化"，做到与民营企业平等竞争。这既符合经济效率主义和公平市场竞争的要求，又有助于缓解国有资产管控压力，提升国有资本运营效率，大幅度降低高昂的制度运行成本。

对于上述第二、第三种国有企业具有的混合特征，既非纯粹的商业竞争类国有企业，也非典型的公益类国有企业，可称为特定功能性国有企业。其"国家使命"在于巩固社会主义基本经济制度或者是在国民经济中发挥主导作用，包括"走出去"、促进经济发展方式转变、保证国家经济安全和主导经济命脉等具体功能，而这些功能的实现要求以企业自身发展和经营活动盈利为基础。这类企业有一定数量，且其具体情况千差万别。它们是近期及未来一段时期国有企业改革的重点与难点，其改革方向是坚持市场化导向。这类企业一般为国有控股的相对多元化公司，需要强调的是，这些企业的具体"国家使命"应该是可以陈述清楚的，而且，是可以用明确的经济政策手段予以计量和补偿的，需要有相应的财政预算管理约束，其实现"国家使命"功能的行为需要有专门的行业性法规来约束。从远期看，这类国有企业承担的具体"国家使命"功能是动态的，是随着国家的经济发展和国情变化而变化的，一方面，其相应的"国家使命"功能可能会完成或者因不必要而被取消掉，那么这些企业将陆续转化为竞争性的国有企业，国家为其履行"国家使命"功能提供的必要经济资源与政策支持也必须相应取消；另一方面，国家也可能赋予其新的"国家使命"功能，从而提供新的相应的经济资源或者政策支持。从当前国有企业整体情况看，伴随社会主义市场经济体制日益完善，这类企业中的一些企业，在将来有转型、升级成为真正具有国际竞争力和影响力的企业领导者的潜质。

对公益类国有企业而言，可以采取国有独资形式，具备条件的也可以推行投资主体多元化，还可以通过购买服务、特许经营、委托代理等方式，鼓励非国有企业参与经营。公益类企业改革的发展方向是加大国有资本投入，提高公共服务的质量和效率，支持其在提供公共服务方面作出更大贡献，进一步突出主业，优化公共服务业务资源配置，增强持续经营能力。而公益类企业股权结构，则宜采取国有独资、全资、控股，具备条件的可以推行投资主体多元化，还可以通过购买服务、特许经营、委托代理等方式，鼓励非国有企业参与经营。公益类国有企业数量有限，却是未来国资管理的重中之重。改革的方向是"一企一法""一企一制"。这类企业一般是国有独资企业。每个企业都需要专门的法律法规来规范其行为，要用复杂的治理手段对这些企业各种重要经营活动细节予以明文规范，严格政府预算管理，确保企业活动高效率地追求社会公共利益。对公益类国有企业而言，其未来的治理体制，应该比我们现行的、面向所有国有企业的国资管理体制要更为复杂、精细。尽管其治理成本高，但高昂的制度成本对确保公共政策性国有企业正当履行服务社会公共利益的职责而言，又是非常必要的。

二、推动公益类国有企业改革

公益类国有企业是国家为保障民生、服务社会而成立的组织形态，其主要任务是弥补市场缺陷，提供公共产品和服务，重点考核的是成本控制、产品服务质量、保障能力和营运效率。由于该类企业目标单一，且带有较强的政策性，因此该类企业的改革较容易实现。公益类国有企业改革的主要目标是，在保证公共产品供给的前提下，控制供给的成本。为了实现这个目标，关键是建立起有效的监督约束机制。对公益类国有企业的监督可以分为内部监督和外部监督，内部监督主要依赖于改善内部控制结构，而外部监督则要依靠完善监管体系和法律法规。具体来说，公益类国有企业改革涉及四个方面,包括建立有别于商业类国有企业的、有针对性的出资人管理制度;实施有效的行业监管,包括对价格、服务标准、成本、收入分配、资源配置和行业的限制,完善信息公开制度,防止企业利用垄断地位损害社会和公众利益;建立适用于公共政策性国有企业考核的指标体系,发挥考核体系在保障公共产品供给方面的积极作用;构建规范合理的政企关系,保证公共政策性国有企业在服务社会、保障民生的同时,能够实现自身的可持续发展。

1. 改革内部控制机制

公益类国有企业具有公共性、非营利性和服务性的特征,一般采用国有独资的形式,由政府直接管理。这类企业不需要在股权层面进行混合所有制改革,混合所有制改革会增加股权结构的复杂性,导致企业内部治理成本升高。非公有资本有增值的冲动,让非公有资本进入到公共政策性企业,有可能干扰企业服务社会职能的履行。

由于采用国有独资的形式,公益类国有企业没有必要设立董事会和监事会,可以实行经理负责制。所谓经理负责制是指,经理对企业的经营和管理负全面责任,拥有经营自主权、业务指挥权、人事任免权和对员工的奖惩权。经理负责制的优点是构架简单,管理效率较高,缺点是容易产生内部人控制,造成运营成本提高。为了降低企业的运营成本,保证公共产品和服务的质量,必须完善企业的内部控制制度。可以从四个方面完善内部控制:

(1) 经营目标限制,严格限制企业的主业范围,加强主业监管,努力提高公共产品和服务的质量。

(2) 授权批准限制,严格限定经理授权批准的范围,划分授权批准的层次,明确授权批准的责任,规定授权批准的程序。

(3) 组织规划控制,遵循不相容职务分离原则,保证授权批准职务、业务经办职务、财产保管职务、会计记录职务和审核监督职务的相互独立。

（4）人员聘用限制，经理由政府直接任免，高管可以由经理提名并上报政府确认审核，员工招录完全市场化。通过完善内部控制机制，力争实现企业在追求经济利益的同时高效率地追求社会公共利益。

公益类国有企业虽然一般采用国有独资的形式，但是在具备条件的某些领域也可以推行投资主体多元化，实施"混改"，还可以通过购买服务、特许经营或委托代理的方式，鼓励非国有企业的参与。在投资主体多元化的进程中，要注意保持国有控股地位。国有股权是保持公益类国有企业功能的关键，只有保持国有控股权，才能保证服务社会、保障民生的功能不变。多元化的投资会产生两方面的优势，一方面进一步扩大了公共产品的供给，降低了政府的财政负担；另一方面由于非公有资本有盈利的动机，对成本较为敏感，会努力降低企业的运营成本。通过购买服务、特许经营或委托代理的方式提供公共产品，虽然可以为政府节约前期投资和企业运营管理的费用，但是由于购买服务的费用一般是公开的、固定的，这就会对服务提供商产生两方面的激励，一方面激励服务提供商尽可能地降低成本，另一方面则激励服务提供商降低产品或服务的质量。从服务社会、保障民生的根本功能看，由政府直接管理的公共政策性国有企业仍然是最理想的选择。

2. 实施有效的行业监管

公益类国有企业的监管与商业类国有企业不同。党的十八届三中全会确定了监管模式由"管资产"向"管资本"转变，即关注的重点由"资产"这种具体实物形态，转移到了"资本"这种货币形态，国资委将监管的目标聚焦在了国有资本的布局和增值方面。监管方式转变的目的在于进一步释放国有企业的活力，推动国有企业向独立的市场主体进一步迈进，以适应建设更成熟的社会主义市场经济体制的要求。但是对于公益类国有企业来说，"管资本"的监管方式显然是不适用的。公益类国有企业的设立是为了解决市场失灵问题,向市场提供公共产品和服务,不具有盈利的动机,从而不具备使资本增值的能力。该类企业一般实施预算软约束,由国家单独出资,独立核算,但不自负盈亏,而靠财政维持,亏损由财政弥补。因此,公益类国有企业的监管必须采用"管资产"的方式,即由政府管钱、管事和管人。

政府的监管从内容上看,应该包括产品和服务的价格、质量和成本,政府对产品和服务直接定价或实行费率管制,确定产品或服务的质量标准下线,严控企业的生产成本;从方式上看,主要采用完善法律法规的方式实施监督。对公益类国有企业,由于其特有的性质,容易导致信息不对称。在信息不完全对称的情况下,经营者可能利用其掌握信息更充分的条件,与政府在责任目标、经营成本、投资等方面进行博弈,导致服务态度和产品质量下降、资本和设施利用率低、责任目标难以实现。必须加快立法,争取实现"一企一法",用法律的手段对这类企业的行为给予细致的明文规范,确保企业的行为符合社会公共利益;由于生产公共品存在预算软约束,为了防止由此而产生的道德风险和逆向选择,在公益类国有企业中,需要引入完善的信息公开制度,利用公众监督,解决信息不对称情况下,经营者隐瞒实际成本的问题。公益类国有企业的信息公开必须上升到法律层面,必须是强制性的。

3. 建立合理的考核评估体系

建立注重社会评价的考核体系。公益类国有企业的考核指标,应该紧紧围绕保障民生、服务社会、提供公共产品和服务设置。在考核体系的设计上,应该综合考量产品质量、生产成本和保障能力,其中生产成本是核心指标。对于企业高层的考核制度,不能以利润为目标,而是以成本控制水平和公众满意度为目标,并充分注重社会评价。高管的薪酬标准要依据其相关贡献与对应的政府公务员标准同步,对于高管激励不应该来自薪酬,而是相关政治地位的提升,即高管应享受公务员的待遇与行政级别。在对总经理薪酬的考核体系中，总经理的薪酬由政府部门根据各企业管理的任务轻重和难度系数确定，不与资本保值增值挂钩。总经理的薪酬可以略高于同级别公务人员的工资水平，但不能采用市场化的激励机制，不能享受过高的年薪（基本年薪、绩效年薪和保证金）和股权激励。

4. 构建规范合理的政企关系

公益类国有企业虽然由政府出资建设，接受政府全方位的监管，但其毕竟是一个企业，在完成政府赋予的公共服务职能的前提下，要保持其相对独立的地位。政府与公益类国有企业之间的关系应该由法律法规作出明确的规定，双方的互动要依法依规。政府在监管公益类国有企业的过程中，应该做到既不越位，也不缺位。企业的目标和发展方向，企业产品的质量和价格，这些内容应该由政府确定，以保证公益类国有企业的性质不变。企业的招聘用人、企业内部的分工、企业产品和服务的生产过程，这些内容应该由企业独立掌控，以达到控制经营成本的目的。只有建立合理的政企关系，公益类国有企业才能在完成公共服务使命的前提下，维系自身良好的生存和发展。

三、推动特定功能性国有企业改革

特定功能性国有企业是兼具公益类要求和盈利性要求的国有企业，需要其发挥保证国家安全、控制国民经济命脉、推动产业结构转型升级等功能。由于肩负了双重使命，如何在完成国家政策性要求的前提下，实现企业有效率的运营，增强企业的市场竞争力，是该类企业面临的主要问题。

1. 推动混合所有制改革

混合所有制改革包括宏观和微观两个层面，宏观层面是指在行业内既有国有企业，也有私有企业，微观层面是指在企业内既有公有资本，也有私有资本。对特定功能性国有企业实施混合所有制改革，既需要在行业层面作出调整，也需要在企业层面作出变化。

特定功能性国有企业可分为基础资源服务类和战略竞争类，基础资源服务类企业主要包括石油、天然气、有色金属、煤炭、钢铁、邮政、电网等，这些行业都具有自然垄断的特征，战略竞争类企业则主要包括航空航天、基础电子、汽车、造船、核工业等，这些要么是战略支柱产业，要么是高技术产业。对于石油、天然气等自然资源垄断企业，要在企业层面推动混改，在保证国有控股的前提下引入投资者。投资者的身份可以是自然人，也可以是法人，可以是国内资本，也可以是国外资本。通过在企业层面的混改，可以有效地减轻国有企业中普遍存在的委托代理问题，改善企业的经营效率，提高企业的国际竞争力。自然资源垄断企业在混改中必须保证国有绝对控股地位，这样一方面可以保证国家经济安全，另一方面可以抑制对资源的过度开采，实现可持续利用资源的目标。对于电信、电网、铁路等自然垄断企业，应该在行业和企业两个层面推进混改。在行业层面，国家应该推行"网运分离"，开放下游的服务市场，允许民资、外资进入，对国有企业形成竞争的压力。在企业层面，国有企业应该在保证国有控股的前提下，引入投资者。投资者应该以国内资本为主，采用法人股的形式。对电子、汽车、造船等战略支柱产业，可以在行业和企业两个层面混改，努力提高经营的效率，实现资源的优化配置。对于核能、航空航天等涉及国家安全的高新技术国有企业，不宜在企业层面推动混改，应该以开放市场为主，从而形成一定的市场竞争压力。

混合所有制改革并不是理所当然地应取得较好的经营绩效的，产权结构的复杂化有可能加剧企业内部的目标冲突，造成决策效率下降，执行效果减弱，从而影响企业的绩效水平。良好的混合所有制结果的取得，在内需要依靠有效的公司治理体系，在外则需要完善的法律保护。

2. 推动股权结构多元化

股权结构和公司绩效有着密切的联系，不同的股权结构将影响企业的投资方向和决策效率。股权结构包含两层含义：一是股东构成，即股权中国家股、法人股、自然人股等持股比例。二是股权集中程度，即大股东处于绝对控股地位、相对控股地位，还是股权较为分散。

在推动特定功能性国有企业实现股权结构多元化的过程中，应该首先实现股东构成的多元化。由于特定功能性国有企业处于关系国家安全、国民经济命脉的重点行业和关键领域，主要承担完成国家重大专项任务，因此在推动股东构成多元化的过程中要有所选择。对于石油、天然气、有色金属等自然资源垄断性国有企业，其股东构成中可以有国家股、国有法人股、其他法人股等。国家股的存在主要是为了保证资源的利用符合国家发展的需要，而国有法人股和其他法人股则是为了推动企业经营效率的提高。自然资源的供给对国民经济的运转有重大影响，在价格受到控制的条件下，降低企业的运营成本就成为改善企业经营效率的主要手段。对于电信、电网、铁路等自然资源垄断企业，其股东的构成应该有国有股、国有法人股、其他法人股、自然人股等。国有法人股应该在该类企业中居于重要地位，而其他法人股和自然人股则应该处于从属地位，它们的作用主要是为重要基础设施的建设提供资金，分担设施投资的风险，并监督这些基础设施的运营效率。对于电子、汽车、造船等战略支柱类国有企业，股东中可以有国家股、法人股和自然人股等。这类企业的市场竞争程度高，投资风险大，对国民经济增长的拉动作用显著，国有企业股东的多元化可以扩大资金的来源，降低投资的风险，提高资源的利用效率。法人股和自然人股在这类企业中应该处于重要的地位，而国家股在该类企业中应逐步转变为参与者的角色。对于核能、航空航天等高新技术企业，股东应该有国家股和国有法人股。由于该类企业承担着国家重大专项任务，国家股应该在该类企业中占据统治地位。

在明确股东构成的基础上，国有企业还应该调整股权的集中程度。特定功能性国有企业的股权集中度过高，且大部分以国有股的形式存在，造成了该类企业事实上处于内部人控制的状态。国有企业应该一方面公开出售部分股权，引入战略投资者，另一方面转变股权的持有方式，将国家股转变为法人股。被出售的股权不宜超过50%，出售的对象不宜过多，以便在保证控股权的前提下，发挥其他股东监督功能的目标，防止其他股东在企业管理中"搭便车"。将持股方式从国家股转变为国有法人股，有助于解决国有企业监管缺位问题。保留一定的国家股比例，则有助于监管机构了解并影响企业的决策过程，保证国家战略目标的实现。

3. 改善公司治理结构

公司治理结构是指所有者、董事会和高级经理人员之间形成的一种相互制约的权力关系。在这种关系中，所有者将自己的资产委托董事会管理，董事会决定公司的投资方向，并拥有对高级经理人员聘用、奖惩及解雇的权力，高级经理人员在董事会的授权范围内，负责企业的日常经营活动。

良好的公司治理结构是提高企业运营效率的关键。改善特定功能性国有企业的公司治理结构，可以从三个方面入手：

（1）调整董事会的股东构成。董事会的股东可以分为执行董事、非执行董事和独立董事，执行董事由企业的管理层担任，非执行董事由企业的各出资方委派，独立董事则由拥有企业管理知识的专家担任。由于国家股、法人股和自然人股之间存在潜在的利益冲突，董事会的股东结构就会影响企业决策的效率。对于石油、天然气、自然资源等自然资源垄断类企业，控制经营成本是改善经营效率的关键。该类企业应该增加非执行董事和独立董事的数量，保证非执行董事和独立董事发挥监督功能，防止企业内部管理人员滥用职权，扩大在职消费范围。对于电信、电网、铁路等自然垄断企业，抑制企业滥用市场地位涨价的冲动，保证企业投资的战略性方向，是该类企业的运营重点。在董事会的构成中，执行董事和独立董事的比例可以适当地提高，减少非执行董事的比例，防止盈利性需求干扰企业的决策过程。独立董事的存在则有助于实现内部监督，控制该类企业的内部运营成本。对于电子、汽车、造船等战略支柱类国有企业，董事会的构成应该以非执行董事和独立董事为主。对于核能、航空航天等高新技术企业，董事会应该以执行董事为主，独立董事为辅，降低非执行董事的比例。

（2）妥善分配"三会"的权力。特定功能性国有企业中普遍成立了董事会、监事会和党委会，以调整"三会"之间的权力关系，构筑分工协作的决策体系，对于改善国有企业的经营效率具有重要意义。董事会受股东大会的委托，负责制定企业的发展规划，管理企业的经营方向，决定企业的重大投资事项，调整企业的组织架构，掌握企业经营最重要的权力。监事会受股东大会的领导，代表股东大会行使监督权。监事会的职能主要体现在"合规性"审查方面，即保证企业的决策和管理运营符合股东大会制定的章程。监事会监督的主要对象是董事会和高级经理层，它有权要求董事或经理纠正违规行为，在必要的情况下，它可以向股东大会提议罢免董事或经理。党委会是我国国有企业中的特殊机构，按照党管干部的原则，党委会负责国有企业主要干部的任免。董事会和党委会应该遵循"双向进入，交叉任职"的原则，保证党委会成员同时也是董事会成员，从而实现在重大问题的决策上，董事会与党委会保持一致。党委会在国有企业中还发挥了政治核心作用，是企业攻坚克难、完成国家战略目标的精神支柱。在明确"三会"权力分工的基础上，保证"三会"权力的正确履行，是改善企业经营的有效方法。

（3）建立有效的高管选聘和激励约束机制。高管的思维方式和经营行为不仅直接影响企业的短期绩效，而且间接影响企业的长期文化。为特定功能性国有企业选聘高管，可以采用内部选拔或外部招聘的方式。内部选拔的高管，了解企业的运转流程，洞悉企业的积弊，可以迅速采取措施，改善企业的运营。从文化上来说，内部选拔的高管能够较好地传承和发扬企业的精神，强化企业的思维方式和行动模式，进而提高企业的运营效率。外部招聘的高管，拥有专业的管理知识，丰富的管理经验，具备发现问题并解决问题的能力。从文化上来说，外部招聘的高管为企业文化注入了新的要素，提供了不同的解决问题的思路，有可能从根本上改变企业的行为模式。特定功能性国有企业应根据具体经营状况，选择合适的高管聘用方式。对于财务状况较好的国有企业，高管的选聘应该以内部选拔为主，慎用外部招聘。外部招聘有可能造成文化冲突，降低企业的运营效率，破坏企业原有的良好局面。对于财务状况困难的国有企业，高管的选聘方式则应该以外部招聘为主，慎用内部选拔。财务困难说明原有的经营模式出现了问题，内部选拔的高管受企业思维惯性的影响，未必能够找出解决问题的有效路径。外部招聘的高管人员则可以为企业解决问题提供新思路，而且困难的财务状况也为外部高管的进入准备了条件。在确定了企业高管的基础上，对高管的激励和约束则主要依赖薪酬管理。特定功能性国有企业的高管宜采用年薪制，慎用股权激励。年薪的水平应不低于市场相同规模企业的平均水平，应由固定薪酬和绩效薪酬两个部分组成，应适当增加绩效薪酬的比例，以激励高管改善企业的经营管理。对于市场竞争压力较大的电子、造船、汽车等战略支柱类国有企业，企业的经营绩效与高管的管理水平和努力程度密切相关，高管薪酬中可以包含股权激励。股权激励的规模不宜过大，并应该设置较高的行权标准，以保证股权激励能够促使高管付出更多的努力。对特定功能性国有企业的高管可以采用行政晋升的奖励方式，但是这种奖励只能是单方向通道，即只能从企业进入政府。

4. 完善信息公开制度

特定功能性国有企业作为全民所有制企业，应该建立完善的信息披露制度，为公众知情权的实现创造条件，接受公众的监督，不断改善自身的经营管理。上市的国有企业，应该严格按照《中华人民共和国公司法》（以下简称《公司法》）和《中华人民共和国证券法》（以下简称《证券法》）的要求，披露与投资者利益相关的信息。非上市的国有企业，主营业务影响公众利益的，也应该主动公布自己的经营信息和财务信息。企业内部应该建立规范的信息公开流程，确定对外公开信息的形成、审查、批准等部门的职责，细化信息公开的内容、范围、形式、时限和归档要求，在保证公众知情权的同时，维护企业自身的合法权益。

由于特定功能性国有企业处于关系国家安全、国民经济命脉的重要行业和关键领域，企业要特别重视保密审查环节，对信息公开的风险实施评估，避免因不必要的信息公开损害企业的经营，进而损害股东的利益。自然资源垄断性国有企业公布信息的范围应该适当的扩大，除了财务信息外，还应该包括管理结构、经营状况、关联交易、企业负责人的信息等，实现公众对企业的全方位监督。而对于汽车、造船等战略支柱类国有企业和航空航天、核能等战略竞争类国有企业，公布信息的范围应该适当缩小，应该仅在法律要求的范围内公布相应的信息，防止信息的泄露阻碍国家战略目标的实现。通过建立完善的信息公开制度，将企业处于市场、舆论和公众的监督之下，对于改善国有企业的治理效果，提高国有企业的经营效率，具有重要影响。

5. 改革考核评估体系

对企业的考核评估不仅会影响企业的高管薪酬、社会评价和融资能力，而且会影响企业的行为模式。现有的偏向于财务的考核评估体系，并不适用于特定功能性国有企业的考核。特定功能性国有企业存在的首要目标，并不是实现国有资本的保值增值，而是维护国家经济安全稳定,完成重大专项任务。现有的国有企业考核体系目标设置不明确,指标选择不合理,且没有建立有效的反馈机制。

为正确地评估特定功能性国有企业的经营绩效,应该从以下四个方面推动考核评估体系改革:

(1) 确定国有企业考核评估的目标。特定功能性国有企业虽然肩负有"公共政策性"和"一般盈利性"双重使命,但是对于不同类型的企业侧重点有所不同。对于石油、天然气、有色金属等自然资源垄断性国有企业,保证自然资源的供给,维持市场经济平稳健康运行,是该类企业的首要目标。对于电信、电网、铁路等自然垄断性国有企业,其承担有普遍服务的义务,但也有扩大投资,推动技术进步的需求,该类企业应该在完成服务义务的基础上,谋求适当的利润。对于汽车、造船等战略支柱类企业,在保证企业经营方向的基础上,追求盈利是该类企业的主要目标。对于航空航天、核能等高新技术国有企业,完成国家重大专项任务才是该类企业的主要目标。

(2) 综合选取盈利性指标和社会责任类指标。特定功能性的国有企业,也有盈利的任务。对于指标体系的选取,应该综合考量盈利性指标和社会责任类指标。在权重分配方面,对于不同类型的特定功能性国有企业,权重分配应该有所不同。

(3) 选取指标应注意指标的反馈价值。有些指标虽然反馈价值高,但是搜集成本过高。指标选取应该兼顾价值与费用,现有的盈利性和社会责任类指标已经可以较好地反映企业的经营绩效,利用现有指标进行加权平均是一条评估国有企业综合运营绩效的有效途径。

(4) 绩效评估要有相应的反馈机制。应该将高管的薪酬或利润上缴的比率与评估的结果挂钩,使绩效评估的结果被管理层重视,切实起到促进经营效率提高的效果。

四、推动商业类国有企业改革

商业类国有企业存在的首要目标是实现国有资产的保值增值,除此之外,其在服务宏观调控、增加财政收入、增加就业、保持社会稳定等方面也发挥了重要的作用。推动商业类国有企业改革,一方面是为了进一步提高国有企业的经营效率,另一方面则是为了培育独立竞争的市场主体,为建设更完善的社会主义市场经济体制服务。

1. 推动混合所有制改革

商业类国有企业处于充分竞争行业,对其实施混合所有制改革主要是从企业产权层面引入非公资本。非公资本可以采用出资入股、收购股权、认购可转债、股权置换等方式,参与商业类国有企业的重组或增资扩股过程。商业类国有企业的重组或增资扩股过程应该严格地依法依规、公开公正,以保证股权的价值得到市场的正确评估,防止国有资产的流失。非公资本在入股国有企业后,其权益应该得到充分的保护。在董事会中要实现同股同权,各方股东的利益要在企业的决策中得到充分的体现。员工持股是一种应该鼓励的非公资本形式,企业高管持股将增强企业改善管理的动力,企业员工持股将提高员工工作的积极性,这都可以显著提高企业的经营效益。员工持股应该以增资扩股为主要方式,过程应该公开透明,以保护国有资本的利益。

2. 推动股权结构多元化

对于商业类国有企业,股权结构多元化的自由度较高。根据指导意见,主业处于充分竞争行业和领域的国有企业,原则上都要实行公司制和股份制改革,国有资本可以绝对控股、相对控股,也可以参股。对于财务状况较好的国有企业,国有资本可以维持绝对控股的状态,引入财务投资者,扩大国有资本的支配范围,进一步发展壮大国有商业性企业。对于财务状况不良的国有企业,国家没有必要保持控股地位,而应该尽快引入战略投资者,创造条件使自己变为财务投资者,实现国家资本的自由流动。在引入战略投资者的过程中,企业应该保证程序合规,过程透明,以便国有企业的价值被市场充分发现,防止国有资产流失。战略投资者不限于非公资本,公有资本也可以参与,即企业的股权由国资委转移到国有企业手中。在股权结构多元化的过程中,股东数量增多,股权集中度下降。与原有股权绝大部分集中在国资委手中相比,股权集中度下降,有助于提高其他股东监督国有企业运营的积极性,改善企业的经营效率。在股权结构多元化的过程中,也要防止股权过度分散。根据众多学者研究的成果,股权过度分散会造成每位股东都倾向于在企业的运营中"搭便车",企业事实上被高管人员控制,即产生"内部人控制问题"。保持相对集中的股权结构,对于商业类国有企业的运营具有重要的意义。

3. 改善公司治理结构

改善商业类国有企业的公司治理结构,主要从两个方面推进:

(1) 调整董事会股东比例。商业类国有企业可以适当提高执行董事的比例,减少非执行董事和独立董事的数量。该类企业考核的主要指标是财务指标,约束性较强。适当提高执行董事的比例,一方面可以增加董事会对企业运转状况的了解,另一方面则有助于提高董事会决策的效率。非执行董事和独立董事在董事会中仍然发挥着重要的作用,他们将遏制企业的过度投资行为,保证企业的收益和风险保持平衡。

(2) 建立有效的高管选聘和激励约束机制。商业类国有企业的高管既可以从内部选拔,也可以从外部市场招聘。内部选拔的高管可以保证企业运营的平稳性,外部招聘的高管则可以给企业带来新变化。商业类国有企业应该以外部招聘作为高管选拔的主要方式,以应对激烈竞争的市场。高管的任期可以适当地缩短,任期的目标应该明确。董事会制定长期的战略规划,经理层完成短期的经营目标。对于商业性国有企业,应该参照市场标准制定高管的薪酬待遇,并可以实施股权激励。高管的薪酬中应该由固定工资和绩效工资两部分组成,50∶50 的构成比例能够取得较好的激励效果。股权激励并不是越高越好,实证结果表明,高管层持股 0~5%,公司绩效开始上升,5%~25% 时公司绩效下降,25% 以上公司业绩再次上升,但边际效用较低。激励的效果也和行权便利程度有关,行权越便利,激励的效果越弱。商业类国有企业高管的薪酬应该与财务指标挂钩,并设置较高的股权激励行权标准,以激励高管改善管理。

4. 完善信息披露机制

商业类国有企业处于充分竞争行业,在信息公开方面与普通企业没有区别,主要是向投资者提供经营和财务状况的相关报告,主要包括现金流量表、资产负债表和损益表。由于是国有企业,在保护商业秘密和个人隐私的前提下,其对社会公布的信息应该更加丰富,例如重要的人事变动、企业负责人的薪酬水平、企业产权的转让情况、企业履行的社会责任等。在商业类国有企业的内部,也应该建立完善的信息公布流程,信息的形成、审核及批准都有相关部门负责,在实现国有企业信息及时准确公布的同时,维护企业经营的正当利益。信息披露将商业类国有企业的经营置于公众的监督下,有助于形成改善经营管理的外部压力。

5. 改革考核评估体系

建立考核评估体系首先要确定企业经营的目标。商业类国有企业的主要目标就是实现国有资产的保值增值,因此其考核评估体系应该由财务指标构成。财务指标的选取上应该兼顾长短期,短期指标主要反映企业资金的流动性,关系到企业经营的安全问题,长期指标主要反映企业投资的方向,关系到企业未来盈利的潜力。短期指标应该在评估体系中占据重要的地位,以保证国有资产的安全。长期指标在评估体系中居于次要地位,防止高管层过度投资。除了财务指标外，在考核体系中还应该包括社会责任指标。作为处于激烈竞争市场上的国有企业，在经营的过程中，企业应该为市场提供高质量的商品，并在生产的过程中保护环境。企业承担一定的社会责任，能够为企业在社会上树立良好的形象，从长远来说有利于企业资产增值。

第四章

现代国有企业制度构建

建立社会主义市场经济体制是我国经济体制改革的目标。这就需要构建中国特色现代国有企业制度与其相适应。早在1993年，党的十四届三中全会就指出要构建产权清晰、权责明确、政企分开、管理科学的现代国有企业制度。2015年，国务院颁布的《中共中央国务院关于深化国有企业改革的指导意见》明确提出，到2020年在国有企业改革重要领域和关键环节取得决定性成果，形成更加符合我国基本经济制度和社会主义市场经济发展要求的现代企业制度。现代国有企业制度主要包括现代产权制度、法人治理结构、职业经理人制度以及坚持党的领导等内容。当前，国有企业改革、完善现代国有企业制度是我国全面深化改革下的重要部分，对于我国国民经济的发展和国家综合竞争力的提高具有重大意义。

一、完善产权制度是构建中国特色现代国有企业制度的前提条件

现代企业制度的关键在于产权制度的完善。现代企业制度鲜明的制度特征主要包括：产权关系明确，权责分明；企业自主经营、自负盈亏；出资者承担相应的风险和收益；政企分开；管理

科学等。中国特色现代国有企业制度也必须以此为前提。

1. 中国特色现代国有企业制度基本特征

1993年,党的十四届三中全会提出现代企业制度应具备产权清晰、权责明确、政企分开、科学管理四个基本特征。

产权清晰主要包含两层含义。一是设立专门的机构和部门代表国家对国有企业的国有资产行使占有、使用、处置和收益等的权利。二是应明确国有资产的边界,首先是如厂房、机器、设备等实物形态的国有资产的边界要明晰,其次是国有资产的价值和权利边界要明晰,应弄清实物和金融资产的价值量以及国有资产的权利形态等。

权责明确是指要明确和区分企业所有者、经营者、劳动者的权利和责任。在权利上,所有者作为出资人,享有资产收益、参与重大决策和选择管理者等的权利,同时,当企业破产清算时,所有者应对企业的债务承担有限责任。国有企业实行所有权与经营权相分离的政策,经营者由出资人聘用,受出资人所托,在一定时期和范围内掌握企业的经营权,拥有经营企业资产和各种生产要素获取相应收益的权利。劳动者受企业雇用,参与企业的日常生产,享有通过劳动获得收入及相关福利的权利。所有者、经营者、劳动者在享受相应权利的同时,应承担相应的责任。所有者应承担决策失误、企业战略方向错误等给企业造成损失的责任,经营者应承担经营管理不善等造成的企业经营业绩差、国有资产流失等的责任。具体而言,要求企业内部治理结构各部门间权责清晰,相互监督,建立起相互依赖同时又相互制衡的机制。

政企分开是指政府行政管理职能、宏观和行业管理职能、企业经营职能相分离。一是要求政府将国有企业的所有权与经营权相分离,企业重新获得自主经营权。二是企业不再受政府控制以承担应由政府承担的社会职能。

管理科学是指企业应实现自身管理的科学化。企业应将科学管理理念贯彻到企业整个生产、销售流程中去,主要包括生产管理的科学化、质量管理的科学化、销售管理的科学化、职工管理的科学化等。企业实现管理的科学化，能够提高企业整体的生产运营效率、降低生产成本、提高营业利润。科学化的管理能够调动员工的积极性、创造性，企业应建立科学的激励与约束机制。企业应学习西方先进的科学管理理念和方式，并根据自身实际情况及经营业务进行调整，建立科学的管理机制。

2. 产权制度是完善现代企业制度的前提条件

党的十八届三中全会《中共中央关于深化改革若干重大问题的决定》（以下简称《决定》）强调，产权是所有制的核心，国家保护各种所有制经济产权和合法利益。这一重要论断不仅是完善现代企业制度改革的行动纲领，也是积极发展混合所有制经济的重要途径。

产权是以财产所有权为基础，由所有制实现形式所决定的，反映不同利益主体对某一财产的占有、支配和收益的权利、义务和责任。产权是所有制的核心和主要内容，包括物权、债权、股权和知识产权等各类财产权。作为所有制的核心和主要内容，产权具有排他性、独立性、可分解性和收益性。随着40年改革开放的发展，我国传统的产权制度出现了变化，开始发生转型。不过，我国企业的产权制度与现代产权制度的目标相比，还处于初级阶段。仍存在不少需要提升的内容。从宏观角度看，国有产权涉及的面仍然较宽，竞争性领域中的国有产权比重仍然较高。从微观角度看，无论是国有企业还是民营企业，产权结构仍不合理，产权单一还很普遍，能够相互制衡的企业多元化产权结构尚未形成。从产权的特性看，产权的分割不规范，国有产权的流动性不足。

我国国有企业产权制度改革的主要方向是产权结构的多元化，即由投资主体的单一化向多元化转变，以求解决长期以来政企关系不顺、资源配置效率低下等问题，应向国有企业注入新鲜血液。2003年，党的十六届三中全会明确提出要建立健全现代产权制度，大力发展国有资本、集体资本和非公有资本等参股的混合所有制经济，从而实现投资主体的多元化，使股份制成为公有制的主要实现形式。2013年，党的十八届三中全会明确强调，应积极发展混合所有制经济使其成为公有制的重要实现形式。必须完善国有资产管理体制，以管资本为主加强国有资产监管，改革国有资本授权经营体制，分类组建若干个国有资本运营公司，从组织形式和机构上明确产权主体。同时，还要落实出资人职责。公司股东作为出资者按投入公司的资本额享有所有者的资产受益、重大决策和选择管理者等权利。全面深化产权制度改革，关键在于细化和落实出资人的职责。依据不同国有企业功能，从产权层次和内容上明确国资管理机构—资本运营公司—生产经营企业的权责利，在实际运行中落实"权责明确"。

2015年8月，国务院印发的《关于深化国有企业改革的指导意见》成为指导我国国有企业改革的纲领性文件，该文件从完善现代企业制度、健全国有资产管理体制、发展混合所有制经济、防止国有资产流失等方面提出国有企业的改革目标和具体举措。同年9月印发的《关于国有企业发展混合所有制经济的意见》对深化我国国有企业混合所有制经济改革提出了一些具体意见。该文件指出要分类推进国有企业混合所有制改革，对于主业处于关系国家安全、国民经济命脉的重要行业和关键领域、主要承担重大专项任务的商业类国有企业，要保持国有资本的控股地位，但同时也支持非国有资本的参股；对于公益类国有企业，应根据不同业务特点加强分类指导，推进投资主体多元化。该文件还指出要分层推进国有企业混合所有制改革，在子公司层面、集团公司层面等多层有序推进混合所有制的改革，还提出应探索实行混合所有制企业员工持股。

产权主体确定之后，产权主体必须得到有效的保护。这是现代产权制度正常运行的安全基础。目前产权的保护上存在的问题是对公有产权行政干预过多，对私有产权保护不足。一些非公有制企业的权益得不到保障,影响了外资与民营资本增加投资、扩大规模,妨碍了私有产权的发展壮大。必须建立全面的产权法律体系,充分利用产权保护的市场规则,对各类产权进行强制性的有效的严格保护。受到严格保护的产权,激励才能更有效,各产权主体才敢于并勇于搏击市场,放心大胆地创新进取,主动进入风险与机遇并存的领域,抢先赢得发展时机。这样,才能促进多种所有制的共同发展,有利于我国社会主义初级阶段基本经济制度的巩固和发展。

产权多元化是积极发展混合所有制经济的重要途径,是完善现代企业制度的制度保障,也是与社会资本、国际资本、金融资本等各种所有制资本相结合的内在要求。产权多元化的目的在于转机建制,即发挥"无形的手",让市场机制在优化资源配置中起决定性作用。

二、公司法人治理结构是完善现代企业制度的关键

在完善现代产权制度的基础上,建立有效的公司法人治理结构,是现代企业制度建立的关键问题。发展混合所有制经济的目的之一,就是要吸引国内外投资者、提高企业经营管理效率、提升企业竞争力,建立、完善法人治理结构是重要的一环。党的十八届三中全会提出,要健全协调运转、有效制衡的公司法人治理结构,明确了公司法人治理结构的功能之所在,同时也明确了现代企业制度。

1. 探索国有企业法人治理结构改革思路

所谓法人治理结构,是指由于所有权、经营权相分离而产生的科学化、规范化的企业组织结构和管理制度。根据《公司法》的规定,法人治理结构是由股东大会、董事会、监事会、经理层

四部分构成的企业内部治理架构。其中，股东大会是最高权力机构，由公司股东组成，体现了所有者对公司的最终所有权；董事会由股东大会选举产生，是公司的决策机构，对发展目标和重大经营活动具有决策权，以维护出资人即股东的权益；经理层是公司的执行机构，由董事会聘任，负责公司的日常经营，也是决策的最终执行者；监事会是公司的监督机构，一般由股东大会选举的监事和职工代表组成，对财务、董事、经理行使监督职责。成熟且规范的公司治理结构通常表现为内部职责分工明确、各机构间高效协调配合、不同利益主体间权力相互制衡等。

自改革开放以来，我国企业公司治理结构呈现多元化。有治理结构简单的私营企业，属于所有者经营型企业；有具有一定规模但采取的是合伙制或非上市的股份公司形式，大多是一种家族控制模式。这些企业都必须通过建立现代企业制度，完成自身从初级（"夫妻店"、个体工商户）到中级（家族式企业），进而到高级（现代企业）的转型。而对于大型民营和国有股份制企业而言，尽管都建立了股东会、董事会、监事会，但是并没有明确股东会、董事会、监事会和经理层的职责，构成不合理并且缺乏科学性的工作制度，也就不可能形成各负其责、协调运转、有效制衡的机制。因此，需要完善和规范公司法人治理结构，真正发挥其应有的效能。1999年，党的十五届四中全会通过的《中共中央关于国有企业改革和发展若干重大问题的决定》指出，要对国有大中型企业实行规范的公司制改革，法人治理结构是公司制的核心，标志着我国国有企业改革进入对法人治理结构改革的新阶段。自党的十五届四中全会起，我国国有企业纷纷开展公司制股份制改革，企业内部逐步建立起"三会一层"的公司治理结构。"三会一层"治理结构的建立使得国有企业的经营与管理有序化、规范化，权力层次清晰且分散，内部决策公平，整体目标一致，推动了我国国有企业现代企业制度的建立。

虽然我国在国有企业法人治理结构改革中取得了一定的成

绩，但我国大部分国有企业还未建立起成熟的法人治理结构，随着社会主义市场经济的发展，法人治理结构的缺陷和问题逐渐暴露出来，主要有以下四点：

（1）股权结构不合理，国有股一股独大。长期以来，我国国有企业在产权制度改革上不断探索，虽然实行了国有企业公司制股份制改革，强调引入非公有成分，建立混合制国有企业，但缺乏多元的利益主体实现制衡，仍旧存在一股独大问题。而根据公司制的特点，股东大会作为公司的最高权力机构，遵循一股一票和简单多数通过原则，一股独大的国有股对公司的重要决策和董事会的构成具有绝对的控制权，中小股东没有实权，股东大会形同虚设，国有股在实质上控制着整个国有企业的发展。

（2）治理结构内部各机构间权责不明确。国有企业内部形式上建立起"三会一层"的治理结构，但实际上各治理机构之间权力和责任分工不明确，并未建立起既分权又相互制衡的实质性制度，无法达到降低代理成本，防范代理风险的目的。第一，部分国有企业存在董事会越位现象，股东大会应是公司的最高权力机构，董事会是股东的受托者，在股东大会期间为最高决策机构，然而，在一些国有企业内部，董事会成为最高权力机构。第二，董事会和总经理的权责不清晰，许多国有企业中董事长和总经理常常由一人担任，身兼两职，这使得企业内部的权力制衡力度大大削弱，治理效率大大下降。第三，监事会权力过弱，监事会由股东大会选举产生，在企业内部承担监督的责任，监事会权力过弱且缺乏独立性不利于企业内部的权力制衡，不利于企业整体的发展。

（3）职业经理人激励约束不足，内部人控制问题严重。国有企业实现所有权与经营权相分离，职业经理人掌管企业的经营权，管理企业的日常运营，实现国有资产的保值增值。然而，目前我国尚未建立起成熟的职业经理人制度，尤其是企业内部对职业经理人的薪酬等激励和约束制度不健全，从而造成职业经理人工作不努力、滥用职权等问题的出现。此外，在一些国有企业中存在职业经理人实质上掌握了企业的控制权,为个人利益控制整个企业的经营,内部人控制问题使得职业经理人运用权力为取得个人利益而损害整个企业的利益和发展。

(4)政府严重干预高级管理层的任用。由于国有股一股独大问题的存在,改革后的国有企业的高级管理层人员的聘用大部分由政府有关部门直接任命或者予以行政干预,从市场上通过法定程序聘用情况较少。用人制度上的政企不分违背了公司制规范的治理规则和程序,侵犯了中小股东的权益,高级管理层受政府任命,实质上对政府负责,削弱了企业内部的公平性及自主性,降低了企业的活力,不利于企业的成长。

国有企业法人治理结构是我国国有企业现代企业制度的核心,我国国有企业法人治理结构存在以上诸多问题,建立和完善我国国有企业法人治理结构对于推进现代企业制度的建立具有重要意义。2017年国务院发布的《关于进一步完善国有企业法人治理结构的指导意见》指出,完善国有企业法人治理结构是全面推进依法治企、推进国家治理体系和治理能力现代化的内在要求,是新一轮国有企业改革的重要任务。

2. 完善国有企业法人治理结构基本途径

1999年,党的十五届四中全会通过的《中共中央关于国有企业改革和发展若干重大问题的决定》提出,要对国有大中型企业实行规范的公司制改革,法人治理结构是公司制的核心,标志着我国国有企业改革进入对法人治理结构改革的新阶段。自十五届四中全会起,我国国有企业纷纷开展公司制股份制改革,企业内部逐步建立起"三会一层"的公司治理结构。"三会一层"治理结构的建立使得国有企业的经营与管理有序化、规范化,权力层次清晰且分散,内部决策公平,整体目标一致,推动了我国国有企业现代企业制度的建立。

我国作为一个经济转型国家,特有的经济体制和经济运行大环境以及企业自己的生态条件,决定了照抄照搬国外公司治理的经验和模式不可能奏效。因此，只有完善企业公司治理的法律规则，改善企业公司治理的市场环境，建立合理的内部治理结构，才能使我国的公司治理结构不断完善。第一，制定法人治理结构的工作制度。要严格公司法人治理结构事权划分，根据《公司法》和公司章程规定，制定法人治理结构的工作制度，合理界定股东会、董事会和总经理层、监事会的职责，以便处理在具体事务中出现的交叉、重复和相互扯皮问题。第二，规范董事会运作机制。推动董事会独立性、民主性、明晰性、和专业性，确保董事会科学、迅速地作出决策。杜绝大股东"一股独大"现象，做到真正健全公司治理结构，从而确保内部控制的有效实施。第三，强化监事会作用保障监事会依法行使职权，保证监事会对公司财务、经营状况、董事和经理的监督。在制度层面上要理顺外部董事与监事会监督职能的范畴，更加完善公司治理结构，加强公司的内部控制体系。第四，明确经理层的权力、义务和责任。从授权开始，明确经理层的职责范畴，避免经理层对公司董事会决策进行不必要的干涉和影响。加强对经理人的绩效评价，建立经理人的绩效评价体系。构建对经理层超越职权、滥用职权行为的问责，完善相应的惩罚机制。第五，建立职工参与公司治理制度。职工是公司的主要利害关系人，他们对公司有长期的人力投入，并承担了相应的风险。公司职工参与公司治理，是缓和劳资冲突、提高公司组织效率的需要。应当创造条件让职工参与公司治理，发挥公司职工代表和工会在公司中的作用。

当前我国国有企业法人治理结构中存在诸多问题，根据党中央对国有企业改革的要求，应从规范的治理结构角度，借鉴西方发达国家的成熟治理架构，结合我国实际情况，积极探寻完善国有企业法人治理结构的基本途径。主要可以从以下四个方面进行完善：

（1）促使股权结构合理化。股权结构决定了企业股东大会各出资人的权力分配，合理的股权结构是建立和完善公司法人治理结构的重要基础。为防止一股独大问题的发生，应促使国有企业股权结构的多元化，加大引入非国有资本的力度，除国有资产经营公司或国有资产授权经营实体法人以外，应积极拉动各种机构投资者、个人投资者入股，投资主体的多元化为建立有效的法人治理机制提供合理的股权结构基础。此外，在实现多元化的基础上，应注意各个方面的投资人股权比例应恰当，不能过分集中以避免一股独大，也不能过于分散造成股东决策不力，造成内部人控制问题。

（2）明确股东大会、董事会和经理层间的权责关系。规范的公司治理结构中，股东大会、董事会和经理层之间权责分明，相互制衡，股东大会与董事会之间形成一种信任托管关系，一旦董事会受托来经营公司，就成为公司的法定代表，要忠诚地代表股东利益；股东既然把公司交给董事会托管，就不能再去干涉公司的日常事务。董事会聘请经理层负责企业的实际经营，董事会和经理层之间形成了委托代理关系。经理人受聘于董事会，有义务和责任依法经营好公司的业务；董事会有权依据经理人的经营业绩进行监督，并据此对其进行奖励或随时予以解聘。我国一些国有企业中总经理由董事长兼任，这种做法破坏了两者之间的委托代理关系，破坏了公司的权力制衡机制。

（3）完善对职业经理人的激励约束机制。健全有效的激励约束机制对激发职业经理人的工作积极性、创造性，保障股东利益具有重要意义。对职业经理人的激励可以从完善薪酬结构方面入手，除采用年薪制外，应增加采用股票期权等形式的长期激励措施，减少职业经理人的短期行为，同时完善社会保障、学习深造等福利制度。此外，应将职业经理人的薪酬与企业绩效紧密挂钩，实现职业经理人个人利益与企业整体利益相一致，提高职业经理人工作的积极性。在激励的同时也要加强对职业经理人的约束机制，从企业内部约束角度来看，应切实发挥国有企业董事会、监事会对职业经理人的监督职能，从外部约束角度来看，应建立和完善针对职业经理人权、责、利三方面的法律法规。此外，应推进职业经理人市场的建立与发展，建立国有企业经理人市场竞争聘任机制，通过市场竞争，选择优秀职业经理人经营和管理企业。

（4）建立有效的内外监督机制。从内部监督机制角度来看，我国国有企业内部监事会的作用亟须强化，应尽快完善监事会制度，实现内部权力的有效制衡。具体而言，一是监事会的部分成员可以由国资委等所有权代表机构委派，实行外派监事会制度，且监事会各成员之间应保持一定的独立性。二是明确监事会的责任，监事会应对董事会和经理层出现的问题及对企业造成的损失承担相应的责任，以促使监事会公平公正地行使其监督的职责，防止内部权力勾结、监事会失职等问题的产生。从外部监督机制角度来看，外部监督机制对于规范国有企业的治理必不可少。具体来讲，一是要完善产品市场、资本市场和经理市场的市场环境，我国国有企业应建立以市场为主导的激励和约束机制，相应的，完善的市场环境就显得尤为重要。完善的产品市场下，消费者自由选择产品，有竞争力的产品保留下来，促使企业完善和提高自身的经营水平，对企业内部管理层形成一种监督。规范的资本市场对公司产生间接的产权约束。二是要强化公司信息披露制度，信息披露制度一定程度上能够保护投资者和债权人的利益，通过信息披露实现投资者和债权人的外部监督，保证企业的经营绩效。三是要建立相关的完备的法律体系，加强国资委等相关政府部门的行政监督，这是对国有企业内部治理监督的强有力的手段。

3. 探索党的领导与现代公司治理有机结合的新途径

2015 年 6 月，中央深改组第十三次会议审议通过了《关于在深化国有企业改革中坚持党的领导加强党的建设的若干意见》，该文件指出"把加强党的领导和完善公司治理统一起来，明确国有企业党组织在公司法人治理结构中的法定地位"。习近平总书记在 2016 年 10 月 10 日全国国有企业党的建设工作会议上强调，必须始终坚持党对国有企业的领导这一重大政治原则，必须始终以建立现代企业制度作为国有企业改革的方向。中国特色的现代国有企业制度的"特"就在于必须将党的领导融入国有企业公司治理的各个环节，应将党组织合理嵌入到国有企业公司治理的结构中，党组织在公司法人治理结构中应具有明确坚实的法定地位，这也是中央关于全面深化国有企业改革的总体精神的重要组成部分，从而真正从实质上实现国有企业内部治理结构的科学化、合理化。

明确党的领导在我国国有企业公司治理中的重要法定地位是由我国国情及国有企业历史发展决定的，体现了国有企业产权属性和党组织根本属性的内在统一。首先，有史以来我国的国有企业所有权归国家所有，国家代表人民，党的十八届三中全会指出国有企业归全民所有，保障了全国人民的共同利益。《中共中央国务院关于深化国有企业改革的指导意见》明确指出，国有企业属于全面所有，是推进国家现代化、保障人民共同利益的重要力量，是我们党和国家事业发展的重要物质基础和政治基础。国有企业股东大会是最高权力机构，各股东依法享有资产收益、参与重大决策、选择管理者等权利，国家作为重要出资人，要求国有企业必须以全民利益为先，这也是国有企业的根本属性。而中国共产党始终坚持全心全意为人民服务的宗旨，将实现和维护人民的利益放在首位。国有企业的产权属性和党的根本属性都以人民为核心，当前我国处于国有企业改革的攻坚期，应加强党对国有企业的领导，从人民角度实现国有企业和党组织的高度统一，以实现和维护人民利益为最高目标，由党组织代表人民统一领导我国国有企业改革走出艰难期，建立与我国社会主义市场经济体制相适应的国有企业制度，促进我国国民经济的发展，最终实现人民整体的利益。

改革开放 40 年来，我国不断积极探索党组织在国有企业法人治理中的领导机制，并取得了较好的成绩。首先，逐步建立起企业党组织和公司治理结构相融合的企业管理制度。公司治理结构源于西方，从法律上赋予了"三会一层"明确的法定地位，但结合我国的实际情况，在现代公司治理结构中融入了党组织的领导，以"双向进入"和"交叉任职"为基础，建立了"一肩双职、体内融合"的领导体制，"一肩双职"是指由一人兼任董事长和党委书记，一人兼任总经理和党委副书记，一人兼任监事会副主席和纪委书记，进而实现党建工作和企业经济工作的同步。这种企业管理制度保障了党在企业中能够发挥政治核心作用。其次，逐步建立起融合民主集中制和公司治理要求的科学决策机制。国有企业内部重点加强对董事会的建设，将党组织的"三重一大"（即重大决策、重要干部任免、重要项目安排、大额度资金使用）与董事会的职能与决策紧密结合起来，落实党组织在国有企业公司治理中的领导，保障企业内部重大决策的科学化和民主化，促使股东大会及董事会依法行使其职权，进而实现法人治理结构的规范运作。最后，逐步建立起融合党管干部原则和外聘经理人制度的选人用人机制。我国不断探索对企业领导人和党政机关干部的分类分层管理，将决策层与经营层分开管理，由原来的党中央直接任命经理人向通过市场择优聘用转变，逐渐落实了国有企业在选人用人上的自主权。

虽然我国在探索党的领导与现代公司治理结合上取得了不错的成绩，但目前仍旧存在较多问题。首先是体制问题，虽然一直不断强调应明确党组织在国有企业公司治理中的法定地位，但目前《公司法》只是在总则中规定公司中党的基层组织的活动依照中国共产党的章程办理，并未在企业权力配置、组织架构、决策主体等方面给党组织预留空间，对于党组织如何参与重大问题决策、如何实现对企业生产经营的监督、如何管理企业干部等问题没有明确规定。此外，党内法规体系对于企业党建方面的规定缺乏具体制度安排，仅仅停留在基本原则层面。其次是治理问题，政企不分问题依旧存在，董事会权力没有完全下放，任用和解雇经理层人员、决定薪酬激励体制等权力依旧掌握在政府部门手中，权责不清，从而不能合理发挥内部治理结构的权力制衡机制。对于党组织如何参与企业的决策、如何落实党管干部原则依旧需要进一步的探索。

针对以上问题，提出以下对策。首先，要落实党组织在国有企业法人治理结构中的法律地位，根据《中国共产党党章》《宪法》等对企业党组织在法人治理结构中的权利和义务的规定，修订《公司法》或《国有资产法》，并对《公司法》进行司法解释，此外还可以出台新的国有资产管理法规或规章，明确党管国有企业的相关具体内容，同时还应充分利用《中华人民共和国企业国有资产法》的规定进行授权，采取由各级政府授权国有企业党委履行出资人职责等做法。其次，应形成将党建优势纳入公司治理的工作格局，推进基层党建工作的创新，健全党的工作机构，建立稳定的党务工作队伍，有效发挥党组织和党员的作用。具体来说，一是要健全党的组织体系，督促企业梳理和盘点内部治理架构和问题，填补党组织建设的空缺，尝试将党支部明确建立到项目和班组上。对于不同类型的混合制国有企业，应实施针对性的分类管理，建立不同的党组织设置形式、职责以及管理模式，在混合制下明确党组织的职责和地位。二是要增强基层党建工作的活力，切实实现党组织在企业治理中的作用，组织企业内部深入学习"两学一做"，保证"三会一课"等党内政治生活的严肃开展，加快在企业内部建设学习型、服务型、创新型的党组织，积极开展有吸引力、号召力的党组织活动。三是要强化基础保障，严格党内人才筛选，任用党性强、觉悟高、能力强的基层党组织书记，并不断加强基层党组织书记的学习培训，提高其能力及党性修养，确保其公平公正履行自身职责。

三、职业经理人制度是构建中国特色现代国有企业制度的灵魂

职业经理人制度是现代市场经济的产物，是现代企业制度的重要组成部分，也是中国特色现代国有企业制度的核心内容。职业经理人制度不仅是建立有效国有企业公司治理机制的重要途径，而且还是"三会一层"等现代企业议事管理规则的有效实施的关键。职业经理人正愈发受到国有企业重视，国有企业职业经理人制度建设正逐渐成为我国国有企业改革重点突破的方向之一。

1. 职业经理人制度建设是构建中国特色现代国有企业制度的必然要求

职业经理人是在所有权、法人财产权和经营权分离的企业中履职的职业化企业经营管理专家。作为市场竞争主体的企业，只有由职业化的经理人来从事经营管理，才能实现所有权和经营权的真正分离，才能使企业成为真正的企业。所以，必须按照党的十八届三中全会《决定》要求，必须建立职业经理人制度，更好发挥企业家作用。

职业经理人是指在一个所有权、法人财产权和经营权分离的企业中，拥有专业管理知识和丰富管理经验，掌握企业的经营权，全面负责企业的经营管理，以承担企业资本保值增值为责任，并以薪酬、股票、期权等形式获取报酬的职业化企业管理者。其具备以下四个特点：第一，专业化。专业化强调职业经理人需具备与所管理企业相关的专业技术和业务能力，同时要求职业经理人必须具备一定的专业化管理能力，具体而言有领导能力、组织能力、执行能力、决策能力、战略规划能力、洞察能力、应变能力和沟通协调能力等。第二，职业化。职业化是指职

业经理人将管理企业作为长期职业,一旦失去经理职务其自身将面临损失。第三,市场化。职业经理人作为人力资本能在市场上自由流动,企业和经理人可以通过市场实现双向选择,此外市场化还体现在薪酬的市场化,职业经理人的薪酬是其在市场中的价值体现。第四,核心化。职业经理人一般担任企业中的总经理、副总经理、财务总监等高级管理职位,处于企业管理的核心地位。

职业经理人制度是指有关职业经理人认证培养、选聘、激励约束、评价、退出等的法规制度和运作机制,规范了企业经营管理人才市场,是市场经济规律下的人才流动机制,其建立依赖于完善的法人治理结构、规范的管理机制和健全的市场。职业经理人理论起源于美国,我国对职业经理人资格培训、考试和认证起步较晚,我国国有企业推行职业经理人制度面临较多困难和问题,如职业经理人市场化程度低、法律环境不健全、市场准入和退出机制不健全、激励和约束机制不完善等。随着我国国有企业现代企业制度改革进程的不断推进,建立健全我国国有企业职业经理人制度刻不容缓。

党的十八届三中全会《决定》提出,建立职业经理人制度的要求,主要是针对国有企业和国有控股企业而言的。实施这项制度有利于国有企业管理人员摒弃"官本位"观念,建立人员能进能出、能上能下的用人机制;有利于发展混合所有制经济、推进国有企业改革;有利于调动企业家积极性,提高企业管理水平,促进国有资本保值增值。不论是企业经营者的市场化选聘,还是混合所有制企业的产权分割(离)都离不开职业经营者市场的建设。企业经营机制能否真正转换,从根本上取决于对企业经营者激励约束机制的建立。而这一点必须仰赖职业经营者市场的建立和完善。因为企业各产权主体对企业经营者的最大激励,就是通过职业经营者市场将优秀的经营者选拔出来。同时,各产权主体对企业经营者的最终约束,就是通过职业经营者市场将产权主体不满意的经营者进行无情的淘汰。

从现实情况看,职业化的经理人短缺已成为制约我国经济不断发展的主要障碍,成为向市场经济体制转轨和建立现代企业制度的瓶颈。虽然从 20 世纪 80 年代末开始,我国就关注企业经理的职业化问题,但总体看,其发展进程并不快,而且在发展过程中产生的问题也较多。其一,是薪酬的迷雾。职业经理人的薪酬过低,会造成经理人的心理不平衡从而出现"私藏"等现象,也无法起到激励作用;而薪酬过高导致非透明化,还会侵犯股东利益。其二,是选择的局限。股东挑选职业经理人的途径相当有限,要么通过自己的圈子托朋友推荐,要么聘用猎头公司挖人才,实在没有办法去公开招聘。如此不规范的选择途径,中国的职业经理人又如何能在大浪淘沙中显现英雄本色?其三,评价的困惑。为了寻找职业经理人而众里寻"她",但是找到的是否是灯火阑珊中的那一位?实际上,这是职业经理人评价体系和评价标准的问题。其四,信任的缺失。为了增强股东与经理人之间的互信,股票期权成了共同的利益基础。但是股票期权并非灵丹妙药,还不能使经理人与企业共命运、同患难。

2. 完善职业经理人评价制度和市场环境

我国职业经理人制度起步较晚,职业经理人资质评价制度建设滞后,缺乏全国统一的资质评价和认证标准,中国职业经理人协会于 2012 年 6 月成立,成立时间晚,资质评价能力不健全,使得我国职业经理人市场乱象丛生,阻碍了我国职业经理人市场的发展。当前,建立规范的社会化资质评价制度成为我国规范职业经理人人才市场及队伍建设的重点。

2003 年 12 月,中共中央国务院发布的《关于进一步加强人才工作的决定》提出,企业经营管理人才的评价重在市场和出资人的认可,要探索和发展企业经营管理人才评价机构和职业经理人资质评价制度。2010 年 6 月,中共中央国务院印发的《国家中长期人才发展规划纲要(2010~2020 年)》提出,要进一步完善以市场和出资人认可为核心的企业经营管理人才评价体系，积极发展评价机构，建立规范化的职业经理人资质评价制度。经国务院同意和民政部批准，2012年6月，中国职业经理人协会正式成立。中职协作为全国性的行业组织，承担着建立规范的社会化职业经理人资质评价制度、推进我国职业经理人人才市场和队伍建设等职责，在我国职业经理人资质评价制度建设中起到了重要作用。

职业经理人资质评价制度主要可以概括为"三系统六维度"评价制度，其中"三系统"是指自我评价系统、人才市场评价系统、企业及出资人评价系统，"六维度"是指对职业经理人资质的评价要根据职业经理人的特征，从其职业经历、业绩、素养、能力、知识与技能、心理适配程度六个维度全面评价职业经理人。在实际评价中，六维度中的每个维度都可以进一步细分，如职业能力主要衡量职业经理人作为企业的高级管理层应具备的领导能力、组织能力、决策能力等能力。此外，对于职业素养、能力、知识技能的评价应采用不同的分级标准和方法，如知识技能类主要采取分级考试的方式，管理能力类主要采用测评的方式，素养类主要采用调查、评估的方式。职业经理人作为掌握企业经营权的高级管理者，承担着企业资产保值增值的责任，所以，对于职业经理人的评价还应与其所经营的企业经营业绩指标紧密挂钩。对于职业经理人的评价体系应注重定量与定性相结合，注意应将指标具体化、准确化，避免过于笼统和抽象。

由于我国职业经理人市场起步较晚，职业经理人制度体系化，对于职业经理人评价制度可以走由点及面的路径，可以首先考虑在经济发达、市场化程度较高的地区，将地方区域性的职业经理人资质评价体系和认证标准建立起来，不断探索和完善。

除加快完善职业经理人评价制度外，完善职业经理人市场环境对于我国职业经理人发展也具有重大意义。当前我国职业经理人市场所处的环境对其发展造成了一定的阻碍。职业经理人市场环境可以分为企业制度环境、法律环境、文化环境、信用环境四个方面。

我国自党的十四届三中全会以来，注重国有企业现代企业制度的建立、改革与发展，逐步建立起中国特色的现代企业制度，但多元化产权不清晰，权责不够明确，政企不分问题仍旧存在。现代企业制度环境作为职业经理人制度生存的小环境，现代企业制度的不成熟阻碍了我国职业经理人制度的建立和发展。

我国职业经理人市场的法律环境十分薄弱，国家从法律上对职业经理人的性质和权限范围尚无明确界定，只是在《公司法》中针对企业内部结构的基本利益略有涉及，对于公司内部的最基本利益主体的行为并没有明确约束。西方发达国家具备成熟的职业经理人市场，大多都不同程度地对职业经理人和经理权有专门立法。薄弱的法律环境使得职业经理人市场中的人力资本供应者和需求者双方的权益受不到合法保障，也就很难创造一个公平、公开、公正的市场，市场无法实现有序有效运作，进而也阻碍了我国建立成熟职业经理人市场的进程。

长期以来国有企业由于其所有权的独特性，其国有文化根深蒂固，尽管改革开放以来国家对政府和企业的关系进行了放权让利、股份制改革等不断探索和改革，但仍旧存在政企不分问题。这种国有文化对于我国职业经理人市场的发展必然会产生一定的影响。

与职业经理人理论密切相关的就是委托代理理论，我国国有企业实行所有权与经营权相分离，职业经理人受出资人委托，代理经营企业，掌握经营权。由于我国职业经理人市场不成熟，经理人的信用信息难以采集，信用中介市场仍旧存在供求双重不足问题，加之我国职业经理人市场的法律环境薄弱，进而造成道德风险和逆向选择问题的易发，这对于我国职业经理人市场的发展存在致命的打击。信用环境的薄弱容易造成国有企业外聘职业经理人受到约束，也进一步会阻碍我国国有企业的发展。

根据我国职业经理人市场环境存在的诸多问题，提出以下几点建议。首先，应加强职业经理人法律环境建设，增加《公司法》中有关规范企业内部利益主体的法律条文，尤其是对经理人地位及行为应作出明确的法律规范，制定《经理人法》，还应从刑法和民法上加大对出资人财产的保护力度。其次，应加快建设健全的经理人信用体系，利用计算机互联网技术实现对经理人信息的全覆盖，保证职业经理人市场供求双方的透明化。最后，我国国有企业职业经理人的外部聘用需求逐渐增大，对于促进我国本土猎头公司的发展壮大具有重大意义，猎头公司保证了市场参与双方的信息对称性，降低了道德风险和逆向选择，推进了经理人市场的市场化、专业化和程序化。

3. 健全职业经理人激励与约束制度

职业经理人受国有企业聘任，代理国有企业出资人行使经营权，国有企业和职业经理人之间形成委托代理关系，而信息不对称使得国有企业董事会不能直接观察到职业经理人的工作努力程度，从而出现职业经理人消极怠工、滥用职权等问题。此外，国有企业内部如果激励程度不够，也会造成职业经理人工作积极性降低。这些对国有企业的发展都产生巨大的消极影响。由此可见，健全我国国有企业职业经理人激励与约束制度对于我国国有企业的发展和成熟具有重大意义。

职业经理人的薪酬作为激励约束制度中的主要组成部分，对于职业经理人能否充分调动积极性，尽职尽责地经营国有企业，实现高企业利润和良好业绩，具有重要意义。此外，职业经理人的薪酬对于国有企业能否从外部聘用职业素养、能力、知识技能各方面综合能力强的经理人具有决定意义。

首先，应构建职业经理人市场化薪酬体系。第一，国有企业职业经理人薪酬应借鉴国外薪酬体制，随着我国国有企业公司制股份制改革，企业内部形成"三会一层"（股东大会、董事会、监事会、高级管理层）治理体系，董事会作为企业的经营决策机构，应由其决定职业经理人薪酬。对于内部培养的职业经理人，其薪酬应与市场化职业经理人薪酬水平接轨。利用董事会的决策机制，结合薪酬与考核委员会的专业性，由委员会拟定薪酬方案，并交由董事会审核决定，进而取代原有的政府部门定制和管控的非市场化薪酬方案。对于采用外部聘用、契约化管理的职业经理人，应实行市场化的薪酬分配机制，并结合行业、企业规模、职位等要素确定市场化薪酬水平，并由董事会和经理人双方协商决定。第二，薪酬体系应分层分类实现差异化，结合经理人所处职位的业务特点，针对不同类型、等级的职业经理人，建立差异化薪酬管理和分配方法，这也是保证企业内部分配公平的重要手段。第三，职业经理人薪酬应与其自身绩效以及企业整体经营绩效紧密挂钩，这是在保证内部分配公平的基础上，促使职业经理人以实现企业整体良好业绩为最终目标，企业经营绩效好，自身绩效上去了，相应的，获得的薪酬也高，实现职业经理人与企业的双赢，激发经理人的积极性。

其次，要合理确定职业经理人薪酬结构。薪酬激励是否有效不仅取决于薪酬总额的高低，还取决于薪酬结构是否科学合理。当前职业经理人的薪酬模式通常有基本年薪、绩效年薪和中长期激励等。基本年薪是职业经理人的基本年收入，绩效年薪是由职业经理人年度绩效决定的收入。中长期激励是为企业中长期发展作出贡献的职业经理人才拥有的，以股票期权、限制性股票、分红权、职工持股等为形式的激励。企业应从以上三个方面确定科学合理的职业经理人的薪酬结构，实现合理的风险控制和规避。例如，国有企业可以提高中长期激励薪酬比例，以减轻当期的成本压力，优化薪酬结构。需要注意的是，不同行业、经营业务不同的企业，其合理的薪酬结构也不相同，此外，企业经营所处的阶段、面临风险的不同，合理的薪酬结构也会有所变化和调整，所以企业应根据实际自身情况确立薪酬结构。

最后，还要健全职业经理人薪酬管理机制。第一，建立效益导向的薪酬调节机制，应充分考虑企业的经济效益状况和实际支付能力，发挥市场的价格调节作用，将整个市场的职业经理人薪酬水平向与企业发展要求相适应的方向调整，建立与人才市场相适应、与企业经济效益和个人绩效相挂钩的工资调节机制。第二，建立薪酬分配的公平机制，薪酬分配公平始终是保证企业内部积极性的关键，薪酬水平、结构、差距以及方式应合理，对企业的贡献始终是职业经理人薪酬高低的决定性因素。第三，建立完善薪酬分配监督机制，出资人、监事会和审计部门对薪酬分配的监督对于确保收入分配公平具有重要意义，健全企业内部监督制度，对分配政策实施的整个过程以及结果应进行严格监督和检查，对于职业经理人的薪酬水平、绩效考核结果等适当公开。

除薪酬激励以外，还包括福利、津贴、保险等方面的激励，虽然这一部分从金额上看占总激励的比例并不高，但却是激励中不可或缺的部分。福利是企业给员工的非货币化报酬，包括医疗保健、带薪休假、技能培训、节日礼物等，提高员工福利待遇能够吸引和留住员工，并且能提高企业在员工及同行中的企业形象，建立良好的企业声誉。津贴是具有较强针对性的补助费，与职业经理人相关的主要有职务消费等，职务消费是指经营者在任职期间为履行其管理职能进而产生的各种消费（交通、出差、办公等费用）的总和。社会保险在激励中占据着重要地位，主要包括养老、医疗、生育、失业保险等，对于国有企业的职业经理人，亟须建立起失业保险制度。此外，还有如退休分享计划、金降落伞等退休保障措施，这一部分也应考虑进激励措施中。

为防止委托代理关系中职业经理人滥用职权、谋取私利等道德风险的发生，必须建立健全约束制度，主要包括内部约束和外部约束两个方面。内部约束主要包括股东大会、董事会、监事会等对经理层的监督和约束，以及集团管控和企业内控措施。股东大会作为企业的最高权力机构，对于董事会和经理层具有约束作用，因而应优化股权结构，保证股东大会的公平公正性。董事会作为公司的最高决策机构，指挥和管理企业的经营活动，有选聘、考核、监管、奖惩经理层的权力和责任，其下通常设立薪酬委员会、提名委员会以及审计委员会，建立独立的董事制度能够有效缓解我国国有企业当前普遍存在的内部人控制现象。监事会作为企业的监督机关和制衡机构，由股东和职工代表组成，对董事会和总经理行使监督权。《公司法》对监事会的职权进行了规范，主要包括检查公司财务状况、监督董事和高级管理人员的职务执行、要求董事和高级管理人员纠正损害公司利益的行为。当前，我国国有企业监事会的职能发挥有限，成员构成不合理，责、权、利不对称，应完善和强化监事会的职能。首先，从成员人数和构成上，应扩大人员规模，尤其是要提高外部监事占有比例。其次，应提高成员的个人能力及素质，实行监事持证上岗制度。再其次，应规范和完善监事的工作程序。最后，健全奖惩制度，监事失职应负相应责任。此外，企业内部建立全面预算制度对于企业整体各方面的约束具有重要作用。

外部约束包括声誉约束、资本市场约束、监察审计约束和法律约束。声誉约束对于信息不对称的职业经理人市场，能够较大程度地反映职业经理人的能力和信誉，是对其能力、技能、素质的综合体现，对于职业经理人具有较强的约束作用。资本市场的约束主要表现在股价上，职业经理人经营失职，造成公司经营状况变差，股价下跌，公司实施并购重组，经理层往往在并购重组后被解雇，这样对其产生一种威胁，进而促使其努力工作。国家应加大监察审计力度，向国有企业派驻监事、财务总监，建立国家审计、内部审计、社会审计一体化的独立监督体系，设立企业经理人评测中心，决定经理人任职资格等级升降，并完善经理人离任审计制度。法律约束上，应构建国有资产监督管理过程中的股东派生诉讼和国有资产公益诉讼制度，减少法律责任追究不到位的现象，当然，还应加强法律法规的建设，加强对国有资产的法律监督，形成完善的国有资产监管法律体系。

四、坚持党的领导是现代中国特色国有企业制度的特质

2016年10月,习近平总书记在全国国有企业党的建设工作会议上明确指出,要加强和完善党对国有企业的领导,加强和改进国有企业党的建设,党对国有企业的领导是政治领导、思想领导、组织领导的有机统一,党组织应在国有企业中发挥领导核心和政治核心作用。国有企业的所有权归国家所有,归全民所有,中国共产党的宗旨是全心全意为人民服务,因此根据我国的国情,国有企业的产权属性和党的根本属性都是以人民利益为核心的。改革开放40年来,在构建我国现代国有企业制度过程中,我们始终坚持党的领导,在党的统一指挥下渡过我国国有企业改革的攻坚期,最终实现我国国民经济的持续健康发展。

1. 党对国有企业领导具有重大意义

中国特色现代国有企业制度是中国特色社会主义制度的重要组成部分,是党的十八大以来我们党对中国特色社会主义理论体系的丰富和发展。习近平总书记在全国国有企业党的建设工作会议上明确强调了党在国有企业改革中的领导地位,只能加强不能削弱国有企业中党的领导和党的建设。

坚持党对国有企业的领导对于坚持和发展中国特色社会主义、巩固党的执政基础和政治地位具有重大意义。中国特色社会主义始终坚持以公有制为主体,强调发挥国有经济的主导作用,而国有企业作为其重要载体,实现国有企业的发展壮大对于坚持公有制的主体地位以及国有经济主导作用的发挥具有重大意义。国有企业的发展壮大增强了国有经济的生命力,促进了整个国民经济的发展,巩固了中国特色社会主义的物质基础。国有企业在我国国民经济中占有重要比重,自计划经济时期,国有企业实现

了突破性的发展，培养了大批优秀的产业工人，成为我国工人阶级队伍中的中坚力量。这些共同构成了我党执政兴国的中流砥柱，决定了党的执政地位。

坚持党对国有企业的领导对于建立现代化的国家治理体系及能力具有重大意义。当前我国国有企业改革的主要目标是建立与中国特色社会主义市场经济体制相适应的现代企业制度，是国家治理体系和现代化治理能力在国有企业中的要求和表现，显然离不开党的领导。只有坚持党的领导，才能建立起符合中国特色社会主义制度的现代国有企业制度；只有坚持党的领导，才能做好深化改革的顶层设计，稳步推进现代国有企业制度的建立；只有坚持党的领导，才能建立起与我国市场特征、制度环境、文化传统等相适应的现代企业制度。

坚持党对国有企业的领导对于发展壮大国有企业具有重大意义。习近平总书记强调国有企业应理直气壮做强做优做大。国有企业要想做强做优做大受宏观政策和市场环境、企业发展战略、管理体系、技术产品和服务、领导班子和人才队伍等各方面的影响。由于国有企业的特殊性，坚持党的领导、加强党的建设在这些方面能发挥其他形式的企业不具备的优势。党的路线、方针和政策为国有企业的发展提供了适宜的政策和市场环境，党制定的国家发展战略为国有企业指明了正确的发展方向。党组织领导核心和政治核心作用的发挥有利于国有企业提高自身管理的科学性，提升了管理效率，党管干部、党管人才向国有企业注入了一大批优秀的管理和技术精英，企业内部基层党组织的建立从思想上凝聚了职工群众的力量，整个企业在党的领导下向着同一目标努力。

2. 党在国有企业中的领导核心和政治核心作用

中国共产党的执政地位决定了党在国有企业中发挥领导核心和政治核心的作用。2016年10月，习近平总书记在全国国有企业党建工作会议上强调，将党组织的领导核心和政治核心作用归结为"把方向、管大局、保落实"九个字,强调领导核心和政治核心同等重要,并对此进行了详细阐述,进一步明确了国有企业党组织的职责和作用。

国有企业党组织的职责和作用主要包括以下六个方面:一是国有企业党组织把关国有企业的发展战略。体现了党和国家方针政策,确保党中央、国务院重大决策部署在企业经营中的执行,为国有企业的改革和发展提供了政治保证。二是国有企业党组织参与企业决策。党组织参与企业改革发展、重大经营管理事项等问题的研讨,并提出相关建议,对企业内部的决策程序的各个环节进行严格监督。三是国有企业党组织参与企业的选人用人环节。国有企业内部人才聘用遵循党管干部和党管人才原则,党对企业干部具有任命权和管理权,从思想、道德素质、管理能力等各方面严格筛选和培养企业干部,制定相关标准,规范相应程序。四是国有企业党组织开展对企业人员的思想教育及引领。加强对国有企业领导人员的党性教育、思想教育及企业文化建设,增强企业整体凝聚力。五是国有企业党组织监督企业内部各治理机构职权的行使。在企业内部加强党风廉政建设,建立容错纠错机制。六是国有企业党组织建立健全企业内部党的建设制度体系,注重党员的日常教育。

对于国有企业党组织发挥领导核心和政治核心作用,必须明确实现其有效途径。过去我国国有企业内部治理结构并未明确做到以党为政治核心,党无法发挥在企业重大决策上的作用,党建工作靠近中心但难成为中心,党建工作难做,党务干部难选,主要问题就在于党发挥领导核心和政治核心的途径不恰当、不通畅。因此,为解决这一问题,应将党的领导融入公司治理的各个环节,将企业党组织内嵌到公司治理结构之中,明确落实党组织在公司法人治理结构中的法定地位,从而使党在企业中有序有力地发挥作用。

国有企业党组织发挥领导核心和政治核心作用的途径主要包

括以下五个方面：一是明确落实企业内部党组织的法定地位。国有企业应根据《中国共产党党章》《公司法》及中央的有关规定，在公司章程中加入党建工作的总体要求和相关细则，以明确落实党在公司法人治理结构中的法定地位，要在公司章程中写明企业内部党组织的设置形式、地位作用、职责权限、工作保障以及运行机制。二是健全党的"双向进入、交叉任职"的领导体制，推行企业内部高级管理层与党组织党员"一肩挑"机制。三是党组织应加入公司的决策流程之中。党组织对于董事会讨论的企业发展战略、员工收入分配、用工制度等重要问题具有把方向、提意见的权力。四是党组织对于企业内部具有监督纠错的权力。加强对企业职业经理人等核心领导人员的监督，重点关注企业改制重组、产权变更等问题，对于企业出现的重大问题实行追责制度。五是党组织具备考核评价企业内部领导层的权力。应将党的建设考核与经营业绩考核联系起来，建立经常性的监督指导机制。

3. 党的领导要确保国有企业的有效治理

改革开放40年来，我国国有企业改革进程不断推进和深化，并取得了一定的成绩，与市场经济体制相适应的国有企业制度基本建立起来，生产经营效率和质量不断提高。但与此同时，国有企业内部高管贪腐、内部人控制、国有资产严重流失等问题逐渐暴露出来。有人表示要想实现国有企业的发展，应完全遵循市场经济规律，党的领导会弱化企业的市场主体地位，使得国有企业过度行政化。有人认为，建立现代企业制度应完全向西方发达国家学习，强调党的核心领导地位会限制企业的生产经营活动，降低决策效率及正确性。对我国国情认识的片面性是这些错误观点出现的原因。国有企业的改革始终是在党的领导下进行的，始终是以使国有企业成为独立市场主体为目标的，只有明确党在公司治理结构中的法定地位，才有利于企业内部各权力主体间的有效制衡，才有利于企业整体的科学决策。党始终代表人民，国有企业党组织作为企业内部党风廉政建设及监督的主体，能够有效维护人民利益,能够有效监督内部人控制问题。

应始终坚持党对国有企业的领导,这是重大政治原则,我国当前深化国有企业改革始终以建立现代企业制度为目标。公司治理结构作为建立现代企业制度的核心,应将其与党的领导高度统一起来。同时,我们必须认识到,加强党对国有企业的领导的目的不在于领导,而在于通过党的领导深化国有企业改革,党的领导和党的建设应与改革相适应,从而更好地发挥党建工作和公司治理两方面优势,满足公司有效治理的需要。

当前我国国有企业已经建立起"三会一层"的基本法人治理结构。国有企业党组织在其中应正确和充分发挥其领导核心和政治核心作用,明确结构内部的权责边界,各部分各司其职,各部分之间协调运转、有效制衡。党组织和董事会应既相互独立,又相互配合,共同对企业重大问题商讨决策,党组织对重大决策具有参与商讨、决策和提出意见的权力,但最终的决策权应仍归董事会所有,保护董事会一定的独立性和权威性,进而确保董事会各项决策的科学性、合规性和有效性。企业党组织与监事会共同对公司内部各部分的职能行使进行监督,党组织应发挥带头作用,确保公司内部各监督主体履职到位,支持监事会依法行使监督权。监事会成员一部分为职工代表,党组织应支持和保证职工代表在监事会中的监督权,加强职工民主管理和监督的权利,维护职工的合法权益。

国有企业董事长通常由党委书记担任,董事会和经理层成员通常包括党组领导班子成员和党员,所以,要加强党组织对企业的领导,就对这些高级管理层提出了更高的要求。首先,党委书记同时作为企业的董事长,必须具备崇高的信仰、良好的道德素质、敏锐的洞察力、果敢的决策力,熟悉党的方针和政策,能够从全局把控企业,制定战略规划。其次,董事会和经理层中的党员应遵守党的纪律,拥护党的章程,履行"一岗双责"的责任。最后,应建立党内追责制度,对这些党员及领导班子的失职进行党内严厉批评并追究纪律责任。

当前国有企业存在政企不分的问题,这是对党在国有企业中处于领导核心和政治核心的地位有所误解造成的。习近平总书记强调企业党组织的作用归结起来就是九个字,即"把方向、管大局、保落实"。党在国有企业中的领导核心和政治核心作用并不等于对国有企业的完全控制,并不等于对国有企业领导人的完全任命,党组织要守住自身权责的边界,不能完全控制甚至替代企业内部的科学运作机制,不能把自己直接作为企业生产经营决策和指挥的中心,而应在大局上保持领导,赋予企业自己合理科学运作的权利,使我国国有企业真正成为在中国共产党正确领导下的社会主义市场经济的主体,发挥自身生产经营的自主性,迸发活力,推进改革进程,实现国有经济的发展。

第五章

国有企业创新驱动发展

当今时代是知识经济时代、网络经济时代,更是信息经济时代,而创新是当今时代发展的主旋律。一家企业要想在国际竞争中赢得生存地位,唯有不断创新,不断给企业注入鲜活的血液,才能谋得长远发展。在我国步入新时代的背景下,国有企业做大做强并参与国际竞争是我国经济发展的必然要求,也是国有企业在改革开放40多年的改革历程中所焕发生机的具体表现。但是,当下国际形势紧张而又微妙,特别是由美国单边主导的"301调查"以及对我国中兴通讯的打压,进一步令我们认识到国有企业在改革和发展的过程中所存在的问题,进一步坚定了国有企业创新驱动发展的整体战略部署。

一、国有企业改革进程中科技创新能力的提高

国有企业是我国国民经济的主要支柱和命脉,为我国经济发展奠定着坚实的基础。在计划经济时期,国有企业为我国的社会主义建设作出了杰出贡献;在社会主义市场经济建设中,国有企业,特别是国有重点大中型企业,仍然在国民经济建设中起着骨干和主导作用。因此,以改革开放为分水岭,国有企业改革经历

了两种截然不同的阶段，国有企业所具有的科技创新实力呈现出快速增长态势，国有企业在国家科技创新体系中也扮演着越来越重要的角色。但是，即便成就斐然，国有企业在科技创新中依旧存在着一些问题。

1. 改革开放之前的国有企业

新中国成立之初，我国以苏联模式为蓝本，初步建立起了高度集中的计划经济体制。这使得国有经济在国家经济社会发展中居于核心地位，承载着重大的历史使命：构建社会主义经济制度（公有制）及社会主义生产关系，构建新生政权、新生国家、新生社会的物质基础，发展国民经济，提供财政收入，推动工业化等。同时，发展国有经济也是新中国成立后对社会经济制度的发展方向以及发展道路的选择。

国有经济的形成大致可以分为三种途径：一是新中国成立初期，通过没收和接收官僚资本、外国在华资本，形成国有经济。二是通过社会主义改造运动，把私有资本改造成公有制经济。三是国家投资兴建国有经济项目，包括国有企业。1953~1957年，我国制定和实施了第一个五年计划，在完成了国民经济恢复任务，实现了财政经济状况根本好转之后，开始进入以计划经济来大规模推动国家工业化的进程，以国家投资建设项目为主，建立国营经济企业，发展国有经济，成为推动国家工业化的基本方式[1]。

改革开放之前的30年间，国有企业的科技与创新发展取得令国人瞩目的成就。1956年7月，长春第一汽车制造厂（现中国一汽集团，简称一汽）研制成功中国第一辆汽车——"解放"牌汽车，自此，我国有了属于自己的汽车，中国汽车工业正式诞生。同年9月，中国第一架喷气式飞机在沈阳飞机厂试制成功，

---

[1] 苏星：《新中国经济史》（修订本），中国中央党校出版社2007年版，第73页。

开拓了我国喷气式战斗机的先河,打下了我军驾驭喷气式战斗机的基础。1959年10月,包钢一号高炉提前一年建成投产,形成了国家鞍钢、武钢、包钢三大钢铁基地鼎足而立的布局。1970年4月,中国空间技术研究院(现隶属中国航天科技集团公司)研制的"东方红一号"卫星发射成功,中国自此进入航天时代……不难发现,除少数关系国防安全的科技创新技术之外,改革开放以前的国有企业的科技进步主要还是以技术引进和仿制制造为主,缺乏开创性与革命性的科技创新,国有企业主要还是为满足国家工业化需求而生产。

在此期间,国有企业共经历过两次改革,但是这两次改革并没有取得实质性成就,国有企业的发展还处于原始状态。第一次改革发生在1957年底,主要是希望调整企业的隶属关系,将中央各部管理的企业大部分下放到地方,虽然是将权力下放,但国有企业仍受行政管理,不可能解决企业活力的问题,而到了1960年初,大多数下放地方管理的企业又重新收归中央。第二次改革开始于1970年,此次改革主要想扩大第一次国有企业改革的范围,中央开始彻底下放所属工业企事业单位,扩大地方的计划权,但是最终又重蹈第一次的覆辙。

2. 改革开放至今的国有企业创新发展

1978年,党的十一届三中全会提出要把全党工作重心转移到经济建设上来,我国开始迈上改革开放的征程。随着市场经济体制的引入,计划经济体制越来越不适应生产的发展,国有企业也步入面向市场、适应市场竞争的格局,国有企业改革进入全新时代。在这40年的发展过程中,国有企业改革可以分为五个阶段,伴随每一阶段的企业科技创新能力稳步增强。

(1)"放权让利"阶段的创新发展。在这一阶段,国有企业将原来的上缴利润模式逐步改为缴纳增值税模式,打破政企不分局面,给予国有企业更大的发展空间。至此,改革开始突破原有高度集权的国营体制,赋予国有企业一定的自主权,充分调动了企业生产经营的积极性。但是，这一阶段的改革依旧是在计划经济体制下进行的，国有企业对于科技创新方面的重视力度还不够，在科技创新成果方面并没有取得太多实质性进展。

（2）"所有权经营权分离"阶段的创新发展。国家在保持国有企业所有权的前提下，将经营权下放给企业，逐步探索多种形式的经营责任制。从这一阶段开始，国有企业成为独立经营、自负盈亏的商品生产者和经营者，实现了经济布局与结构的战略性调整。与此同时，1985年，国家科技体制改革开始推行，鼓励科技与经济相结合，并制定和实施"863计划"、星火计划和火炬计划，间接为国有企业的发展注入新的动力。在这样的大背景下，国有企业充分发挥自身制度优势，稳步推进国家科技创新的步伐。例如，1985年开始建设到1991年投入运行的浙江秦山核电站（中国核工业集团公司）是当时我国投产的唯一一套核电机组，这标志着中国核工业的发展迈上崭新台阶。

（3）"建立现代企业制度"阶段的创新发展。中央和地方开始建立现代企业制度试点，并提出"抓大放小"的举措。即在国有大中型企业中，推进建立现代企业制度试点，而在国有中小企业中，采取改组、联合、兼并、租赁、承包经营和股份合作制等形式。从历年的中国高技术产业统计年鉴可知，国有及国有控股企业研发机构个数在这一轮改革中迅速减少（见图5-1），而机构平均的研发经费支出有所上升，表明国有及国有控股企业研发机构的科研水平逐步提升，研发领域也在向高精尖方向拓展。但是，从图5-2可以发现，新产品销售收入占主营业务收入的比重快速下降。究其原因，产品开发到成品销售有一个过程，这一比重在国有企业改革第三阶段的下降从侧面反映出过去国有企业对于新产品的研发还不够重视，也间接证明国有企业改革势在必行。这一阶段，国有企业取得的科技创新成就逐渐增加，尤其在航空航天领域成果卓著。1999~2002年，中国航天科技集团公司先后成功进行了四次"神舟"号飞船的无人飞行试验，有力地促进了我国载人航天事业的发展；于 2000 年成功研制并发射的中国第一颗导航卫星北斗一号，也标志着中国成为世界上第三个独立研制和发射导航定位卫星的国家。

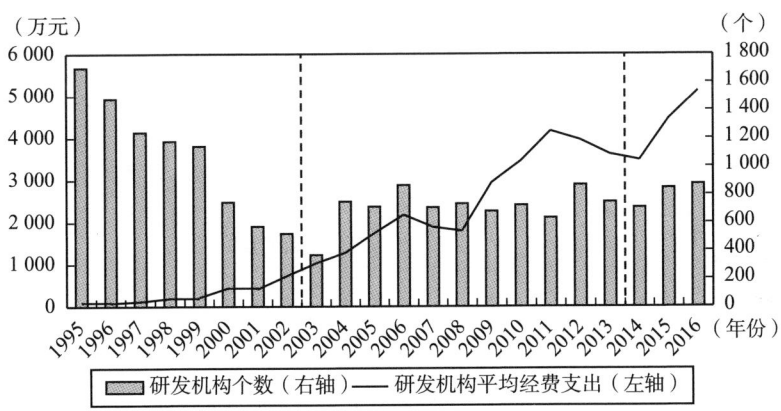

图 5－1　1995～2016 年我国国有及国有控股企业研发机构及平均经费支出

资料来源：历年《中国高技术产业统计年鉴》。

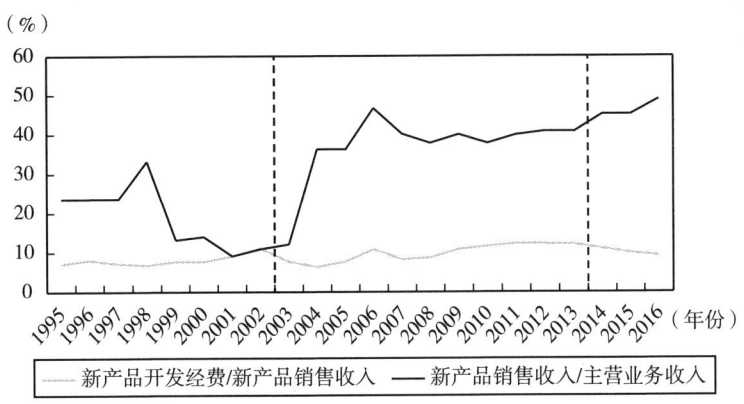

图 5－2　1995～2016 年我国国有及国有控股企业新产品开发经费及收入占比

资料来源：历年《中国高技术产业统计年鉴》。

(4)"深化国有企业改革"阶段的创新发展。深化国有企业改革的重要标志,就是股份制成为公有制的主要实现形式,公有制经济的活力进一步增强。这一阶段,国有企业的科技创新实力实现跨越式发展,国有企业改革在科技创新方面取得显著成效。其一,在国有及国有控股企业研发机构数量基本稳定的情况下(见图5-1),机构平均经费支出10年间增加4倍,表明国有企业的研发力度增强,研发的广度与深度逐年拓展。其二,新产品销售收入占主营业务收入的比重经过4年的猛增后一直维持在40%左右的水平(见图5-2),说明国有企业研发的新产品得到市场初步认可,国有企业的主营业务也开始向新产品、新技术转型。其三,在技术改造、引进和消化吸收经费支出方面(见图5-3),国有企业的表现亦可圈可点。技术改造经费支出基本呈现缓慢上行态势,而引进技术经费支出则小幅下降,这表明国有企业在国外核心技术垄断的情况下,依旧不懈地通过对自有或外来技术的改进提升企业科技水平和竞争力。最后,通过对国有及国有控股企业专利申请数的数据分析(见图5-4),发现这10年的专利申请数量突飞猛进,由2003年的1 009件增长到2013年的24 997件,实现了接近25倍的增幅。由此可见,在国有企业改革的第四阶段,国有企业对科技创新的重视程度明显提高,科技创新也给企业及国家的发展带来潜移默化的影响。在航空航天和深空探测领域,除多次载人航天技术突破外,更有"嫦娥一号"的成功发射、"神舟十号"与"天宫一号"的交会对接等,这一切成就的达成,中国航天科技集团公司功不可没;在基础设施服务领域,国家电网与南方电网已全面掌握特高压核心技术,在世界电网科技领域实现了中国创造和中国引领;在计算机技术领域,曙光信息产业有限公司及中国科学院计算技术研究所自主研发制造的"曙光5000"超级计算机研制成功。

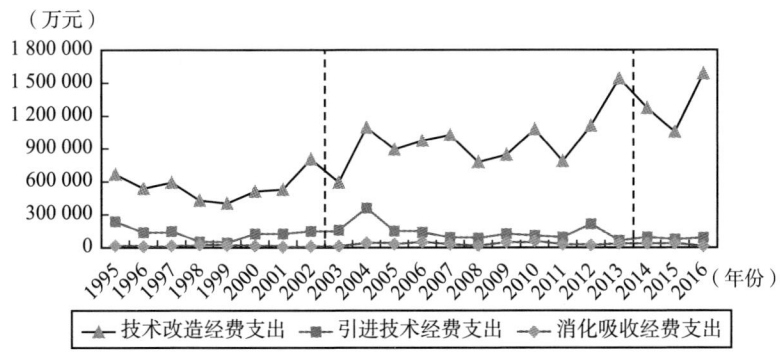

**图 5–3　1995~2016 年我国国有及国有控股企业
技术改造、引进及消化吸收经费支出**

资料来源：历年《中国高技术产业统计年鉴》。

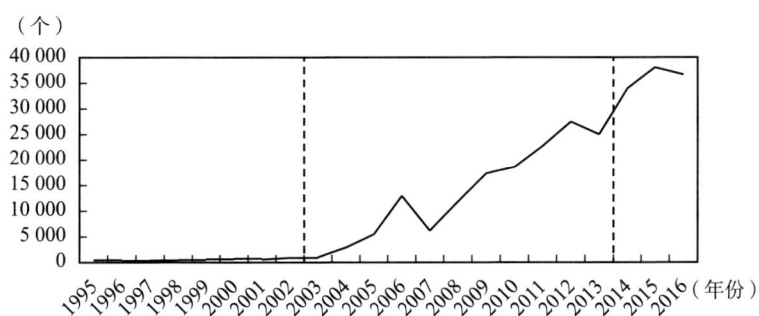

图 5–4　1995~2016 年我国国有及国有控股企业专利申请数

资料来源：历年《中国高技术产业统计年鉴》。

（5）"混合所有制改革"阶段的创新发展。这一阶段将进一步完善现代企业制度，逐步建立国有资产管理体制、发展混合所有制经济、加强和改进党对国有企业的领导等，显著增强国有经济的活力、控制力、影响力和抗风险能力。这一阶段国有企业科技创新的基本状况更优于第四阶段，主要体现在：国有及国有控股企业研发机构的平均经费支出显著增加；新产品销售收入占主营业务收入的比重接近50%；企业专利申请数始终维持高位等。

总体来看，国有企业在改革过程中已经认识到科技创新对于企业生存和发展的重要性，并相继取得举世瞩目的成就。仅2017年就有：中国船舶重工集团公司建造的中国真正意义上的第一艘国产航空母舰001A型航母下水；由中国铁路总公司牵头研制的中国标准动车组"复兴号"首发运营；中国商用飞机有限责任公司研制的国产大飞机C919试飞成功等。

纵向来看，虽然国有企业在改革过程中仅科技方面就取得不错的成就，但若是横向对比会发现，其科技创新水平与同行业内世界领先公司相比差距依旧较大。从"中兴通讯事件"中就不难看出，缺少自主知识产权与创新话语权对于一家公司的危害。因此，在国有企业取得显著成就之际，也必须清醒认识到自身在科技创新方面进一步深化所面临的主要问题。

3. 国有企业科技创新中存在的主要问题

（1）科技创新动力不足。虽然关于国有企业创新动力的改革一直持续不断，但是国有企业创新动力不足的现象依旧存在。究其原因，国有企业无法像私营企业那样有明确的承担责任的企业监管人，存在着严重的委托代理问题及预算软约束问题。在缺乏有效激励和监督的情况下，国有企业经营者为谋求自身利益的最大化，很可能缺乏引导企业创新的动力，忽视提高企业的创新能力，甚至因为其在获得信息资源上拥有优势，运用其手中的管理权和经营权采取减少科研经费的手段来提高企业的短期利润率。因而，经营者们倾向于从事那些能在短期内带来收益、显示政绩的生产性项目，而不是从事那些投资收益周期长、在其任职期间不能带来回报的创新性项目。此外，技术创新的不确定性和风险性也使国有企业经营者的地位容易受到威胁，从而增加企业经营者从事创新的成本，最终弱化其创新激励。

（2）科技创新运行机制不健全。国有企业科技创新的运行机制受到投入经费、文化氛围、人才质量和数量等因素的影响（见图5-5）。在经费投入方面，充足的经费投入是创新运行机制运转的基础和保障。但是近年来,我国大中型国有及国有控股企业 R&D 经费内部支出在总量有所增长的情况下,增长率迅速放缓,2016 年甚至出现负增长,由此可见,国有企业内部创新投入的长效机制有待改进。在创新文化与人才机制方面,国有企业的创新文化氛围尚且不足,人才引进机制较民营企业缺乏竞争力。根据新经济增长理论,知识与人力资本是促进技术进步的关键。国有企业只有在企业内部形成"以知识和人才为本"的创新文化机制,才能将企业员工的创新意识与创新潜能发掘出来。

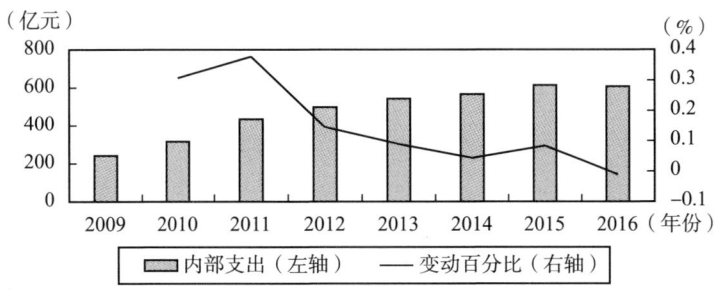

图 5-5 2009~2016 年我国大中型国有及国有控股
企业 R&D 经费内部支出及变动情况

资料来源:历年《中国高技术产业统计年鉴》。

(3) 科技创新保障体系不完善。国有企业关于创新保障体系,特别是知识产权保护制度的建立起步较晚,企业创新保障体系依旧存在不合理的地方,诸如存在法律保护意识淡薄、知识产权的权属不清晰等状况。国有企业对实物资产的管理和保护比较重视,而对于无形的知识产权的保护意识还相当淡薄。部分国有企业虽然有很好的产品也有很好的服务,但缺乏竞争的压力和动力,缺乏长远的眼光,对知识产权的保护处于比较松散的状态,不愿意投入相应的人力、物力和财力,甚至没有将知识产权保护工作纳入正常的企业工作范围之内。在国有企业中,知识产权保护部门常常可有可无,缺乏有效、具体的工作计划和规章制度,对待知识产权保护方面的法律人员和管理人员,既没有相关的培养措施也没有引进计划,导致工作开展不科学、不全面、不系统,最终难以对知识产权的保护起到有效作用,严重威胁着国有企业科技创新保障体系。

二、新时代科技创新推动国有企业竞争力提升

新时代中国经济的发展急需新的动能,而国有企业中的一些传统观念及生产方式已不再适应中国经济发展要求;同时,在面对复杂的国际竞争环境时,国有企业更不能故步自封。因此,新时代依托科技创新提升国有企业竞争力有其必然要求。党的十九大报告提出了培育具有全球竞争力的世界一流企业的要求,这是新时代国有企业,特别是央企发展的使命责任和根本目标。

1. 新时代我国国有企业科技创新的政策支持

进入新时代,为了加速推进国有企业创新发展,我国高频率出台了一系列政策措施,通过国家战略和制度创新引领重大攻关,鼓励国有企业开展基于科学的创新转型,在重要领域坚持高密度研发实现自主可控,借助产学研用融合提升集群协同,运用"互联网+"新技术应用加速生态转型,并兼顾开放与整合升级全球创新影响力,努力建成具有全球竞争力的世界一流企业,实现更高质量、更高效率、更加公平、更可持续的发展。

2012年9月,国务院印发《关于深化科技体制改革加快国家创新体系建设的意见》,主要内容有:充分认识深化科技体制改革、加快国家创新体系建设的重要性和紧迫性;深化科技体制改革、加快国家创新体系建设的指导思想、主要原则和主要目标;强化企业技术创新主体地位,促进科技与经济紧密结合;加强统筹部署和协同创新,提高创新体系整体效能;改革科技管理

体制，促进管理科学化和资源高效利用；完善人才发展机制，激发科技人员积极性创造性；营造良好环境，为科技创新提供有力保障；加强组织领导，稳步推进实施。

2013年1月，国务院印发《国务院办公厅关于强化企业技术创新主体地位全面提升企业创新能力的意见》，重点任务包括：进一步完善引导企业加大技术创新投入的机制；支持企业建立研发机构；支持企业推进重大科技成果产业化；大力培育科技型中小企业；以企业为主导发展产业技术创新战略联盟；依托转制院所和行业领军企业构建产业共性技术研发基地；强化科研院所和高等院校对企业技术创新的源头支持；完善面向企业的技术创新服务平台；加强企业创新人才队伍建设；推动科技资源开放共享；提升企业技术创新开放合作水平；完善支持企业技术创新的财税金融等政策。

2013年2月，国家发展和改革委员会印发《〈"十二五"国家自主创新能力建设规划〉答问》，在深入分析我国自主创新能力建设面临的新机遇和新挑战的背景下提出建设的重点任务：从加强科技创新基础条件建设方面，着眼把增强自主创新能力作为科学技术发展的战略基点的要求；从增强重点产业持续创新能力方面，着眼把增强自主创新能力作为调整产业结构、转变增长方式的中心环节的要求；从提高重点社会领域创新能力方面，着力保障和改善民生；从强化区域创新发展能力方面，突出不同区域的科技、产业、经济基础和特色；从推进创新主体能力建设方面，着力消除制约科技进步和创新的体制、机制性障碍；从加强创新人才队伍建设方面，突出人才作为第一资源的作用；从完善创新能力建设环境方面，共享整合创新资源，加强知识产权创造、运用、保护和管理。

2013年3月，国务院印发《国家重大科技基础设施建设中长期规划（2012~2030年）》，总体部署为：未来20年，瞄准科技前沿研究和国家重大战略需求，根据重大科技基础设施发展的国际趋势和国内基础，以能源、生命、地球系统与环境、材料、粒子物理和核物理、空间和天文、工程技术 7 个科学领域为重点，从预研、新建、推进和提升四个层面逐步完善重大科技基础设施体系。在可能发生革命性突破的方向，前瞻开展一批发展前景较好的探索预研工作，夯实设施建设的技术基础；在 2016～2030 年适时启动建设一批科研意义重大、条件基本成熟的设施，强化未来科技持续发展的能力；在我国具有一定基础和优势的领域，在"十二五"期间建设一批科研急需、条件成熟的设施，强化科技持续发展的支撑能力；对已经启动但尚未完成建设任务的在建设施，加大工程管理和技术攻关力度，力争早日建成投入使用；对已经投入运行但仍有较大发展潜力的设施，进一步完善提升技术指标和综合性能，最大限度发挥其科学效益。

2013 年 5 月 29 日，国务院印发《国务院关于印发"十二五"国家自主创新能力建设规划的通知》，总体部署是：加强政府统筹规划指导，更加发挥市场在资源配置中的基础性作用，引导社会创新主体积极参与，重点推进科学研究实验设施和各类创新基地建设，加强科技资源整合共享和高效利用，健全国家标准、计量、检测和认证技术体系，支撑科技跨越发展；加快推进重点产业关键核心技术研发和工程化能力建设，提升重点社会领域创新能力和公共服务水平，构建各具特色、协调发展的区域创新体系，支撑经济社会创新发展；加强创新主体能力、人才队伍和制度等创新环境建设，深化国际交流与合作，强化知识产权创造、运用、保护和管理能力，激发全社会创新活力，提高创新效率和效益。

2014 年 9 月，国务院印发《国务院办公厅转发科技部关于加快建立国家科技报告制度指导意见的通知》，主要内容有：建立科技报告逐级呈交的组织管理机制：加强国家科技报告工作统筹管理、建立地方和部门科技报告管理机制、强化项目承担单位科技报告管理责任、明确科研人员撰写和使用科技报告的责任权利；推动科技报告的持续积累和开放共享；强化科技报告的完整保存和集中收藏、建立科技报告共享服务机制、开展科技报告资源增值服务；营造科技报告工作良好环境。2014年10月，国务院印发《国务院关于加快科技服务业发展的若干意见》，重点发展研究开发、技术转移、检验检测认证、创业孵化、知识产权、科技咨询、科技金融、科学技术普及等专业科技服务和综合科技服务，提升科技服务业对科技创新和产业发展的支撑能力。到2020年，基本形成覆盖科技创新全链条的科技服务体系，服务科技创新能力大幅增强，科技服务市场化水平和国际竞争力明显提升，培育一批拥有知名品牌的科技服务机构和龙头企业，涌现一批新型科技服务业态，形成一批科技服务产业集群，科技服务业产业规模达到8万亿元，成为促进科技经济结合的关键环节和经济提质增效升级的重要引擎。2014年11月，科学技术部、国家自然科学基金委员会、国家发展和改革委员会、财政部印发《关于印发实施〈国家重大科技基础设施管理办法〉的通知》，《国家重大科技基础设施管理办法》分总则、项目决策、建设管理、运行管理、附则5章29条，为加强和完善国家重大科技基础设施管理提供了依照标准。

2015年1月，国务院印发《国务院印发关于深化中央财政科技计划（专项、基金等）管理改革方案的通知》，总体目标为：强化顶层设计，打破条块分割，改革管理体制，统筹科技资源，加强部门功能性分工，建立公开统一的国家科技管理平台，构建总体布局合理、功能定位清晰、具有中国特色的科技计划（专项、基金等）体系，建立目标明确和绩效导向的管理制度，形成职责规范、科学高效、公开透明的组织管理机制，更加聚焦国家目标，更加符合科技创新规律，更加高效配置科技资源，更加强化科技与经济紧密结合，最大限度激发科研人员创新热情，充分发挥科技计划（专项、基金等）在提高社会生产力、增强综合国力、提升国际竞争力和保障国家安全中的战略支撑作用。

同月，国务院又印发《关于促进云计算创新发展培育信息产业、新业态的意见》，主要任务有：增强云计算服务能力；提升云计算自主创新能力；探索电子政务云计算发展新模式；加强大数据开发与利用；统筹布局云计算基础设施；提升安全保障能力。2015年3月，国务院印发《中共中央国务院关于深化体制机制改革加快实施创新驱动发展战略的若干意见》，主要内容包括：营造激励创新的公平竞争环境；建立技术创新市场导向机制；强化金融创新的功能；完善成果转化激励政策；构建更加高效的科研体系；创新培养、用好和吸引人才机制；推动形成深度融合的开放创新局面；加强创新政策统筹协调。2015年7月，国家发展和改革委员会印发《关于促进东北老工业基地创新创业发展打造竞争新优势的实施意见》，主要内容包括：完善促进创新创业发展的体制机制；建立市场导向的技术创新体系；促进大众创业；打造产业竞争新优势；建设富有创新创业精神的人才队伍；加强政策保障和组织实施。2015年8月31日，科学技术部印发《中华人民共和国促进科技成果转化法（2015年修订）》，"新法"主要从"科研组织、实施到科技成果转化诸环节统筹考虑：增进社会各界对科技成果信息的了解，完善科技成果信息发布制度，为科技成果供求提供信息平台；充分调动科研机构转化科技成果的积极性，增强科研机构和科研人员从事科技成果转化的动力；强化企业在科技成果转化中的主体地位，充分发挥企业在科研计划编制、研究方向选择与科研项目实施中的作用，推进产学研合作，促进科研与市场的结合；创造良好的科技成果转化服务环境"等方面进行了修订完善。2015年9月，国务院印发《深化科技体制改革实施方案》，明确提出，建立技术创新市场导向机制；构建更加高效的科研体系；改革人才培养、评价和激励机制；健全促进科技成果转化的机制；建立健全科技和金融结合机制；构建统筹协调的创新治理机制；推动形成深度融合的开放创新局面；营造激励创新的良好生态。

第五章 国有企业创新驱动发展

2016年2月,科学技术部、国务院国有资产监督管理委员会、财政部印发《关于印发〈国有科技型企业股权和分红激励暂行办法〉的通知》,进一步激发广大技术和管理人员的积极性和创造性,促进国有科技型企业健康可持续发展。2016年3月,国务院印发《关于印发实施〈中华人民共和国促进科技成果转化法〉若干规定的通知》,主要包括:促进研究开发机构、高等院校技术转移;激励科技人员创新创业;营造科技成果转移转化良好环境。该通知打通了科技与经济结合的通道,鼓励研究开发机构、高等院校、企业等创新主体及科技人员转移转化科技成果,推进经济提质增效升级。2016年5月,国务院印发《关于印发促进科技成果转移转化行动方案的通知》,围绕激发创新主体积极性、构建支撑服务体系、完善创新要素配置等,部署了8个方面、26项重点任务。2016年5月,国务院印发《国家创新驱动发展战略纲要》,提出分三步走战略目标:第一步,到2020年进入创新型国家行列,基本建成中国特色国家创新体系,有力支撑全面建成小康社会目标的实现;第二步,到2030年跻身创新型国家前列,发展驱动力实现根本转换,经济社会发展水平和国际竞争力大幅提升,为建成经济强国和共同富裕社会奠定坚实基础;第三步,到2050年建成世界科技创新强国,成为世界主要科学中心和创新高地,为我国建成富强民主文明和谐的社会主义现代化国家、实现中华民族伟大复兴的中国梦提供强大支撑。其具体任务包括:推动产业技术体系创新,创造发展新优势;强化原始创新,增强源头供给;优化区域创新布局,打造区域经济增长极;深化军民融合,促进创新互动;壮大创新主体,引领创新发展;实施重大科技项目和工程,实现重点跨越;建设高水平人才队伍,筑牢创新根基;推动创新创业,激发全社会创造活力。2016年6月,科学技术部、财政部印发《关于印发〈中央引导地方科技发展专项资金管理办法〉的通知》,规定专项资金支持地方科研基础条件和能力建设、地方专业性技术创新平台、地方科技创新创业服务机构和地方科技创新项目示范，而资金分配考虑到地方科研综合能力、地方创新综合能力和绩效考评等因素。2016年8月，国务院印发《关于印发"十三五"国家科技创新规划的通知》，总体目标是：国家科技实力和创新能力大幅跃升，创新驱动发展成效显著，国家综合创新能力世界排名进入前15位，迈进创新型国家行列，有力支撑全面建成小康社会目标实现。总体部署包括：围绕构筑国家先发优势，加强兼顾当前和长远的重大战略布局；围绕增强原始创新能力，培育重要战略创新力量；围绕拓展创新发展空间，统筹国内国际两个大局；围绕推进大众创业万众创新，构建良好创新创业生态；围绕破除束缚创新和成果转化的制度障碍，全面深化科技体制改革；围绕夯实创新的群众和社会基础，加强科普和创新文化建设。2016年9月，国家发展和改革委员会、工业和信息化部印发《两部委关于印发〈智能硬件产业创新发展专项行动（2016~2018年）〉的通知》，重点任务有：提升高端智能硬件产品有效供给，提升高端智能穿戴、智能车载、智能医疗健康、智能服务机器人及工业级智能硬件产品的供给能力；加强智能硬件核心关键技术创新，如低功耗轻量级底层软硬件技术、虚拟现实/增强现实技术、高性能智能感知技术、高精度运动与姿态控制技术、低功耗广域智能物联技术和端云一体化协同技术；推动重点领域智能化提升，深入挖掘健康养老、教育、医疗、工业等领域智能硬件应用需求。2016年12月，国家发展和改革委员会印发《关于印发国家重大科技基础设施建设"十三五"规划的通知》，面向世界科技前沿、面向经济主战场、面向国家重大需求，以能源、生命、地球系统与环境、材料、粒子物理和核物理、空间和天文、工程技术7个科学领域为重点，从启动建设、筹备论证、探索预研、完善提升四个层面，推动国家重大科技基础设施布局建设和发展，形成循序渐进、滚动实施、动态调整、持续发展的良好局面。

2017年2月，民政部、海关总署、科学技术部、国家发展和改革委员会等印发《关于支持科技创新进口税收政策管理办法的通知》，明确科研院所、高等学校、企业技术中心、出版物进口等单位的科技创新进口税收政策。2017年6月，国务院印发《关于深化科技奖励制度改革方案的通知》，重点任务为：改革完善国家科技奖励制度，进一步增强学术性、突出导向性、提升权威性、提高公信力、彰显荣誉性；引导省部级科学技术奖高质量发展，进一步研究完善推荐提名制度和评审规则，控制奖励数量，提高奖励质量；鼓励社会力量设立的科学技术奖健康发展，鼓励学术团体、行业协会、企业、基金会及个人等各种社会力量设立科学技术奖，鼓励民间资金支持科技奖励活动。2017年12月，国务院印发《关于推动国防科技工业军民融合深度发展的意见》，内容包括：进一步扩大军工开放；加强军民资源共享和协同创新；促进军民技术相互支撑、有效转化；支撑重点领域建设；推动军工服务国民经济发展；推进武器装备动员和核应急安全建设；完善法规政策体系。

2018年1月，国家发展和改革委员会、教育部、财政部印发《关于支持中央单位深入参与所在区域全面创新改革试验的通知》，内容包括：提高科技人员的积极性；健全科技成果转化机制；促进创新人才合理流动；扩大高等学校办学自主权；健全国有企业创新激励制度；大力推动军民融合创新；健全改革任务落实机制。2018年5月，科学技术部、国务院国有资产监督管理委员会印发《关于进一步推进中央企业创新发展的意见的通知》，主要目标为：建立特色鲜明、要素集聚、活力迸发的中央企业创新体系；突破一批核心关键技术，在若干重点产业领域形成一批具有国际影响力和竞争力的创新型中央企业；取得一批对国家经济社会发展具有重要作用的创新成果，推动高质量发展，为我国建成创新型国家和现代化经济体系提供强有力的支撑。重点任务分为：鼓励和支持中央企业参与国家重大科技项目；鼓励中央企业增加研发投入；支持中央企业发挥创新主体作用；支持中央企业打造协同创新平台;共同推动中央企业科技人才队伍建设;共同指导和推动中央企业深入开展双创工作;支持中央企业参与北京、上海科技创新中心建设;共同开展创新创业投资基金合作;支持中央企业开展国际科技合作。2018年8月,国务院印发《关于成立国家科技领导小组的通知》,规定领导小组主要职责为:研究、审议国家科技发展战略、规划及重大政策;讨论、审议国家重大科技任务和重大项目;协调国务院各部门之间及部门与地方之间涉及科技的重大事项。2018年9月,科学技术部、国务院国有资产监督管理委员会、财政部印发《关于扩大国有科技型企业股权和分红激励暂行办法实施范围等有关事项的通知》,一是将国有科技型中小企业、国有控股上市公司所出资的各级未上市科技子企业、转制院所企业投资的科技企业纳入激励实施范围。二是对于国家认定的高新技术企业不再设定研发费用和研发人员指标条件。

2019年5月,国务院印发《关于印发科技领域中央与地方财政事权和支出责任划分改革方案的通知》,按照深化科技体制改革的总体要求和科技工作的特点,将科技领域财政事权和支出责任划分为科技研发、科技创新基地建设发展、科技人才队伍建设、科技成果转移转化、区域创新体系建设、科学技术普及、科研机构改革和发展建设等方面。

2. 国有企业科技创新尚缺乏国际竞争力

虽然我国部分国有企业已经开始"走出去"与跨国公司同台竞技并取得不俗成绩,但是从整体上讲,我国国有企业的国际竞争力尚且缺乏。对一个企业的国际竞争力的衡量可以从三个维度进行:一是企业能否在国内以及国际市场与跨国公司同台竞争。二是企业能否获得与跨国公司相媲美的经营成效。三是企业是否实现了在全球范围内的资源配置。如果从这三个维度衡量,国有企业中真正能够与同行业跨国公司抗衡的企业还不算多。

首先,多数国有企业不掌握产业核心技术,缺乏与跨国公司竞争的能力。在目前全球产业分工体系中，我国国有企业在产业中高端占比较低；在出口商品当中，真正具有中国核心知识产权的高科技产品占比也不高，而且大多数是由中外合资企业、外商独资企业提供的。即使是在国内市场，跨国公司及其在华子公司也主宰了大部分高附加值产品，国有企业在核心元器件和零部件方面依旧长期依赖跨国公司。从研发支出的角度也可以发现这一问题。如表5-1所示，2017年中国研发支出排名前10位的上市公司中除百度、阿里和腾讯外均为国有企业，这可以反映出当前国有企业对自主研发的重视。但是从研发强度的角度看，制造业国有企业的研发强度远低于美国4%以及日本3.4%的水平，若与表5-2中数据相比更是如此，这也间接说明了国有企业不掌握产业核心技术的一个原因。

表5-1　　2017年中国研发支出排名前10位的上市公司

排名	公司	行业	研发支出（亿美元）	公司营收（亿美元）	研发强度（%）
1	阿里巴巴集团	软件和服务	25	230	10.6
2	中兴通讯	科技硬件和电子	18	146	12.6
3	腾讯控股	软件和服务	17	219	7.8
4	中国石油	能源	16	2 329	0.7
5	中国建筑	生产资料	15	1 382	1.1
6	百度	软件和服务	15	102	14.4
7	中国中车	生产资料	14	331	4.2
8	中国铁建	生产资料	14	906	1.5
9	上汽集团	汽车和零部件	14	1 076	1.3
10	中国交建	生产资料	11	622	1.8

资料来源：普华永道旗下管理咨询机构思略特发布的《2017年全球创新1000强企业研究报告》。

表 5-2　　2017 年全球研发支出排名前 10 位的公司

排名	公司	国家	行业	研发支出（亿欧元）	公司营收（亿欧元）	研发强度（%）
1	大众	德国	汽车和零部件	136.72	2 172.67	6.3
2	ALPHABET	美国	软件和计算机服务	128.64	856.39	15.0
3	微软	美国	软件和计算机服务	123.68	853.34	14.5
4	三星	韩国	电子和电气设备	121.55	1 585.71	7.7
5	英特尔	美国	硬件和设备	120.86	563.39	21.5
6	华为	中国	硬件和设备	103.63	539.20	19.2
7	苹果	美国	硬件和设备	95.30	2045.72	4.7
8	罗氏	瑞士	制药和生物技术	92.42	471.41	19.6
9	强生	美国	制药和生物技术	86.28	682.00	12.7
10	诺华	瑞士	制药和生物技术	85.39	468.99	18.2

资料来源：欧盟委员会发布的"2017 年全球企业研发投入排行榜"。

其次，我国国有企业多数难以取得类似于领先跨国公司的经营成效。品牌知名度不高、获利能力低、国际市场占有率低等仍然是我国国有企业的显著特征。根据全球最大的品牌咨询公司 Interbrand 发布的 2017 年全球最具价值品牌 100 强排行榜所示，中国仅有华为和联想上榜，更无一家国有企业。在获利能力方面，2017 年国有企业利润总额为 28 985.9 亿元，营业总收入为 522 014.9 亿元，在营业收入与利润有大幅增长的前提下，国有企业的利润率也仅为 5.55%，低于同年世界 500 强企业 8.61% 的利润率。近几年，在"走出去"战略的指引下，部分国有企业的国际市场占有率有所上升，但是占有率不高仍然是国有企业发展所面临的一个挑战。

此外，我国多数国有企业尚不具备在全球范围内优化资源配置的能力。在资源获取方面，真正能够充分利用世界各国自然资源、技术资源、人才资源及信息资源的国有企业很少，多数国有企业只能在国内的要素市场获取资源。在资源配置效率方面，多数国有企业长期能耗水平高、资源利用效率低、劳动生产率不高等问题依旧严峻。

3. 国有企业科技创新的必然性

长期以来，中国国有企业主要通过引进国外先进技术解决技术来源问题。技术引进的意义在于缩短了技术学习的过程。但由于大多数企业都过于重视引进后的使用，而轻视引进后的学习、消化吸收及再创新，结果形成引进、再引进的恶性循环。相比之下，同样花1美元引进技术，日本平均要花7美元进行消化、吸收和再创新，而中国平均只花0.07美元消化、吸收和再创新。从中可见，日本人十分注重引进之后的自主创新，而中国则更注重引进技术本身。图5-3显示的国有及国有控股企业消化吸收经费支出之低也进一步证明了这一观点。结果，20世纪50~70年代末，日本仅用不到30年时间就完成从技术引进国到技术输出国的转变；而中国改革开放至今引进技术已经30多年，但对外技术依存度仍然高达50%，成为世界最大的技术消费国，重要技术受制于人的状况尚未得到根本改变[1]。日本、韩国及中国台湾的经验都表明，在技术引进过程中，关键是要培育自主创新能力。事实上，尽管经济全球化、科技国际化日益深入，科技资源国际流动日益普遍，但发达国家对中国实施技术封锁的基本态度并未改变。相反，近年来贸易保护主义愈演愈烈，发达国家在很多领域的技术转让越来越谨慎，中国从外部获取先进技术的渠道越来越窄，企业靠引进技术求发展的空间越来越小。在这种背景下，中国国有企业减少乃至摆脱对国外技术引进的依赖，加大自主技术创新的力度，既是其提高国际竞争力、改善自身形象的需要，也是国家战略的紧迫需要。

---

[1] 司建楠：《摆脱资源与技术依赖，自主创新需市场驱动力》，载于《中国工业报》2008年6月3日。

从20世纪80年代中后期开始，为改变一些行业技术落后的局面，中国政府实施了"以市场换技术"的策略，目的是通过开放国内市场，引进外商直接投资，获取国外先进技术。这的确在一定程度上促进了中国企业的技术进步与管理水平的提高，培养了大量专业技术和管理人才。但是，中国大多数国有企业在丧失市场份额的代价下，并没有如期获取先进技术。在"以技术换市场"策略指引下，"上汽""一汽"等不少重要大型国有企业纷纷与跨国公司组建合资企业，希望借此提高自身技术创新水平。然而，无论是合资企业，还是中方母公司，技术创新能力都没有得到有效提升，反而自主创新能力严重衰退，陷入技术依赖的泥潭。究其原因，在大多数合资企业中，外方控制着技术和技术来源，中方很少能参与研发过程，更难以获得核心技术。与此同时，跨国公司及其合资企业却利用自身品牌、技术、资本和人才等传统优势，以及中国政府为其提供的优惠政策和优质渠道资源，获取超额利润，严重阻碍了本土企业的竞争力和发展空间[1]。总之，引进技术不等于引进技术创新能力，真正的核心技术是买不来、换不来的；国有企业依靠外援、外力解决不了技术赶超的难题，不管采取什么手段和途径，必须立足于自主创新。

在全球经济联系日益紧密的背景下，国有企业如果不能尽快在关键领域和核心技术的自主研发上取得重大突破，即使在国内市场也会因同跨国公司面对面的竞争而淘汰，更不会在国际市场有好的表现。也就是说，如果不能尽快开发出核心技术，国际化的挑战就会越来越大，后发优势会转变成后发劣势。国有企业要在激烈的国际竞争中立足，必须努力培育自主技术和自主品牌。此外，提高科技创新能力还是公有制与市场经济相结合的必然要求，是巩固中国基本经济制度的重要保证。

---

[1] 朱岩梅、陈强：《创新的力量——中国经济增长新路线》，中信出版社2011年版，第123页。

4. 国有企业有能力推动科技创新

国有企业在国民经济中的主体地位以及其所承担的社会责任，决定了政府势必会对其进行倾斜性的支持。所以，相比其他所有制的企业，国有企业在享受科研资助、享受科技优惠政策以及在获得技术创新资源等方面具有得天独厚的优势。截至2016年底，中央企业拥有科技工作人员156.6万人，两院院士226名，其中，中央企业拥有工程院院士189人，占全国的22.8%。其次，科技投入逐年增长。2016年，中央企业研究与试验发展（R&D）经费支出近4 000亿元，同比增长3.93%，相当于全国研发经费的25.4%。研发经费占营业总收入比2015年提高0.02个百分点；研发投入强度（研发经费占营业总收入比重）约为全国规模以上工业企业的1.8倍。此外，中央企业拥有国内外研发机构总计3 100多个，其中国家级创新平台超过630个；中央企业获得的国家科技进步奖和技术发明奖占获奖总数的1/3，其中特等奖和一等奖占比更高，获得全部14项国家科技进步特等奖中的12项[1]。

著名经济学家熊彼特基于创造性破坏概念，提出了有关企业创新的假说，后人归结为熊彼特假说，这一假说有两方面的含义：一是企业规模越大，技术创新就越有效率，也就是说，大企业比小企业更具创新性。二是技术创新与市场集中度之间存在正相关性，垄断有利于创新。检验熊彼特假说的经验研究很多，陈林、朱卫平（2011）使用中国的截面数据研究发现：在国有经济比重大且有进入壁垒的产业，其创新与市场结构呈显著U形关系，垄断程度越高，创新越强；而在自由进入行业，垄断力量没有促进创新[2]。这一结果也可以理解为不同的产业结构具有自我

---

[1] 任海平：《中央企业——科技创新的主力军》，光明网，2017年12月12日。
[2] 陈林、朱卫平：《创新、市场结构与行政进入壁垒——基于中国工业企业数据的熊彼特假说实证检验》，载于《经济学》（季刊）2011年第10期，第653~654页。

修复和自我强化能力，一旦选定国有企业所在的准入门槛较高行业，那么国有企业就会推动创新进而强化这一门槛。

熊彼特假说提出大型企业更有利于加大研发投入，有利于技术进步，主要原因在于大企业更有能力进行研发投入。首先，现在的科学技术实验耗费巨大，中小企业很难承担这么巨额的开支。其次，科技研发的风险也是中小企业不愿意也无能力承担的。此外，从规模效应上看，大型企业对于高新技术的需求更强。事实上，我国的国有企业目前主要是一些大型企业，现存的一百多家中央企业都是资产上亿的企业集团，而地方国有企业的单个资产规模也相对可观。

熊彼特假说的第二点是关于市场结构方面的。目前国有企业所在行业多集中在一些自然垄断或者行政垄断领域，这些企业的经营范围往往受到政策保护。党的十八届三中全会提出经济改革目标是让市场在资源配置中"起决定性"作用，显然国有企业将来必须在一个公平的市场体系中参与竞争。因此，国有企业如若想在平等的市场竞争中取得优势地位，必须重视来自企业外部的创新驱动力，利用现有的垄断优势加快自主创新步伐，效仿一些大型跨国公司取得在主营业务领域更多的自主知识产权和创新话语权。

国有企业有能力推动科技创新的更为重要的一点便是我国特有的社会主义制度。习近平曾在2016年的"科技三会"（全国科技创新大会、中国科学院第十八次院士大会和中国工程院第十三次院士大会、中国科学技术协会第九次全国代表大会）上指出，科技创新、制度创新要协同发挥作用，两个轮子一起转。我们最大的优势是我国社会主义制度能够集中力量办大事，要形成社会主义市场经济条件下集中力量办大事的新机制。从我国经济社会发展的历程来看，我们本就具有集中力量办大事的优势和传统，也正是因为集中了全国力量，我国用几十年时间便走过西方国家几百年的工业化道路，初步实现了国家富强、民族振兴和人民幸福。而如今我国面临的国际环境更为严峻和复杂,特别是随着我国发展逐步接近世界前沿,一些重大核心技术和关键装备遭到发达国家的垄断和封锁,而民营企业因缺乏资金、技术、人才、设备等短板也难以取得核心技术突破。因此,必须充分发挥我国集中力量办大事的制度优势,扶持国有企业科技研发工作,推动国有企业在关键核心领域的创新突破。

三、国有企业改革视域下的创新体系与方式

对国有企业在改革背景下如何提升科技创新能力的研究颇多,归结来可以分为外部和内部方式。从外部情况来看,积极参与市场竞争、深化政府主导作用以及企业间的技术合作尤为重要;从企业自身出发,也必须营造国有企业的创新文化、建立科技创新的人才队伍、以技术转化形成创新驱动并弘扬国有企业经营者的企业家精神,而针对企业家精神的论述将在第四部分展开。具体构建情况如图5-6所示。

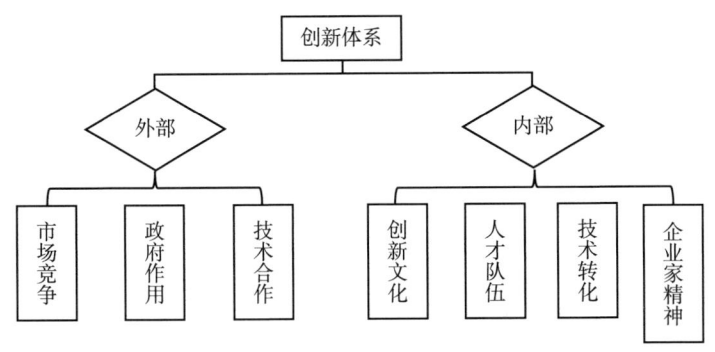

图5-6 国有企业创新体系与方式构建

1. 强化市场竞争机制

党的十八届三中全会提出要发挥"市场在资源配置中的决定性作用",这就需要继续深化经济体制改革,建设统一开放、竞争有序的市场体系。但是,我国在经济体制方面存在的一大问题,就是政府与企业、企业与市场以及政府与市场之间的关系问题。市场的主体应该是企业,但由于我国特殊国情,部分国有企业还不能算是真正意义上的市场主体,这就制约国有企业的科技创新。在此背景下,必须强化市场竞争机制,驱动国有企业进行适合市场需要的技术创新。

一方面应充分发挥国有企业的企业属性,享受市场竞争中优胜劣汰法则,推动企业科技创新。市场从来都是用实力说话,正所谓"大争之世,争于实力"。国有企业应在受到利润驱动后,充分发挥自身优势,如稳定的融资渠道、雄厚的资金实力、决策者对政策大势的准确把握、政府对其的有力支持等,从而自发参与市场竞争,这种竞争压力会让其不进则退,因此必定会去寻求创新机会而不断进行科技创新。另一方面,要充分发挥市场需求对国有企业创新的拉动作用。根据国有企业涉猎的不同行业,对该行业市场发展趋势进行提前研判,把好市场脉搏、找准市场需求,早布局早打算、抢占发展先机,进行相关技术研发与创新,尽早抢占市场份额。例如,工业类企业要把握好智能化、网络化工业革命带来的机遇,从生产工具、生产方式、生产要素等方面寻求技术创新的突破,将新产品和新服务推向市场,从而完成市场需求拉动国有企业进行科技创新的进程。

2. 加大政府扶持力度

企业自主创新由于需要投入大量的人力、物力、财力,且成功与否具有较大的不确定性,因此,自主创新活动具有一定风险。而在此过程中,政府必须明确自身定位,既不能越位,也不能缺位。

首先,政府需通过完善相关政策与法律法规,在制度层面减少企业自主创新面临的不确定性,从而分担企业风险,减少自主创新的后顾之忧。其次,政府还应该为企业自主创新搭建一个平台,为企业提供有价值的信息,整合行业内、产业间共性技术的开发,通过共享机制,分享公共资源、数据和信息,营造出一个良好的宏观创新环境。再其次,加强国有企业与国家创新体系各主体的紧密合作,走"产学研"合作创新道路,是实现国有企业自主创新的关键,也是提升产业升级,推动产业创新的重要支撑。与一般企业相比,国有企业的"产学研"合作创新是一项设计范围更广,要求更高的系统性创新行为,不仅要求突出企业的主体地位,也要求产、学、研、政、中、金等各类主体协同合作。为此,必须选择科学、可行的"产学研"合作方式和路径,同时充分发挥政府的促进作用,为合作创新的顺利展开和效率提升提供制度保障。最后,政府在知识产权保护方面需要加大力度。保护知识产权不仅是对科研人员劳动成果的保护,也是对科研人员的一种尊重,更是维护市场公平的一种体现。有效的保护措施,会对科技研发、技术创新起到积极的刺激激励作用,提升科研人员的热情,防止矛盾冲突,维护良好的社会风气与市场环境。因此,政府需要针对知识产权保护制定适于各行业的准则与法规,将保护落到实处,对侵权者从严从重处罚,杜绝这种不正之风。针对知识产权保护,本章将在第五部分详尽论述。

3. 加强企业间技术合作

国有企业要顺应经济全球化的发展趋势和要求,充分整合、利用全球科技创新资源,推进平等互惠的国际科技合作和交流,积极参与国际科学计划。开放经济条件下现代信息技术的广泛应用,有利于国有企业广泛汲取国际成功经验,在更大范围、更高层次上引进、消化和吸收先进科技成果。国有企业可以采取参与合作研究、并购海外企业、聘请国外专家指导项目研发等多种方式整合、利用国际创新资源,切实提高自主创新能力。国有企业还要善于通过协同创新解决重大难题,用其他企业或机构的优势来弥补自身的不足，通过强强联合达到共赢和 $1+1>2$ 的效果。协同创新可以在同一产业内的上下游企业之间进行，也可以在不同产业之间进行。

在涉及国家重大攻关项目和民族整体利益时，国有企业也要积极与民营企业进行合作，打破彼此间的隔阂和壁垒，一同朝着大目标、大方向去努力。例如，整合国有企业可以利用的资源，建立"协作、共用、共利"的创新联盟，搭建一个研发资源共享平台，有效地推动与促进区域内彼此的合作与沟通，提高资源的利用率，降低生产成本，解决行业内共性难题。国有企业研发能力强、创新资源丰富，而民营企业为了发展与生存敢于冒险、勇于尝试且思维发散，将二者充分结合，既可实现横向的产业链模式，也可实现纵向的同行模式，从而形成双赢的局面。而且通过彼此间的合作，既能节约交易成本，又有助于分散风险，对于发展混合所有制经济也有积极的促进作用，要知道在国际市场上只有"中国制造""中国企业"，是不分国有还是民营的。

4. 培养国有企业创新文化

自主创新，文化先行。企业文化是一种以人为本、先进的现代企业管理理论和管理方式，是企业核心竞争力的重要组成部分和组成要素，是企业最为重要的软实力。而创新是企业的灵魂，是企业文化建设的生命力所在，是企业价值观的内在核心。对国有企业而言，要发挥主导作用，成为自主创新主体，加强创新文化建设是关键一环。而这方面可以借鉴大型跨国公司的经验，例如英特尔的"鼓励尝试风险"、IBM 的"门户开放政策"、惠普的"走动式管理"等，都是激发企业创新思维、培养创新精神的重要途径。

第一，应在全社会营造支持与鼓励创新的文化氛围，形成尊重创新、尊重人才、允许失败、敢于尝试的氛围。开展创新教育，改变人们对创新的传统想法，鼓励人们突破传统思维，改变传统做法，勇于创造。第二，国有企业应对员工迫切关心的培训计划、职业规划、差别激励以及创新奖励等微观细节形成一套完整的管理制度和企业文化。强化创新驱动的战略，不只是关注企业营业收入的提升，更要注重未来几年国有企业能不能做到用新产品、新技术、新服务开拓新市场。要打破部门边界，实现信息共享，加强知识和技术流通。第三，改革具体创新激励机制。淡化论文数量、经费额度等在创新绩效评价中的作用，在遵循创新规律、尊重科技人员兴趣与选择的基础上，建立更加科学严谨的新型成果评估与评价体系。探索研发和技术人员升迁机制，打破传统的资历优先原则，制定灵活多样的升迁机制，允许破格提拔，畅通研发和技术人员升迁通道。

5. 建设创新人才队伍

新经济增长理论认为，在经济增长的过程中，资本和投资已经让位于人才和知识。创新人才是技术创新的源头，是企业发展的第一战略性资本，没有高素质的创新人才作为支撑，企业将无法获得技术水平与管理水平的提升，企业的创新机制将无法运转。也就是说，提高国有企业自主创新能力的关键是人才，为此，必须加快培养和引进高水平的创新人才队伍。

第一，国有企业应明确研发和技术人员特点，了解他们对于企业自主创新和发展所起到的关键性作用。针对研发和技术人员隐性投入多、产出周期长、效益高等特点，设计科学合理的创新绩效考评体系。第二，依据创新考评体系，不断完善创新人才激励和约束机制。在新的考评体系下，创新人员的投入和产出应被科学衡量，对于创新效率高的科研人才，企业可以对其采取多种激励方式，实现从薪酬到股票期权，再到职务提升等有机结合。第三，要努力营造宽松和谐的自主创新环境，激发科技人员的主动性、积极性和创造性。在企业范围内，形成鼓励自主创新的氛围，通过设立新事业部、内部创业基金、内部风险投资机构，组建创业团队等方式，促进公司内部创新创业活动。第四,积极引进外部创新人才,充实和提升企业创新队伍。国有企业仍需加大对高端人才的引进力度,发挥其对企业创新的带领和企业人才队伍培养的积极作用,加快企业创新队伍的规范化和科学化建设。

6. 强化技术转化的驱动作用

鉴于目前国有企业科技创新能力现状及其制约因素,在今后相对较长的时期内,可以结合国内相关支柱产业和重点行业,围绕经济社会发展中的重大科技需求,形成集成创新和引进消化吸收再创新的机制,强化技术转化力度,以掌握一批具有自主知识产权的关键技术,实现重点跨越。

首先,要重视对技术的引进消化吸收和再创新的管理。鼓励国有企业引进国外先进技术,但要限制盲目和重复引进,同时定期调整鼓励引进技术的目录。凡是在由国家有关部门和地方政府核准或者使用政府投资的重点工程项目中明确要引进的重大技术装备,应当由项目业主联合制造企业制定引进消化吸收和再创新的方案,并报请国家有关部门审核后方可实施。其次,重视对引进技术工作的事前咨询和事后评估。对于重大技术和装备的引进消化吸收和再创新项目,必须向有关部门进行咨询,明确引进消化吸收和再创新的计划、目标和进度,最终确立项目方案。方案实施后,还要注意把消化吸收是否形成自主创新能力作为对引进项目验收和评估的重要内容,促进我国自主创新能力的提升。再次,要重视对引进技术和装备的跟踪服务。对引进的重大技术和装备的消化吸收和再创新工作,要由企业自主创新专项资金给予资助。凡是相关重大技术装备,项目业主应当联合制造企业,制定并实施引进消化吸收和再创新的方案,同时要鼓励外方与国内企业联合投标。最后,必须重视"产学研"联合开展引进消化吸收和再创新,鼓励搭建"产学研"技术合作平台来承接重要科学技术的引进消化吸收和再创新。

四、企业家精神与国有企业科技创新

2017年9月,《中共中央、国务院关于营造企业家健康成长环境、弘扬优秀企业家精神、更好发挥企业家作用的意见》正式对外公布,引发社会热议,这是中央首次以专门文件明确企业家精神的地位和价值。那么企业家精神究竟是什么?

习近平同志曾谈道,"企业的创新关键在人,关键在企业家"。熊彼特也曾论述过,企业家精神是企业创新的根本动力。促使企业家从事创新的动机不只是利润,更包括"存在着一种梦想和意志""存在有征服的意志,战斗的冲动""存在有创造的欢乐,或者只是施展个人的能力和智慧的欢乐"。这就是所谓的企业家精神。在管理学大师德鲁克看来,企业家或企业家精神不仅是企业创新的源泉,还是社会整体创新能力提升的动力源。正如有些学者所指出的,现代意义上的企业家精神是指企业家作为一种具有特殊精神气质的群体,他们在追求自我价值的实现、展示自己的才华、获得事业成功的欲望中展现出独有的勇于冒险精神、开拓创新精神以及强烈的社会责任感。

创新文化的核心和灵魂是创新精神。抓好创新文化建设,提升企业价值,最根本的是要进一步强化企业家创新精神。企业家不仅是企业技术创新的组织者、决策者和实施者,同时也是企业文化创新的设计者、倡导者和践行者。企业家的创新精神越强,企业就越会积极地把握创新机遇,并进行主动的创新活动。我国最具创新活力的企业,如华为、格力、海尔和联想等,一个共同之处就是企业的领导人都是创业者。对于国有企业来说,企业家创新精神的培育更显重要,因为它是国有企业率先成为自主创新主体要重点解决的问题。也就是说,提升企业自主创新能力,固然需要调动企业全员的积极性,但更重要的是要调动企业管理

者,特别是企业家的积极性,要建设一支富有创新精神的企业家队伍。建设一支富有创新精神的企业家队伍,要做到以下几点:

一是强化企业家的学习意识和责任感。创新型企业家首先应是学习型企业家。企业的领导者要通过不断完善自身知识结构,持续提高企业管理水平和转变经营观念,成为精通科技和经营的战略家;必须通过学习牢牢把握新一轮科技革命和产业革命机遇,扎实推进理念创新、产品创新、技术创新、管理创新、商业模式创新,推动传统业务创新发展形成竞争新优势,加快培育利润增长新动能。同时,国有企业作为国民经济的重要支柱和行业发展的龙头,新时期肩负着提高资源利用效率、优化产业结构、提高企业竞争实力、提高国际经营水平以及推进国防现代化建设等重大创新使命。为此,企业领导者要摒弃急功近利、技不如人、拿来主义等心态,牢固树立壤而不舍、敢于超越、勇于创新的民族精神,担负起产业报国的神圣使命。

二是强化企业家的忧患意识和危机意识。真正的企业家将创新作为公司生存的必要条件,具有采取行动和实施创意的紧迫感,时刻感受市场的脉动,不断保持危机意识。比尔·盖茨反复向员工强调"微软离破产永远只有十八个月"。英特尔的葛洛夫也有一句名言:"惟有忧患意识,才能永远长存。"张瑞敏的"战战兢兢,如履薄冰"的危机意识,早已深入到海尔的每一个员工内心深处。这些成功企业的经验告诉我们,惟有时刻保持危机感,才能不断焕发出企业全体员工的创新活力,使企业在持续创新的动态过程中摆脱一次又一次危机。创新是目的,但制造"危机"是一种管理手段。作为企业的领航人,领导者一定要有忧患意识,要居安思危。为此,国有企业领导者要进一步解放思想,大力弘扬勇于变革、大胆开拓、奋力打拼的企业家创新精神。要坚持改革开放,推动企业科学发展,不断超越自我,与时俱进,努力成为关键行业和重要领域的领跑者。

三是形成鼓励国有企业家敢闯、敢试的容错机制。建立容错机制，鼓励自主创新，允许试错，宽容失误，营造尊重企业家价值、鼓励企业家创新、发挥企业家作用的舆论氛围。对国有企业家要以增强国有经济活力和竞争力为目标，在企业发展中大胆探索、锐意改革所出现的失误，要予以容错。科技创新中出现的新思想、新做法、新模式，特别是一些重大改革创新，会改变原有的工作方式和思维习惯，会突破传统的发展格局，打破原有的运营模式，必然会遇到阻力，必须敢闯敢试，用于探索。因此，必须建立和完善容错机制，营造直面困难勇于担当、推动改革敢于突破的良好氛围，形成鼓励创新、允许试错、宽容失败的良好环境，最大限度调动国有企业家的积极性、主动性和创造性。把在谋求创新中因先行先试出现的一些失误和错误，同明知故犯区分开来；把尚无明确限制的探索性试验中的失误和错误，同明令禁止后依然我行我素的行为区分开来；把为推动创新的无意过失，同为谋取私利的行为区分开来，按照"解放思想，实事求是；鼓励创新，支持探索；准确把握，区别对待；纠错纠偏，合理容错"的原则，建立容错纠错机制，形成允许创新有失误、但不允许不创新的导向。

五、完善知识产权制度推进国有企业创新发展

2017年8月18日，美国贸易代表正式基于《1974年贸易法》第301节针对中国的技术转让、知识产权和创新实践启动301调查。而2018年4月16日，因为所谓违反美国制裁规定，美国企业被禁止在未来7年内向中国电信设备制造商中兴通讯销售元器件，此举直接导致中兴通讯企业运转的一度停摆。而在我国的严正交涉下，虽然目前美国商务部已经解除对中兴通讯的销售禁令，但代价相当惨痛，如必须购买美国产品、罚款13亿美

元等。由此可见,知识产权目前已经成为许多国家参与全球竞争的国家战略的重要组成部分,也是现代企业最重要的经营资源和战略资源。而成功企业的经验表明,谁拥有核心技术的自主知识产权,谁就可以掌握市场竞争的主动权。知识产权从未像今天这样直接影响着企业的核心竞争力,决定着企业的命运与未来。因此,在国有企业改革的大背景下,必须重视知识产权的管理、实施、保护,以及知识产权制度的完善。

1. 我国知识产权制度现存问题

(1) 知识产权立法不完善。我国知识产权法律保护的客体主要还局限于专利、商标和著作权三类,对于存在于人头脑中的企业核心机密等商业秘密没有"解密期"等相关法律条款进行保护。而商业秘密与受知识产权保护的其他权利同样具有经济价值,因不受知识产权制度保护期限的限制,其经济价值可能更高,如被他人掌握并使用,就可能导致商业秘密权利人巨额的经济损失。而且,《中华人民共和国专利法》规定的专利申请时间过长,现今互联网等高新技术飞速发展、不断更新,审批期限过长往往致使获得专利权的技术失去时效性,难以满足权利人寻求知识产权法律保护以实现预期利益的愿望,不能达到有效实现知识产权制度的保障目的。此外,知识产权法律法规中几乎没有规定侵权的法定赔偿额。而一般侵权案件的损失或获利情况是难以计算确定的,这样便不利于保护当事人的合法权益。

(2) 知识产权的管理体制不完善。我国知识产权管理工作涉及多个行政部门和司法机关,呈现出一种按行政区划的多层管理、多头管理和在某些领域无人管理的局面。并且在跨省知识产权管理方面,很可能被(地方)利益驱动的地方保护主义束缚,不能及时、有效地处理和保护知识产权。由于对知识产权保护不力,不能为市场参与者提供公平有序的竞争环境,难以实现创新主体的预期收益,甚至无法收回研发成本,这就减弱了企业对知识产权保护的信心。甚至有市场参与者认为,由于制度对创新成果的管理和保护不利,申请专利在某种程度上无异于是把创新成果拱手让人,因此出现了企业核心技术不敢申报专利的现象。

(3) 司法程序复杂,欠缺执行力。虽然民事法律规定了知识产权的侵权责任、《中华人民共和国刑法》规定了侵犯知识产权的各种犯罪及相应刑罚,但很多知识产权案件立案较难,再加上因缺少可操作的证据标准而举证困难,在具体的司法实践中很难追究侵权人的法律责任,对受害者的法律救济措施也不完善。例如,法院判决停止侵犯,但知识产权在受到侵犯后的一定时间、一定范围内很难恢复到初始状态;再如,《中华人民共和国专利法》规定,当受害人所受损失或侵权人所获利益难以确定时,参照专利许可使用费的合理倍数确定,而合理倍数又是难以确定的概念。因此,这种赔偿标准的规定,大大降低了侵权人的赔偿责任,降低了侵权的风险。

2. 完善知识产权制度的重要意义

(1) 保护知识产权就是保护创新。当前,我国经济发展步入新时代,创新成为引领发展的动力。知识产权制度作为激励创新的基本保障,其角色和作用更为突出。从国际上看,发达国家无一不是知识产权强国,无一不把知识产权作为维系其核心竞争力的关键因素。保护知识产权就是保护创新,用好知识产权才能激励创新。只有找到创新的原动力,才能更好地实现创新驱动发展,而知识产权就是创新的原动力。

知识产权一头连着创新,另一头连着市场,是使科技成果向现实生产力转化的桥梁和纽带。知识产权赋予创新成果财产权,赋予创新主体对创新成果的支配权和使用权,以及通过成果转移转化获取收益的权利;通过依法保护创新者的合法权益来激励人们发明创新;知识产权蕴含的市场机制使得创新成果能实现转移转化、产生效益。因此,拥有创新能力,手里握有知识产权的企业,在未来的中国经济发展中必将大有作为。

(2) 保护知识产权能取得市场竞争优势。在科技创新中,研究和开发创新成果,还只是第一步,这仅仅意味着在科技的制高点上取得了突破。要掌握竞争的主动权,必须及时取得知识产权保护。只有获得知识产权的创新成果,才是真正意义上的占有,才能拥有一方市场,取得市场竞争优势。这就是说,保护知识产权可以使所拥有的科技优势转化和提升为市场竞争优势。

被保护的科技创新成果,不仅代表了科技水平,而且代表了市场的竞争水平。这就是为什么世界上所有的经济和科技强国都是专利大国的缘由。市场的竞争优势,在很大程度上来自知识产权的保护。为此,一方面,我们既要积极扶持具有自主知识产权和市场前景的高新技术产品,把涉及经济命脉和一些关键高新技术的知识产权牢牢掌握在国家手中;另一方面,也要积极开发大量拥有自主知识产权的实用技术产品,把握国际竞争的主动权。

(3) 保护知识产权能促进国际交流合作。知识产权制度是国际社会普遍接受和共同遵守的规则。而在世贸组织管辖的范围内,知识产权已经成为与贸易、服务贸易并重的三大支柱之一。我国的科技水平和工业化程度与发达国家相比还有相当差距。因此,通过"引进来"大量引进先进技术和吸引外资,对于加快发展具有十分重要的意义。而知识产权制度可以保障外国公司技术所有者的合法权益,激发他们来华申请专利和转让技术的积极性,吸引外资对具有知识产权创新成果进行投资,合作开发生产。

"引进来"的同时,我们还要不失时机的"走出去",在国际竞争中掌握主动权,增强我国经济发展的动力和后劲。知识产权制度为我国企业"走出去"、进军国际市场、参与国际的合作与竞争、取得市场通行证提供了保障。跨国公司的投资所向,往往是知识产权先行,我们要通过知识产权保护,在国际市场上跑马圈地,取得市场竞争优势。在知识产权制度的保护下,我国一些企业正效仿跨国公司逐步跻身于国际市场,如高铁的"中国标准"等。

我国在参与全球经济的竞争中,应当完善知识产权制度,在知识产权制度的保护下,在更大范围、更广领域和更高层次上参与国际经济技术合作与竞争,把"引进来"和"走出去"两大战略紧密地结合起来,更好地利用国际、国内两种资源、两个市场,让我们能够在更广阔的空间里发展经济,全面建设小康社会,加快我国的现代化进程。

3. 国有企业完善知识产权保护的对策

(1) 制定企业知识产权发展保护战略。制定企业知识产权发展战略是指从宏观战略的角度出发,结合知识产权本身的特色,充分运用法律、经济、技术、社会等手段。对于本企业应对知识产权的创立、开发、延伸、保护等一系列问题提出保护策略与手段,以实现占有、扩大、巩固市场,维护自身的竞争优势的最终目的。需要指出的是,企业应根据自身知识产权的重点,有侧重地去制定适合本企业知识产权发展需要的专利战略、商标战略以及其他发展战略等。

除此以外,对不掌握专利核心技术或标准的生产型企业而言,应当建立防御型的专利战略,通过对已有他人专利文献的检索与研究,从中找出不足之处或进行二次开发再申请专利,以获得将来对抗他人核心专利的诉讼或和解本钱。对于主要从事经营或服务性活动的企业而言,应当建立商标战略,通过长期的优质产品销售或服务来逐渐确立自己的商誉,为自己将来开拓、占有市场做好准备。

(2) 修缮知识产权法律法规,强化执法力度。虽然我国知识产权工作取得了一定的成绩,但与国际社会对知识产权的保护还存在一定差距,我国应着手修改制定相关法律法规,以适应知识产权保护的需要,弥补知识产权保护的不足。例如,实施更加严格的知识产权保护,提高法定赔偿上限;简化审查和注册流程,实现知识产权在线登记、申请和审批,降低专利申请费用;强化电商、大数据等新领域、新业态知识产权保护等。

同时,因知识产权保护工作涉及多个行政部门和司法机关,可推行行政和司法"两条途径、并行运作"的知识产权保护模式，加强领导、明确权责、协同配合。执法部门应当切实加强法律实施工作，严厉打击知识产权侵权行为，认真落实知识产权法律法规，依法追究知识产权侵权行为人的法律责任。

（3）健全知识产权保护管理体制。首先，国有企业要建立专门的知识产权保护管理机构。知识产权专门机构的设立和人员的配备数量应该与企业规模相适应，既要避免人浮于事，又要保证工作效率和质量。知识产权管理部门的职责应涵盖知识产权的情报研究、日常管理、保护管理、经营管理和教育培训等各个方面。

其次，要注重知识产权管理人才的培养。应加大知识产权人才的引进、培训与教育的投入力度，采取多种形式提高知识产权人员的工作水平和综合素质，通过培训、学习、实践，使其在掌握相关技术的基础上，能够熟练掌握知识产权法律和国际规则，提高运用法律规则、管理及保护知识产权的能力。

最后，还要建立知识产权的奖惩制度。对于国有企业而言，只有对维护、创建本企业知识产权的人授之以利，而对于侵犯、损害本企业知识产权的人处之以罚，才能真正实现保护本企业知识产权的目的。例如，对专利发明人以物质奖励与精神表彰相结合；对有重大科研成果的企业科技人员，给予其部分技术股份；对核心技术人员的配偶给予优先安置等。只有这样，国有企业知识产权保护才能落到实处，国有企业的创新发展才有制度保障。

第六章

国有企业混合所有制改革与发展

混合所有制的最早提法出现在西方国家，主要是指企业股权的混合状态，即各种所有制经济能够融为一体，形成以股份制为主要形式的混合所有制形式。混合所有制是现代市场经济发展的必然要求，同时又反过来推动市场经济更大的发展。混合经济已经成为资源配置的基本形式。混合经济条件下的资源配置效果直接推动生产力的发展，混合经济不仅推动了社会生产力发展，而且推动了企业生产力发展。中国改革的实践表明，混合所有制经济是推动中国特色社会主义经济的发展有效形式。党的十五大确立了社会主义初级阶段的基本经济制度，第一次提出混合所有制经济概念。党的十八届三中全会《决定》提出，国有资本、集体资本、非公有资本等交叉持股、相互融合的混合所有制经济，是基本经济制度的重要实现形式。

一、发展混合所有制经济是国有企业改革、发展的必然要求

发展混合所有制经济源于国有企业改革，源于时代发展的要求和趋势，源于寻找国有制同市场经济相结合的形式和途径，源于创新基本经济制度的实现形式。发展混合所有制经济是国有资

产管理体制和国有企业改革的重要支撑，有利于国有资本放大功能、保值增值、提高竞争力，有助于"走出去"。

1. 混合所有制经济是基本经济制度实现形式的突破

怎样一方面巩固和发展公有制经济，另一方面又要鼓励、支持、引导非公有制经济发展，很多人有疑问，公有制经济同非公有制经济是两种完全不同的所有制经济，它们能共存吗？这涉及采取怎样的形式实行社会主义基本经济制度的问题。

党的十八届三中全会的《决定》把混合所有制经济作为基本经济制度的重要实现形式，就是说，公有制为主体、多种所有制经济共同发展的重要实现形式是混合所有制经济。这是在党的文件中首次将混合所有制经济提高到基本经济制度的重要实现形式的高度来认识，并强调要积极发展。混合所有制将公有制和非公有制结合起来，既包含了公有制经济，也包含了非公有制经济。只有混合所有制中的国有成分和集体成分才属于公有制经济。发展混合所有制经济，能够找到适应生产力发展的要求、符合社会主义市场经济发展要求的基本经济制度的实现形式。这就对坚持和完善基本经济制度的认识进一步深化，丰富了社会主义基本经济制度的内涵，是我们党在基本经济制度认识上的新突破。

改革开放以来，我们党一直在探索公有制和基本经济制度的有效实现形式。1997年，党的十五大确立了社会主义初级阶段的基本经济制度，第一次提出混合所有制经济概念，阐述了公有制和混合所有制的关系，明确提出，公有制实现形式可以而且应当多样化。要努力寻找能够极大促进生产力发展的公有制实现形式。股份制是现代企业的一种资本组织形式，有利于所有权和经营权的分离，有利于提高企业和资本的运作效率，资本主义可以用，社会主义也可以用。1999年，党的十五届四中全会决定指出，国有大中型企业尤其是优势企业，宜于实行股份制的，要通过规范上市、中外合资和企业相互参股等形式，改为股份制企业,发展混合所有制经济。2002年,党的十六大报告提出,除极少数必须由国家独资经营的企业外,积极推行股份制,发展混合所有制经济。2003年,党的十六届三中全会提出,要适应经济市场化不断发展的趋势,进一步增强公有制经济的活力,大力发展国有资本、集体资本和非公有资本等参股的混合所有制经济,实现投资主体多元化,使股份制成为公有制的主要实现形式。党的十七大提出,以现代产权制度为基础,发展混合所有制经济。

党的十八届三中全会的《决定》重申,公有制为主体、多种所有制经济共同发展的基本经济制度,是中国特色社会主义制度的重要支柱,也是社会主义市场经济体制的根基。并指出,国有资本、集体资本、非公有资本等交叉持股、相互融合的混合所有制经济,是基本经济制度的重要实现形式,有利于国有资本放大功能、保值增值、提高竞争力,有利于各种所有制资本取长补短、相互促进、共同发展。这是在新形势下探索公有制经济和市场经济相结合有效形式的成果,是社会主义市场制度下国有企业改革发展的独特模式和重大创新,成功解决了公有制和市场经济相结合的世界性难题。因此,混合所有制经济作为基本经济制度的重要实现形式这一论断,既与以往论述一脉相承、又结合实际实现了新的突破和发展,是我们党在所有制和基本经济制度理论上的重大创新,反映了社会主义市场经济深入发展的客观要求,必将有力地推动混合所有制的发展。

由中国特殊的经济条件所决定,不同所有制经济的并存和混合是一个从宏观到微观的演变过程。在经济转型初期,对原有公有制特别是国有制进行改革的同时,允许体制外非公有制经济发展,是一项非常成功的增量改革。非国有经济特别是非公有制经济成分的生成和发展,是中国混合所有制经济的形成的前提条件。在此基础上,才有不同所有制性质和资本在企业中的"混合",由此使公有制和非公有制的并存由企业外部转到企业内部。

混合所有制经济成为基本经济制度的实现形式，社会主义经济性质在微观领域的体现着重在于混合所有制经济中国有经济的控制力。在国民经济的重要领域和关键行业，国有经济通过掌握控股权等形式在企业中把握控制力，充分体现公有制经济的性质。无论是宏观领域坚持公有制为主体、多种所有制经济共同发展，还是微观领域中实现形式的发展，都是坚持和完善基本经济制度。坚持和完善基本经济制度，不仅指所有制结构的完善以及实现多种所有制经济更好地共同发展，而且指基本经济制度的框架下通过微观制度上的实现、从而使实现形式上更好地符合基本经济制度发展要求。这是对基本经济制度的创新所在。

2. 国有企业混合所有制改革是时代发展的要求和趋势

国有企业改革是我国经济体制改革的一条主线。在改革开放40年的经济增长中，国有企业作出了很大贡献。在一些特殊领域，如航空航天、军工、电信、重要装备制造等，国有企业有很重要的贡献。但随着国内经济增速的放缓，国内多数制造业产能过剩、供大于求，市场形势日趋严峻，对国有企业的管控模式和运营水平提出了更高的要求，在此背景下，混合所有制改革应运而生。国有企业改革的目标就是要建立适应市场经济发展要求的能够自负盈亏的市场主体，就是要寻找能够适应市场经济发展要求的国有资产组织形式，实现公有制和市场经济的有效结合，推动我国经济快速发展。

发展混合所有制经济是新时代深化国有企业改革的必然要求。

（1）发展混合所有制有利于调整生产关系，促进生产力发展。混合所有制改革作为体制机制层次上的改革，是基本经济制度的延伸，是生产力和生产关系相关关系的具体体现。体制机制层次上的改革，体现在经济结构与运行机制等具体层次上。从资源配置的角度来看，国有企业混合所有制改革可以实现企业的资源合理分配，进一步完善生产关系，提高生产力。同时，也有助于实现社会主义的各地区间平稳发展，实现社会主义共同富裕的要求。

(2) 发展混合所有制有利于优化国有资本结构,增强国有经济的活力。国有企业混合所有制改革不仅对于民营资本是利好,而且更加有利于发展国有资本。既有国有资本控股,又有民营资本参股相互融合的混合所有制,一方面,能够壮大国有资本的实力,保持其主导地位;另一方面,能够激发企业的创新力,促进我国产业结构升级、提高企业创新能力和市场活力。发展混合所有制经济可以有效促使多种所有制形式的优势互补,提升企业防范风险的能力,继而推进企业的成长与发展。

(3) 发展混合所有制有利于提高国有企业效率效益,增强国有经济的控制力。国有企业混合所有制改革,引入多元投资者,企业的产权结构发生变化,各种投资者依法参加企业的决策管理,国有资产监督管理者相应地改变原来的管理方式,从管人、管企业、管资产向主要管资本转变,形成新的国有资产管理架构。这就以国有资产改革带动国有企业改革,使国有企业朝着社会主义市场经济要求发展。进而通过市场化运作,提升企业运营成效,强化企业利润创造力。

(4) 发展混合所有制有利于放大国有企业主导能力,增强国有经济的影响力。推进混合所有制,允许非国有资本参股国有资本投资项目,通过推进产权多元化,不仅可放大国有资本的功能,而且可使国有资本在更广泛的范围内、以更直接的方式发挥影响力和带动力。通过优化国有企业产业布局,使国有资本能够吸引和驱动更多的社会资本为实现国家的主要战略目标、重要的国家项目等服务,在提升国民经济的整体效益中发挥更加重要、更为关键的主导作用。

推进建立以混合所有制形式为主要内容的国有企业改革是我国经济持续快速增长的长久动力。国有企业混合所有制改革,就是要形成更有效的市场体制机制,建立一个公平竞争的市场环境,释放每一个主体的竞争力,增强国有经济的活力、控制力、影响力。改革必须立足于解决问题，真正找到让国有企业更具发展力、竞争力的发展模式，起到优化公司治理结构、提高运营效率的作用，使改革后的企业对国民经济提供更大支撑和保障。不能把混合所有制改革理解为去国有化，也不能理解为为了改革而改革，更不能借改革之名推行"国有企业私有化"，这就把国有企业混合所有制改革引入歧途。必须规范资产评估，完善国有资产定价机制，严格操作流程，确保公开透明，增强监督和制衡，避免把国有资产变成个别人牟取私利的机会，防止国有资产流失，防止假借混合所有制改革之名，侵害国家利益。

3. 混合所有制经济是基本经济制度与市场经济有机结合的有效形式

混合所有制经济符合社会主义市场经济发展的要求，能够使中国特色社会主义市场经济体制更加完善。寻找公有制和市场经济相适应的公有制实现形式，使国有企业成为合格且具有发展活力的市场主体，一直是社会主义市场经济体制改革的重点所在，也是完善基本经济制度的必然要求。鼓励国有企业依法有序推进混合所有制改革，引进非国有资本投资入股，建立完善的现代公司治理机制。混合所有制企业中的国有股收益的增加也能够使国有资本不断扩大，公有制的主体地位会更加稳固。混合所有制经济是基本经济制度与市场经济有机结合的有效形式。

改革开放 40 年以来，中国经济发生了巨大的变化，无论是运行机制、价格体系、企业制度，还是农业经营方式、流通体制等方面的改革，都是与所有制的改革联系在一起的。所有制已从过去纯粹的公有制变成了目前以公有制为主体的混合所有制结构。在宏观层次上，由单一的公有制经济发展为以公有制经济为主体，多种所有制经济相互并存、共同发展的基本格局；在微观企业层次上，多种经济成分之间相互渗透、相互融合，股权多元化的混合所有制企业正逐步创设和推行。我国改革的实践表明，如果不进行传统公有制的改革，确立社会主义初级阶段基本经济制度，坚持"两个毫不动摇"，即使市场调节的范围在不断地扩大、价格机制在一定的范围内发挥着作用，经济的整个运行仍然难以摆脱传统的计划经济模式。因此，只有把基本经济制度实现形式在理论和实践两个层面加以解决，才会真正推动中国特色社会主义经济的发展。

尽管国有企业经过改革，其内部的管理体制和经营机制发生了重大变化，企业盈利能力大为增强，但是一些制约企业发展的深层次问题仍没有解决，单一的国有股权难以形成多元化的股权结构。对于合格的市场经济主体，必须建立现代企业制度，建立有效的公司治理结构。混合所有制具备单一所有制不具备的综合优势，它通过兼收并蓄，使不同经济成分通过混合，互相渗透，实现扬长避短的互补效益，既包括各种所有制的优势互补，也包括各种经营方式的优势互补，还包括各种所有制所容纳的生产力方面的优势互补，从而发挥综合优势。通过引入非国有资本等战略投资者，形成多元化的股权结构，使国有企业成为合格的市场主体。在社会主义市场经济中，混合所有制企业会吸收国有企业和民营企业的优点，摒弃两者的缺陷，更有利于在激烈的市场经济竞争中取得成功。混合所有制是现代市场经济发展的必然要求，同时又反过来推动市场经济更好地发展。

社会主义市场经济是市场在资源配置中起决定性作用的经济形式。混合所有制是以社会中存在多种所有制经济成分为前提，通过各类性质的产权在市场中以多种方式自主流动和重组，并适应竞争的需要不断变化所有制形式。混合所有制经济能够解决公有产权制度的运行机制问题，实现资源配置的新的制度安排，提高资源配置效率，激发经济运行的活力，实现经济增长的速度与效益结合。混合所有制经济有助于打破各种所有制形式的身份界限，消除各种所有制形式之间孤立并存、相互封闭、区别对待等不合理体制机制和政策导向，终结不同所有制差别性的经济政策和管理体制，使资源配置和竞争环境更加公平合理。党的十八届三中全会提出要使市场在资源配置中发挥决定性作用以后,混合所有制经济的发展适应了这种新的时代要求。发展混合所有制经济,能够借助新的产权配置结构和企业运作形式,利用市场机制发展社会生产力,在社会主义混合所有制条件下取得经济发展的巨大成就,实现国民经济的快速发展;发展混合所有制经济,有利于形成规范的现代企业制度,实现企业运营的高效益。所以说,发展混合所有制是社会主义市场经济体制的必然要求。

国有企业是社会主义市场经济的重要主体。我国国有企业与非国有企业共同形成社会主义市场经济主体体系结构。有观点主张要求国有企业要退出,私有经济完全取而代之,完全私有化,这不符合社会主义本质要求,也不符合中国特色社会主义市场经济体制与国有企业改革战略要求。这种主张实际上跳进了另一种所有制的怪圈。根本原因在于对国有企业乃至整个中国经济缺乏应有的客观而公正的分析。国有企业是我国经济的重要主导力量。国有企业拥有生产资料、自然资源、技术资源等一定优势,有的国有企业涉及国家战略与经济安全。国有企业有许多优良传统,在过去的经济建设中发挥了重要的作用。国有企业的混合所有制改革,就是将国有企业的优势同市场经济结合起来,推进混合所有制改革,更好地发挥国有经济的主体地位与主导作用,促进社会主义市场经济持续健康发展。

二、发展混合所有制经济做强做优做大国有企业和国有资本

党的十八大以来,习近平总书记多次强调"要做强做优做大国有企业"。党的十九大报告提出,要"推动国有资本做强做优做大"。发展混合所有制经济,既要"做强做优做大国有企业",

为"做强做优做大国有资本"提供物质基础,又要"做强做优做大国有资本",增强国有企业的活力和竞争力,引导国有企业和国有资本更多向更强、更优的方向发展,适应和满足我国经济转向高质量发展的要求。

1. 正确认识做强做优做大国有企业和国有资本

国有企业是我国经济社会发展的主要力量和重要支柱,在我国经济新旧动能转换过程中起着举足轻重的作用,带头进行新旧动能转换,既是国有企业义不容辞的重大政治责任,也是做强做优做大的发展机遇。

早在2013年底,习近平总书记在对国家国资委的工作批示中,首次指出,要做强做优做大国有企业。2014年底,在中央经济工作会议上,习近平第二次强调,要坚定不移把国有企业做强做优做大,不断增强国有经济活力、控制力、影响力、抗风险能力。2015年7月,习近平在吉林调研期间第三次强调,要做大做强做优国有企业。2016年7月,习近平对全国国有企业改革座谈会作出重要指示,第四次强调,国有企业是壮大国家综合实力、保障人民共同利益的重要力量,必须理直气壮做强做优做大,不断增强活力、影响力、抗风险能力,实现国有资产保值增值。2016年10月,习近平在全国国有企业党建工作会议上第五次强调,坚定不移把国有企业做强做优做大。

为什么要强调做强做优做大国有企业?第一,国有企业是国民经济和我们党执政的经济基础中的支柱。2014年8月,习近平在中央深改领导小组第四次会议上深刻指出,我国国有企业是国民经济的重要支柱,在我们党执政和我国社会主义国家政权的经济基础中也是起支柱作用的,必须搞好。2017年12月,在江苏徐州市考察期间强调深入学习贯彻党的十九大精神时进一步指出,国有企业是中国特色社会主义的重要物质基础和政治基础,是中国特色社会主义经济的"顶梁柱"。第二,国有企业是强大的国家实体经济。2013年7月,习近平在武汉调研时便指出,国家强大要靠实体经济，不能泡沫化。2015年7月在同吉林省国有企业职工座谈时，他又指出，国有企业是国民经济发展的中坚力量。我们要向全社会发出明确信息：搞好经济、搞好企业、搞好国有企业，把实体经济抓上去。第三，国有企业是保障人民共同利益的重要力量。从政治经济学的角度看，国有企业和国有资本的终极所有权或产权属于全国人民，因而属于全民所有制的性质。这是中国特色社会主义贯彻"以人民为中心"和保障人民共同利益的具体体现。第四，国有企业是壮大国家综合实力和参与国际竞争的重要力量。2016年10月，在全国国有企业党建工作会议上，习近平总书记提出要使国有企业成为党和国家最可信赖的"依靠力量"，成为坚决贯彻执行党中央决策部署，贯彻新发展理念、全面深化改革的重要力量，实施"走出去"战略、"一带一路"建设等重大战略，壮大综合国力、促进经济社会发展、保障和改善民生，让我们党赢得具有许多新的历史特点的伟大斗争胜利的"五个重要力量"。

在提出做强做优做大国有企业的基础上，党的十九大报告提出，要完善各类国有资产管理体制，改革国有资本授权经营体制，加快国有经济布局优化、结构调整、战略性重组，促进国有资产保值增值，推动国有资本做强做优做大。"做强做优做大国有资本"，有利于完善产权制度和要素市场化配置。党的十九大报告中指出，经济体制改革必须以完善产权制度和要素市场化配置为重点，实现产权有效激励、要素自由流动、价格反应灵活、竞争公平有序、企业优胜劣汰；"做强做优做大国有资本"有利于发展混合所有制经济。发展混合所有制经济的目的是放大国有资本功能、提高国有资本竞争力，实现多种所有制经济共同发展、相互促进、共同繁荣；"做强做优做大国有资本"有利于改革国有资本授权经营体制。党的十八大以来，国有资本授权经营体制转为以"管资本为主"，"管资本"是指国家所有权机构直接监管的对象由"企业"转变为"资本"。实现这个转变的前提是国有资产由实物形态的"企业"转换成价值形态的"资本"。国有资本作为股东,通过公司治理的途径,使国有资本增值。

在新时代,我国国有企业改革重点是加快国有经济布局优化、结构调整、战略性重组,促进国有资产保值增值,推动国有资本做强做优做大。一是要放活国有资本,要改革国有资本授权经营体制,科学的界定国有资本所有权和经营权的边界,调整国资监管机构的权责事项,真正落实企业的法人财产权和经营自主权。二是管好国有资本,放不是不管,而是要创新监管方式和手段,改变行政化的管理方式,改进考核体系和办法,促进国有资本的保值增值。同时也要牢牢守住防止国有资产流失这条红线,坚决防止国有资产流失。三是优化国有资本,坚持有进有退,有所为有所不为,按照国家战略的要求,推动国有资本更多地向关系国家安全、国民经济命脉,以及国计民生的重要行业和关键领域集中,向战略性、前瞻性产业集中,向优势企业集中。四是放大国有资本,推进混合所有制改革,提高国有资本的运作效率和水平,促进各种所有制资本的取长补短、相互促进、共同发展。

2. 通过分类改革推进混合所有制经济发展

国有企业改革始终是我国经济体制改革的关键环节。国有企业改革经历了放权让利、承包制租赁制、股份制改造、现代企业制度试点等改革阶段后,逐渐回归到分类改革的思路。2015年8月颁布的《中共中央、国务院关于深化国有企业改革的指导意见》,把国有企业明确划分为商业类和公益类,并确定了不同的改革模式,其中商业类国有企业实行公司制股份制改革,国有资本可以绝对控股、相对控股,也可以参股;而公益类国有企业则一般采取国有独资形式,但在有些领域也允许非国有企业参与。

根据国有资本的战略定位和发展目标,结合我国不同国有企业在经济社会发展中的作用、现状和发展需要,将国有企业分为商业类和公益类。通过界定功能、划分类别,实行分类改革、分类发展、分类监管、分类定责、分类考核,提高改革的针对性、监管的有效性、考核评价的科学性，推动国有企业同市场经济深入融合，促进国有企业经济效益和社会效益有机统一。主业处于充分竞争行业和领域的商业类国有企业，原则上都要实行公司制股份制改革，积极引入其他国有资本或各类非国有资本实现股权多元化，国有资本可以绝对控股、相对控股，也可以参股，并着力推进整体上市。对这些国有企业，重点考核经营业绩指标、国有资产保值增值和市场竞争能力。主业处于关系国家安全、国民经济命脉的重要行业和关键领域、主要承担重大专项任务的商业类国有企业，要保持国有资本控股地位，支持非国有资本参股。对这些国有企业，在考核经营业绩指标和国有资产保值增值情况的同时，加强对服务国家战略、保障国家安全和国民经济运行、发展前瞻性战略性产业以及完成特殊任务的考核。公益类国有企业以保障民生、服务社会、提供公共产品和服务为主要目标，引入市场机制，提高公共服务效率和能力。这类企业可以采取国有独资形式，具备条件的也可以推行投资主体多元化，还可以通过购买服务、特许经营、委托代理等方式，鼓励非国有企业参与经营。对公益类国有企业，重点考核成本控制、产品服务质量、营运效率和保障能力，根据企业不同特点有区别地考核经营业绩指标和国有资产保值增值情况，考核中要引入社会评价。

国有企业分类改革必须通过混合所有制的推进来实现。作为基本经济制度的重要实现形式，国有企业混合所有制改革过程中必须坚持以社会主义公有制为基础，公有制为主体。习近平总书记2015年7月在吉林省考察调研期间对国有企业改革进行深刻论述，提出"三个有利于"标准，即推进国有企业改革，要有利于国有资本保值增值，有利于提高国有经济竞争力，有利于放大国有资本功能。这就为国有企业的混合所有制改革指明了方向、确定了标准。

放大国有资本功能，就是要充分发挥国有资本的杠杆作用，扩大国有资本的控制力、支配力和影响力。一方面，在国有企业中引入非国有资本，促进国有企业的治理完善、转型升级、战略重组、结构优化，自主创新的良性发展；为非公有制经济提供符合产业政策要求、有利于转型升级的项目和机会。另一方面，发挥国有资本投资运营平台作用，鼓励国有资本进入到潜力大、成长性强，以及涉及公共服务、高科技、生态环保等重点产业领域的非国有企业，在自主创新和产业结构升级方面，发挥国有资本的引领作用。

国有资本保值增值是发展混合所有制经济、防止国有资产流失、完善管资本为主的国有资产管理体制的客观要求。要放活国有资本，要改革国有资本授权经营体制，科学的界定国有资本所有权和经营权的边界，调整国资监管机构的权责事项，真正落实企业的法人财产权和经营自主权。要创新监管方式和手段，改变行政化的管理方式，改进考核体系和办法，促进国有资本的保值增值。同时也要牢牢守住防止国有资产流失这条红线，坚决防止国有资产流失。这意味着国有资产管理职能从过去注重企业日常经营，向注重资本安全性、功能性、流动性、营利性和持续增值性方向的转变。要提高国有资本运营效率，做好增量，盘活存量，优化国有资本布局，坚持有进有退，有所为有所不为，按照国家战略的要求，推动国有资本更多地向关系国家安全、国民经济命脉，以及国计民生的重要行业和关键领域集中，向战略性、前瞻性产业集中，向优势企业集中。

提高国有经济竞争力，就是要加强党的领导，发挥国有企业党组织的政治核心作用，提高国有企业的核心竞争力，促进国有企业高质量发展；以供给侧结构性改革为契机，化解过剩产能，淘汰落后产能，加速转型升级，占领高端市场；在更多重点领域掌握关键核心技术，迈向全球价值链的中高端，培育具有全球竞争力的世界一流企业；扩大国有企业对稳定和发展国民经济的贡献；贯彻实施"走出去""一带一路"发展战略，在跨国公司主导全球价值链的国际竞争体系下，发挥混合所有制经济的国家竞争力优势，国有企业和民企联合出海，形成一批在国际资源配置中占据主导地位，在全球行业发展中起到引领作用，在全球产业发展中有话语权和影响力的中国企业。

三、混合所有制经济是基本经济制度的重要实现形式

"混合所有制"是基本经济制度的重要实现形式。发展混合所有制经济，就是要强调公有经济、非公有经济共同发展、共同进步。当然，我国混合所有制经济是以公有制为主体的混合所有制经济，国有经济主导作用是社会主义混合所有制经济的特质。

1. 社会主义市场经济条件下混合所有制发展

改革开放的实践表明，只有把公有产权制度的实现形式在理论和实践两个层面加以解决，才能真正推动中国特色社会主义经济的发展。混合所有制是社会主义初级阶段基本经济制度的有效实行形式。

中共十八届三中全会通过的《中共中央关于全面深化改革若干重大问题的决定》再次提出发展混合所有制经济，强调国有资本、集体资本、非公有资本等交叉持股、相互融合的混合所有制经济，是基本经济制度的重要实现形式。并且提出"三个允许"，即允许更多国有经济和其他所有制经济发展成为混合所有制经济；允许非国有资本参股国有资本投资项目；允许混合所有制经济实行企业员工持股，形成资本所有者和劳动者利益共同体。这对于新时期进一步巩固和完善社会主义基本经济制度，对于保证市场在资源配置中发挥决定性作用，对于充分激发一切积极因素推动社会财富创造，对于进一步调整理顺社会利益关系，都有着非常重要的指导意义。

经过40年的改革开放，我们从"公有制为主体多种所有制

共同发展"到"混合所有制作为基本经济制度的重要实现形式",是初级阶段社会主义基本经济制度不断完善和发展的体现。混合所有制经济突破单个所有制企业的范围实现了资源的优化配置。混合所有制经济不仅通过多元化投资、规模经营、高效的资本运作等提高了企业的经济效益和竞争能力,推动企业完善现代企业制度。

由中国特殊的经济条件所决定,不同所有制经济的并存和混合是一个从宏观到微观的演变过程。在经济转型初期,对原有公有制特别是国有制进行改革的同时,允许体制外非公有制经济发展,是一项非常成功的增量改革。非国有经济特别是非公有制经济成分的生成和发展,是中国混合所有制经济的形成的前提条件。在此基础上,才有不同所有制性质和资本在企业中的"混合",由此使公有制和非公有制的并存由企业外部转到企业内部。

混合所有制将公有制和非公有制结合起来,既包含了公有制经济,也包含了非公有制经济。发展混合所有制经济,能够找到适应生产力发展的要求、符合客观社会经济现实的基本经济制度的实现形式。发展混合所有制经济,能够解决公有产权制度的运行机制问题,实现资源配置的新的制度安排,提高资源配置效率,激发经济运行的活力,实现经济增长的速度与效益结合。发展混合所有制经济,能够借助新的产权配置结构和企业运作形式,利用市场机制发展社会生产力,在社会主义混合所有制条件下取得经济发展的巨大成就,实现国民经济的快速发展。发展混合所有制经济,有利于形成规范的现代企业制度,实现企业运营的高效益。

混合所有制形成了一种更能适应和推动现代市场经济发展的新型生产力功能。一是进一步提高效率。国资民资混合,将民营企业机制引入到国有企业机制中,二者合作,互相学习,互相激励,产生"杂交优势",有利于效率和社会福利水平的提高。二是有利于体现公平正义。不仅国有企业可以收购、兼并民营企业，而且民营企业、外资企业也可以兼并、收购国有企业，在投资核准、融资服务、财税政策、土地使用、对外贸易和经济技术合作等方面，一视同仁，实行同等待遇，既解决了民营资本的出路问题，又解决了国有资本和民营资本的公平待遇问题。三是推动产权明晰。国有企业和民营企业组成混合所有制，通过股权的形式，明晰财产权利，实践中可以灵活兼并、出卖、破产，明确利益关系，有利于搞活国有资本，提高国有企业的控制能力。四是优化资源配置。能够有效实现资本的社会化，国有企业通过混合所有制的企业形式，不仅有效地利用了自有资源，而且通过参股、控股、兼并、重组等方式，放大了国有资本的效应，在更大范围内实现了资源的有效配置。

尽管在混合所有制经济中各种所有制成分之间在功能上具有互补性，但是，由于它们各自都有所有制性质上的归属，所以相互之间无法完全替代。尽管世界各国都要发展混合所有制经济，不过中国的混合所有制经济绝不是一般意义的混合所有制经济，而是以公有制为主体的混合所有制经济。这正是我国混合所有制经济发展与西方发达国家混合所有制经济在本质上的差别。

2. 发展发展混合所有制经济的路径和方式

发展混合所有制，实质上就是企业产权多元化，国有资本、集体资本、非公有资本等交叉持股、相互融合的混合所有制经济。其功能和路径可从两个方面分析。

首先，是深化国有企业改革的基本方向。鼓励民营经济积极参与，有利于国有资本放大功能、保值增值、提高竞争力，从而有效放大国有资本的带动力和影响力，有利于各种所有制资本取长补短、相互促进、共同发展。发展混合所有制经济，国有企业的关键词是"改革"。尽管 20 世纪末、21 世纪初全面推进的上一轮国有企业改革取得了明显成效。但是，国有企业改革仍面临许多深层次的矛盾和问题。相当一部分国有企业还没有真正成为市场竞争中的行为主体，其体制和行为还没有与市场经济对接。

企业规模该大的不大,该小的不小,难以形成具有国际竞争力的规模经济企业。许多企业的中上层领导,习惯于按计划、按上级指示办事,不习惯于市场调节;重生产管理,轻市场营销;重固定资产投资,轻品牌、商标等方面投资;重资产、产值的增加,轻资产负债率、产品成本效益;重生产工艺,轻法律、经济、财务、公共关系;重自己的生产管理经验,轻项目可行性研究、经济咨询等业务和知识;重短期利益,轻技术改造和新产品开发;重借钱要钱,轻挣钱还钱。企业的领导和中下层干部,按照规模有一定的行政级别,实际是政府官员在企业中的一种延伸。有许多企业领导从心底里重官而轻商。因此,真正善于开拓市场、精心算计成本、讲究效益的企业家很少。一个几乎由行政人员领导的企业与一个由企业家领导的企业是无法在投资、成本、营销方面进行有效竞争的。

解决问题的有效途径和办法,就是大力发展混合所有制经济。通过引入多种经济成分,由多元股东依法、市场化治理公司,进一步转换企业经营机制,规范公司治理,建立真正适应市场经济要求的现代企业制度和经营机制,推动国有企业成为真正的市场主体。

其次,是推动民营企业转型升级。相对于数百年发展的市场经济国家,中国的民营企业只有很短的历史。尽管它们的成长速度非常快,但是缺陷也很明显。私营企业的管理经验相对比较缺乏,主要凭借经验管理。中国民营企业家绝大多数是从工商个体户、工人、农民等演变而来的,更多的基于血缘关系、家庭、亲戚朋友等传统资源。从现代企业制度角度看,普遍采用了"家族式""家长式"企业治理方式。据统计,我国民营企业中99%为中小企业、90%为家族式企业,核心竞争力和科技创新动力不强,劳资利益冲突比较突出,缺乏企业凝聚力。此外,还受到市场准入限制、融资渠道窄、对高端人才和精英人才吸引力严重不足等外部条件制约。

民营企业通过混合所有制经济的发展实现全面转型，涉及以下几个方面：推动管理上台阶、上档次，加速中小民营企业的技术创新力度；推动民营企业从"家族企业"向"企业家族"转型，从"粗放型"向"集约型"转变，从"传统工业"向"现代工业"跨越。

股份制是形成混合所有制的基本方式。多种所有制经济通过股份制这种资本组织形式，有机地组合在一起，形成企业法人财产，既能发挥各自的优势，又能发挥整体功能，这就顺利地实现了公有制与市场经济的结合。把混合所有的股份制作为公有制的主要实现形式，要求绝大多数企业都要实现投资主体多元化，成为股份制企业。在同一企业里，既有国有股、集体股，又有个人股、外资股、法人股等，各类所有制的资本具有平等的地位，按照股权的多少，享有不同的权益。随着企业股份化改革的不断深入，规模的不断扩大，股份制企业的成效将进一步体现，混合所有制的功效将得到充分的释放。

国有企业和民营企业通过相互参股等市场形式发展成为混合所有制，有利于激发民间资本活力。在新的混合所有制企业中，国有与民营资本不仅可以齐头并进，并且你中有我，我中有你。混合所有制应当有针对性地采取多种方式。一方面，这种混合所有制可以以国有企业为主体，在国有企业母公司层面与民营企业结合为混合所有制。另一方面，也可以以民营企业和外资企业等非公有制经济为主体，参与国有企业改制重组，对国有企业进行收购兼并，组成混合所有制企业。这是在社会主义市场经济体制下的不同所有制混合"共生、共荣、共赢"的新型模式。

发展混合所有制经济，应当借助于资本市场进行资本运营。资本运营是现代市场经济条件下企业竞争力提升的基本形式。国际上出现的大企业重组、并购、联盟的浪潮，实质上就是要增强其资本和运营的实力，壮大其竞争力，以谋取更大的市场份额，为企业战略服务。中国企业也应当朝着这个方向走。资本运营可以促进企业有效整合内部资源，促使优良资产向优势产业和产品集中，通过改造存量资产，吸引增量资金，并且利用增量投入提升存量资产价值，利用增量投入扩大企业规模，把企业做精做专，进而做大做强。实现资产在大范围内重组，迅速壮大规模，根据自身发展战略，使得企业形成以资本为纽带，上下游一体化，有核心竞争力的跨地区、跨行业、跨所有制、跨国经营的大型企业集团。

发展混合所有制是涉及产权层面的深层次改革，是一场直接关系到多方面经济利益的深刻革命，是经济利益格局的重新大调整，所以是一项复杂的系统工程。发展混合所有制企业不能刮一股风，不能搞急于求成地通过"时间表""指标任务书"等方式推进，更不应该"处处点火""时时冒烟"，将改革变成一场运动。要防止"穿新鞋走老路"和"正经歪着念"。因此，必须根据轻重缓急、先易后难的原则，有计划、分步骤地稳步推进。看得清楚、有把握的就早一点进行，看不清楚、有争议的可以先探讨或进行试点。只有这样才能有效避免国有资产流失造成的损失，有效推进混合所有制经济发展。

四、发展混合所有制经济就是要实现"国民共进"

改革开放40年来，随着国有企业改革的不断深化，"国进民退"观点此起彼伏。有观点认为深化国有企业改革的推进，国有企业的市场份额不断拓展，甚至有人喊出"国进民退"之殇！所谓"国进民退"，简单地说就是某些领域国有资本进入，民营资本撤出，由此导致某些领域国有企业利润提升，某些领域民营企业利润下降。因此，当我们讨论国有企业混合所有制改革时，有必要分析、回应"国进民退"问题。只有正确认识中国特色社会主义市场经济条件下国有企业与民营企业的关系，才能推进混合所有制经济的健康发展。

1. 要从社会主义基本经济制度理论视角中去认识"国进民退"

"国进民退"与"国退民进"两种观点看似对立，本质上是一样的，都是从对立而不是统一的角度来考察"国""民"关系的。把国有企业与民企看成是对手关系、对抗关系，彼此之间只能此消彼长，不能相互促进、共同发展。根本原因在于没有真正理解基本经济制度，没有甚至故意曲解。公有制为主体、多种所有制经济共同发展的基本经济制度，是根据我国社会主义社会性质和初级阶段基本国情确定的，是马克思主义政治经济学基本理论中国化的重要成果。习近平同志指出，社会主义基本制度和市场经济有机结合，公有制经济与非公有制经济共同发展，是我们党推动解放和发展社会生产力的伟大创举。①

公有制主体地位赋予了国有经济的主导作用，体现了社会主义基本经济制度的根本性质。国有企业是国有经济的载体，国有经济的主导作用是通过国有企业来实现的。国有企业是中国特色社会主义的重要物质基础和政治基础，是我们党执政兴国的重要支柱和依靠力量。因此，"国退"是有限度的，国有经济必须保持在国家安全、国民经济命脉的重要行业和关键领域的控制力和影响力，保障人们利益、实现共同富裕。做优做强做大国有企业和国有资本是中国特色社会主义经济的应有之举。否则，就会偏离社会主义方向。

基本经济制度不仅强调公有制为主体，同时也强调多种所有制经济共同发展，二者不可偏废。我国非公有制经济从小到大、由弱变强，是在我们党和国家方针政策指引下实现的。我们国家这么大、人口这么多，又处于并将长期处于社会主义初级阶段，要把经济社会发展搞上去，就要各方面齐心协力来干，众人拾柴

---

① 《深刻认识做好新形势下统战工作的重大意义》2015年5月18日，《十八大以来重大文献选编》（中），中央文献出版社2016年版，第559页。

火焰高。公有制经济、非公有制经济应该相辅相成、相得益彰，而不是相互排斥、相互抵消。改革开放以来，我国非公有制经济快速发展，在稳定增长、促进创新、增加就业、改善民生等方面发挥了重要作用。

随着我国社会主要矛盾的转化，必须深化对"两个毫不动摇"的认识，公有制经济主体地位是满足人民对美好生活需要的根本保障，非公有制经济健康发展是解决不平衡、不充分发展的重要力量。坚持公有制经济和非公有制经济、国有企业和民营企业共同发展，不能一叶障目、不见泰山，攻其一点、不及其余。国有企业要遵循市场规律、创新体制机制，加快建设中国特色现代国有企业，理直气壮做强做优做大；民营企业要顺应经济发展新时代的新要求，弘扬企业家精神，把企业生产经营目的与社会主义生产目的结合起来，坚守实体经济，持续健康发展。形成各类市场主体共生共赢的良好局面和发展合力，实现我国经济由高速度增长阶段向高质量发展阶段的提升。

2. 要从社会主义市场经济发展的历史框架中去认识"国进民退"

我国实行的是社会主义市场经济。党的十四大首次明确提出，我国经济体制改革的目标是建立社会主义市场经济体制。国有企业、集体企业和其他企业都进入市场，通过平等竞争发挥国有企业的主导作用。在社会主义市场竞争中，任何市场主体都会存在进、退的可能性；不管是"国进民退"还是"国退民进"，都是市场经济规律作用的结果。

"国进民退"的话题是随着我国国有企业的社会主义市场化改革出现的。2009年是"国进民退"话题第一次出现高频的年份。一个重要原因是，经过长期的改革和机制转换，按照市场规律和企业发展规律管理经营企业，以央企为代表的国有企业整体崛起。另一个重要原因是，2008年世界金融危机之后，受惠于宽松信贷和大规模的刺激方案，不少国有企业规模、利润不断壮大，有的国有企业在行业内部不断扩张，有的国有企业不断开拓新领域。并且这一时期的投资更多地投向基础设施、民生领域、结构调整、自主创新、节能减排和生态工程，这是为了应对经济发展态势，实现保增长、调结构、扩内需、惠民生的必要之举。不仅保持了国民经济的稳步发展，而且也给民营经济的继续发展提供了有利的环境，发挥了国有企业稳定经济、稳定社会的"压舱石"作用。

从国有企业改革的历程看，不仅有"国进民退"，也有"国退民进"。我国国有企业改革的历程也是民营企业兴起和发展的历程。随着20世纪70年代末国有企业改革的推进，一方面，大批国有中小型企业改制为民营企业，国有企业总数大幅度下降；另一方面，民营经济则从无到有、从小到大迅速发展。对此，有人惊呼"国退民进"。不过，国有企业在数量显著减少的同时质量明显提高，活力和竞争力普遍增强。经过国有经济布局的优化、结构的调整和战略性重组，国有资本更多地向关系国家安全和国民经济命脉的重要行业和关键领域集中，国有企业的国民经济支柱作用更为凸显。这样的改革逻辑符合我国国有企业改革的总体目标。

可见，仅仅关注数量占比的变化，并不能揭示社会主义市场经济条件下国有经济与民营经济内在关系。不能认为"国进"就必然伴随"民退"，"国退"就必然伴随"民进"，其实，"国进民退"和"国退民进"的提法既不科学，也不严谨。国有企业和民营企业发展速度的快与慢、规模的大与小，是社会主义市场经济条件下企业运行的常态。无论是20世纪70年代末伴随着国有企业改革引发大量民营企业的生成而出现"国退民进"，还是随着国有企业改革尤其混合所有制改革的不断推进而出现了"国进民退"，都属正常。因此，不要把国有企业和民营企业对立化，更不要把原本属于经济学意义上的话题上升到意识形态。否则，就会把本来并不复杂的问题复杂化。

3. 要从新时代我国经济由高速增长转向高质量发展转变的现实中去认识"国进民退"

党的十八大以来，我们党综合分析国内外经济形势，作出我国经济进入新常态的重大判断。党的十九大报告明确提出，我国经济已由高速增长阶段转向高质量发展阶段，正处在转变发展方式、优化经济结构、转换增长动力的攻关期。上述"三期"顺利转变的根本路径就是供给侧结构性改革。"去产能""去杠杆"是供给侧结构性改革的两项重要任务。

"去产能"使得煤炭等矿产类产品总量下降，价格回升，其结果导致制造业利润上涨，从而相应的钢铁等价格也显著上升。在这些领域，通过去产能关停的大多是中小国有企业、民营企业，留下的基本上是国有大企业。同时，在这些领域采取债转股、增发企业债券等方法实施的"去杠杆"政策，所导致的利润回升又主要集中在上游行业，中下游行业的利润回升并不明显，这也有益于"国进"。"国进民退"还与党的十八届三中全会后国有企业全面深化改革所释放出来的成效密切相关。这一轮国有企业改革是通过分类改革的全面推开、混合所有制经济发展的不断推进展开的。随着国有企业改革的深入，国有经济结构日趋优化，竞争力明显增强，国有资本功能明显提升，新的利润增长点正在形成。又由于国有企业本来具有的规模大、融资能力强、技术实力雄厚、抗风险能力大等优势，再加之经济处于下行运行阶段时国有企业本身具有稳定国民经济的重任，发展相对较好。

经济处于下行期，民营企业规模小、融资能力弱、技术力量薄弱、抗风险能力差等的弱点就会被放大，难以适应供给侧结构性改革所推进的经济发展提质升级的需要。同时，我国经济由高速增长转向高质量发展阶段又与民营企业更新换代接班时期相交错。此外，中国的企业类别划分特殊性也拉大了国、民之间的差距。比如，进行股份制改造的私人企业特别是已经上市的私人控股企业，被统计为股份制企业，其他私人企业，则留在"私人企业"类别。结果"私人企业"里基本上是中小企业、非上市公司。这类企业利润的增长跟国有控股企业相比,差距非常明显。这些因素交织在一起,共同促成"国进民退"表象。因此,"国进民退"是新时代宏观环境变化后多种因素作用的结果。仅仅局限于数字表面而缺乏理性的分析,难以得出客观结论。

4. 要在推进混合所有制经济发展中实现"国民共进"

实践和理论都表明,必须摒弃"国进民退""国退民进"的争论。在中国特色社会主义经济大逻辑下,只有"国进民进"才符合基本经济制度的本质要求。国有企业混合所有制改革是实现"国进民进"的微观机制,混合所有制经济是基本经济制度的重要实现形式。

混合所有制将公有制和非公有制从产权上结合起来,既包含了公有制经济,也包含了非公有制经济。国有资本、民营资本相混合,相互学习,优势互补,形成新的竞争优势和发展动能。混合所有制不是一种独立的所有制形式,而是在一定历史时期为了适应生产力发展水平所采取的层次多样性的生产关系的总和形式,也就是不同所有制形式同生共长的经济形式。混合所有制体现怎样的社会性质,关键看控股权掌握在谁手中。

在国有企业混合所有制改革问题上,有两种代表性的错误观点。一种观点认为,国有企业的混合所有制改革实际上是"国企"吃掉"民企"。这种观点没有真正理解发展混合所有制的目的。党的十九大报告提出,"深化国有企业改革,发展混合所有制经济,培育具有全球竞争力的世界一流企业",2017年中央经济工作会议在提出"推动国有资本做强做优做大"的同时,也明确强调"支持民营企业发展","激发各类市场主体活力"。其实,深化国有企业改革,本质上是要促进我国经济结构转型、提升经济增长效能,引入民间资本和民营资本和民营企业参与混合所有制改革。有利于各种所有制经济相互促进、共同发展,根本不是谁进谁退的问题。

还有一种观点认为,国有企业混合所有制改革就是削弱国有经济,实行私有化,甚至为掏空国有企业、蚕食国有资产支招。这是对深化国有企业混合所有制改革的严重曲解,更是对基本经济制度的离经叛道。按照这样的逻辑,必然砍断中国特色社会主义制度的重要支柱,摧毁社会主义市场经济体制的根基。这绝不是国有企业混合所有制改革的目的。党的十九大报告提出要贯彻新发展理念,建设现代化经济体系,这就要求国有企业和民营企业发挥其各自优势,在混合所有制改革的基础上,实现各种所有制经济取长补短,共同构建市场机制有效、微观主体有活力、宏观调控有度的经济体制。

深化国有企业改革,要把混合所有制作为公有制与市场经济的有机结合来推进,鼓励公有制经济与非公有制经济双向交叉持股,混合发展。根据国有企业的竞争状况、产业分布、功能定位、所有制结构等,总体引导、分类推进混合所有制经济发展。促进国有经济和民营经济在更大范围和领域的"我中有你,你中有我",国有企业和民营企业相互竞争、相互合作,形成"国进民进"、和谐发展的新格局。

第七章

国有企业国际化发展

改革开放40年来,我国国有企业一直不断地走向世界,但至今尚未完全成熟,国有企业中的生产型企业跨国公司数量不多,发展缓慢,因此国有企业国际化程度还有待提高。20世纪末,随着我国市场化程度加快,尤其是党的十六大明确提出"走出去"战略,众多企业纷纷走向世界。在海外投资建厂的国有企业中,很多已在管理与经营上走出了自己的模式,为我国企业向国外发展树立了标杆并提供宝贵了经验。新时代在新的经济环境下,国有企业必须寻求不同以往的发展之路,"走出去"战略成为其寻求长远发展的重要一步。必须坚持合作开放原则,把对外开放作为国有企业改革发展的必由之路,不断提高自身竞争力,在全球化市场中继续保持优势地位。

一、国有企业国际发展的历程

改革开放40年来,国有企业在不断推进改革的同时,积极拓展国际化经营。我国对外开放经历了从"引进来"到"引进来"和"走出去"并重的过程。通过在国内成立中外合资公司、开展对外直接投资开展跨国并购,整合国外资源、技术与市场资源,国有企业在改革中成长,在开放中创新,我国国有企业的国际化已经发展到一个新的阶段。

1. 国有企业国际化是现代经济发展的必然

过去在计划经济下,从中央到地方,从政府到企业,对待外来经济的竞争往往是被动防御型的,贸易上有关税、非关税壁垒,投资上有一系列的限制。国有企业基本完全是在政府指导和命令下运作,国有企业的所有权完全由国家统一买入和统一卖出全部要素。改革开放打开了与世界经济交流之门,推动着我国国有企业"走出去"的步伐。

最初"走出去"的战略主要是为了通过实现与境外市场和资源进行双向互通,但重点还是在"出口"这个概念上的"走出去"。随着我国经济的高速发展,"走出去"的概念也在不断地发生变化。从最早的商品向发达国家的出口到20世纪90年代的商品和服务共同向发达国家和发展中国家出口再到21世纪包含了商品、服务、科技、资金、人员等全方面"走出去"的逐步变化。同样,包括国有企业的所有中国企业在这样的历史进程中也逐步转变着自身。早期的"走出去"多是由国有企业来完成,那时候是为了外汇,为了国家的国际影响力等国家政策任务来完成,渐渐的,随着企业规模及竞争力的增长,国有企业在海外开始寻找合作,从卖出到海外转变为参与到海外产品服务价值链环节。现在,国有企业已经成为国际市场的重要参与者,开始利用收购兼并等境外投资手段直接在国际市场展开"攻城略地"。

我国国有企业走向世界经历了三个阶段:第一阶段是被动参与全球化。自改革开放到20世纪90年代前半期,国有企业是被动参与全球化,外国公司按照它的全球战略主动到中国下订单、投资,跟国有企业合作,而我们是被动地接受,借助外国的订单、投资融入全球化。第二阶段是主动参与全球化。在90年代中期全球化大潮到来后,国有企业开始主动"走出去"。第一步是产品"走出去"。因为到外边投资有风险,缺少经验,成功率不高,所以首先是产品"走出去"了。第二步是资本"走出去"。在积累一定经验后,开始了对外直接投资。第三阶段是主导全球化。这是从近年开始的,中国企业开始在全球范围建立自己的经营网络和价值链,而且在一些行业成为全球性的跨国公司,甚至在这个领域主导全球。例如,中国集装箱集团公司就主导了全球化,它不但在集装箱领域的生产制造全球第一,而且在研究开发上处于全球主导地位。

一国的企业为什么要"走出去"?从主动方面来看,一是通过走出去可以积极利用全球的自然资源、市场资源、技术资源、人力资源、财力资源等;二是通过"走出去"参与全球竞争形成一大批自己的世界级跨国公司,这是增强经济实力和国际竞争力,经受住经济全球化各种挑战和考验,使我国真正成为经济强国的迫切需要。从被动方面来看,一是中国经济的强劲增长使人民币升值的国际压力很大,迟早会升值。与其被动压着升,还不如主动"走出去"把人民币换成外汇投资。传统经济学认为,一个国家尽可能多出口少进口,外汇存得越多这个国家就越强大,这是有问题的。二是许多国家对中国产品实施反倾销,最好的解决办法是到它那儿投资建厂,在那儿生产,绕过反倾销。比如中国华源集团在加拿大、墨西哥建立纺织厂,TCL 在越南收购一家当地跟中国香港合资的企业,都绕过了贸易壁垒,非常成功。

2. 加入世界贸易组织(WTO)后走向世界的国有企业

2001 年加入 WTO 使得中国融入了世界。加入 WTO 让中国的经济取得了更进一步的发展,虽然我国也付出了相应的成本,但是也使政府和包括国有企业的中国企业渐渐地有了国际视野,积累了经验教训,了解了开放的全球化贸易所带来的机遇和风险。

从企业层面看,中国加入 WTO 之后,不仅仅增加了供料和商品的国际交流,因此促进了的企业交流,人员流动也使得国有企业从思维模式,管理策略到市场参与方式都更加贴近国际管理。从政府角度看,中国加入 WTO 之后,经济、科技全球化趋势加快，我国政府敏锐地预见到开拓国际市场的重要性和紧迫性，积极制定对外直接投资相关促进政策，相继出台了一些法律法规，加强对外投资管理，规范管理程序，完善管理体制，给我国企业尤其是国有企业国际化提供了有力的法律帮助。中国加入WTO可以说是一个对于世界经济贸易都产生了巨大影响的历史性事件。被当前绝大多数国家推崇而又被一些国家质疑的全球化实际上就是随着中国这个约占世界人口1/4的国家加入世界贸易组织后才真正开始。统计数字表明，我国的进出口总额：从1978年改革开放初期的206亿美元，2002年加入世界贸易组织时期的3 256亿美元，上升到2016年的36 845亿美元。

我国目前在世界上的经济地位是：第一大出口国；第二大进口国；最大贸易国；蝉联"世界工厂"等，如今，"中国制造"的产品遍布世界各地。详情见表7-1。

当然，总体来看，我国现有的跨国企业大多数是国有企业，很大程度上是政府行为的结果，出口创汇依然是对外投资的最大动因，而"厂商利润最大化"还处于次要地位。加入WTO后，我国对外直接投资总额一直保持上升趋势，2002～2008年，中国对外直接投资年均增速为65.7%，其中在2005年和2008年分别出现两次大的跨越。2003年中国对外直接投资分别相当于全球对外直接投资流量、存量的0.45%和0.48%，而2008年中国对外直接投资首次突破500亿美元，达到了2003年中国实际利用外资水平。这一时期，我国企业对外投资的地区分布日益多元化，但亚洲和拉丁美洲始终占据大半江山。亚洲为流量最集中地区，且保持迅速增长趋势，2008年中国对亚洲的直接投资达435.5亿美元，占到总流量的77.9%，主要分布在中国香港、新加坡、中国澳门、哈萨克斯坦等国家和地区。对非洲投资的增速较快，2003年时流向非洲的总量为0.75亿美元，占2.6%；2008年达到54.9亿美元，占9.8%，超越拉丁美洲居第2位。2008年中国对外直接投资存量在10亿美元以上的国家（地区）

表 7-1　1978~2016 年国家统计局进出口统计

年份	进出口总额		增长(%)	出口总额		增长(%)	进口总额		增长(%)	差额	
	(亿元)	(亿美元)		(亿元)	(亿美元)		(亿元)	(亿美元)		(亿元)	(亿美元)
2016	243 386	36 845	-0.9	138 455	20 970	-1.9	104 932	15 875	0.6	33 523	51
2015	245 503	39 530	-7.1	141 167	22 735	-1.9	104 336	16 796	-13.3	36 831	5 939
2014	264 242	43 015	2.4	143 884	23 423	4.9	120 358	19 592	-0.6	23 526	3 831
2013	258 169	41 590	5.7	137 131	22 090	6.0	121 037	19 500	5.4	16 094	2 590
2012	244 160	38 671	3.3	129 359	20 487	5.0	114 801	18 184	1.4	14 558	2 303
2011	236 402	36 419	17.2	123 241	18 984	15.2	113 161	17 435	19.5	10 079	1 549
2010	201 722	29 740	33.9	107 023	15 778	30.5	94 699	13 962	38.0	12 324	1 815
2009	150 648	22 075	-16.3	82 030	12 016	-18.3	68 618	10 059	-13.7	13 411	1 957
2008	179 921	25 633	7.8	100 395	14 307	7.2	79 527	11 326	8.5	20 868	2 981
2007	166 924	21 762	18.4	93 627	12 201	20.7	73 297	9 561	15.7	20 330	2 639
2006	140 974	17 604	20.6	77 597	9 690	23.9	63 377	7 915	16.8	14 220	1 775
2005	116 922	14 219	22.4	62 648	7 620	27.6	54 274	6 600	16.9	8 374	1 020
2004	95 539	11 546	35.5	49 103	5 933	35.3	46 436	5 612	35.8	2 668	321
2003	70 484	8 510	37.2	36 288	4 382	34.7	34 196	4 128	40.0	2 092	255

续表

年份	进出口总额		增长(%)	出口总额		增长(%)	进口总额		增长(%)	差额	
	(亿元)	(亿美元)		(亿元)	(亿美元)		(亿元)	(亿美元)		(亿元)	(亿美元)
2002	51 378	6 208	21.8	26 948	3 256	22.4	24 430	2 952	21.2	2 518	304
2001	42 184	5 097	7.4	22 024	2 661	6.7	20 159	2 436	8.2	1 865	226
2000	39 273	4 743	31.4	20 634	2 492	27.7	18 639	2 251	35.7	1 996	241
1999	29 896	3 606	11.3	16 160	1 949	6.1	13 736	1 657	18.2	2 423	292
1998	26 850	3 240	-0.4	15 224	1 837	0.4	11 626	1 402	-1.5	3 598	435
1997	26 967	3 252	11.7	15 161	1 828	20.5	11 807	1 424	2.2	3 354	404
1996	24 134	2 899	2.7	12 576	1 510	1.0	11 557	1 388	4.6	1 019	122
1995	23 500	2 809	15.3	12 452	1 488	19.5	11 048	1 321	10.9	1 404	167
1994	20 382	2 366	80.8	10 422	1 210	97.2	9 960	1 156	66.4	462	54
1993	11 271	1 957	23.6	5 285	917	13.0	5 986	1 040	34.7	-701	-122
1992	9 120	1 655	26.2	4 676	849	22.2	4 443	806	30.7	233	44
1991	7 226	1 356	30.0	3 827	718	28.2	3 399	638	32.0	428	81
1990	5 560	1 154	33.8	2 986	621	52.6	2 574	533	17.0	412	87
1989	4 156	1 117	8.7	1 956	525	10.7	2 200	591	7.0	-244	-66

续表

年份	进出口总额		增长(%)	出口总额		增长(%)	进口总额		增长(%)	差额	
	(亿元)	(亿美元)		(亿元)	(亿美元)		(亿元)	(亿美元)		(亿元)	(亿美元)
1988	3 822	1 028	23.9	1 767	475	20.2	2 055	553	27.3	-288	-78
1987	3 084	827	19.5	1 470	394	35.8	1 614	432	7.7	-144	-38
1986	2 580	739	24.9	1 082	309	33.8	1 498	429	19.1	-416	-120
1985	2 067	696	72.1	809	274	39.3	1 258	423	103	-449	-149
1984	1 201	536	39.6	581	261	32.4	621	274	47.1	-40	-13
1983	860	436	11.5	438	222	5.9	422	214	18.0	17	8
1982	771	416	4.9	414	223	12.6	358	193	-2.8	56	30
1981	735	440	29.0	368	220	35.5	368	220	23.1	0	0
1980	570	381	25.4	271	181	28.1	299	200	23.0	-28	-19
1979	455	293	28.1	212	137	26.3	243	157	29.6	-31	-20
1978	355	206	30.3	168	98	20.0	187	109	41.1	-20	-11

资料来源：国家统计局统计数据，2017年4月。

达12个。其间，国有企业占整体投资的比重下降，但始终是我国对外直接投资的主力。

3. 新时代走向世界的国有企业

党的十八大以来，我国出台了一系列中国企业"走出去"的重大政策，大力推进"走出去"战略深入实施，提高用好"两种资源、两个市场"的能力，深化国际交流合作，使我国经济更深入地融入国际经济体系中。习近平总书记在党的十九大报告中明确指出，要以"一带一路"建设为重点，坚持"引进来"和"走出去"并重；创新对外投资方式，促进国际产能合作，形成面向全球的贸易、投融资、生产、服务网络，加快培育国际经济合作和竞争新优势。

2013年2月，商务部会同环境保护部印发《对外投资合作环境保护指南》，旨在指导我国企业在对外投资合作中进一步规范环境保护行为，引导企业积极履行环境保护社会责任，推动对外投资合作可持续发展。2014年4月，国家发展和改革委员会发布《境外投资项目核准和备案管理办法》。管理办法适用于中华人民共和国境内各类法人（以下简称投资主体）以新建、并购、参股、增资和注资等方式进行的境外投资项目，以及投资主体以提供融资或担保等方式通过其境外企业或机构实施的境外投资项目。该办法对于核准和备案机关及权限、核准和备案程序及条件、核准和备案文件效力进行了详尽的规定，以促进和规范境外投资，加快境外投资管理职能转变。2014年5月，国务院办公厅发布《国务院办公厅关于支持外贸稳定增长的若干意见》，鼓励企业采取绿地投资、企业并购等方式到境外投资，促进部分产业向境外转移。

2015年3月，国家发展和改革委员会、外交部、商务部联合发布《推动共建丝绸之路经济带和21世纪海上丝绸之路的愿景与行动》，即为了推进实施"一带一路"重大倡议，让古丝绸之路焕发新的生机活力，以新的形式使亚欧非各国联系更加紧密，互利合作迈向新的历史高度。共建"一带一路"旨在促进经济要素有序自由流动、资源高效配置和市场深度融合，推动沿线各国实现经济政策协调，开展更大范围、更高水平、更深层次的区域合作，共同打造开放、包容、均衡、普惠的区域经济合作架构。2016年5月，国务院印发《关于促进外贸回稳向好的若干意见》，提出要多措并举，促进外贸创新发展，努力实现外贸回稳向好。具体从五个方面提出了14条政策措施。

2017年8月，国家发展和改革委员会、商务部、人民银行、外交部联合发布《关于进一步引导和规范境外投资方向的指导意见》，提出按"鼓励发展+负面清单"模式引导和规范企业境外投资方向，明确了鼓励、限制、禁止三类境外投资活动。2017年12月，国家发展和改革委员会发布《企业境外投资管理办法》。此办法作为境外投资管理的基础性制度，在"放管服"三个方面统筹推出了八项改革举措，旨在加强境外投资宏观指导，优化境外投资综合服务，完善境外投资全程监管，促进境外投资持续健康发展，维护我国国家利益和国家安全。2017年12月，财政部、税务总局联合发布《关于完善企业境外所得税收抵免政策问题的通知》，对企业境外所得税抵免进行重新规定，扩大了抵免范围，增加了新的计算方法。《关于完善企业境外所得税收抵免政策问题的通知》全文虽然只有663个字，但信息量巨大，包含了多项境外投资所得税税收优惠政策

2018年1月，中共中央办公厅、国务院办公厅印发《关于建立"一带一路"国际商事争端解决机制和机构的意见》。要求建立"一带一路"国际商事争端解决机制和机构相关工作，由推进"一带一路"建设工作领导小组统一负责和协调，具体工作方案由最高人民法院牵头制定并组织实施，全国人大监察和司法委、全国人大常委会法工委、外交部、司法部、商务部、中国贸促会参与相关工作，积极促进"一带一路"国际合作，依法妥善化解"一带一路"建设过程中产生的商事争端，平等保护

中外当事人合法权益，努力营造公平公正的营商环境，为推进"一带一路"建设、实行高水平贸易和投资自由化便利化政策、推动建设开放型世界经济提供更加有力的司法服务和保障。2018年1月，商务部、人民银行、国有资产监督管理委员会、中国银行保险监督管理委员会、证监会、保监会、外汇局共同发布《对外投资备案（核准）报告暂行办法》。该办法作为引导和规范对外投资发展的一项重要基础性制度，制定了一系列实实在在的具体举措。2018年4月，国家发展和改革委员会、财政部、商务部、人民银行、中国银行保险监督管理委员会、证监会六部门联合印发《关于引导对外投融资基金健康发展的意见》。重点提出了优化募资方式、提升运行效率、完善监管体系、强化服务保障四个方面共12项政策措施，多措并举促进对外投融资基金合理有序开展业务。2018年12月，国家发展和改革委员会、外交部、商务部、人民银行、国资委、外汇局、全国工商联联合发布《企业境外经营合规管理指引》，包括总则，合规管理要求，合规管理架构，合规管理制度，合规管理运行机制，合规风险识别、评估与处置，合规评审与改进，合规文化建设等八部分，总共30条。

2019年5月，商务部印发《对外投资备案（核准）报告实施规程》，主要内容是：对外投资备案（核准）报告工作实行分级分类管理；投资主体按照"凡备案（核准）必报告"的原则履行其对外投资报告义务，按规定报告对外投资事前、事中、事后关键环节信息；投资主体履行报告义务，是企业合规经营的重要组成部分，应当依照本规程的规定，及时、真实、准确、完整地提供报告所要求的数据和信息；投资主体应登录"商务部业务系统统一平台"（ecomp.mofcom.gov.cn）的对外投资合作信息服务，进入"备案（核准）报告"子模块开展除下一条外的其他内容的报告；投资主体的境内出资部分，应在实际投资发生的次月，按照《对外直接投资统计制度》要求，报送对外直接投资月度情况（FDIY1、FDIY2、FDIY6 表）。投资主体的境外出资部分，应在实际投向境外最终目的地企业的次月，按照《对外直接投资统计制度》要求，报送通过境外企业再投资月度情况（FDIY6 表）。

进入 21 世纪，随着国家"走出去"战略的实施，国有企业对外投资迈上新的台阶，海外投资领域也不断扩大。通过推进业务创新、加大政策支持、强化服务保障、营造良好环境，我国加快从对外投资大国向对外投资强国迈进，对外直接投资蓬勃发展，对深化我国与相关国家经贸关系、扩大进出口、培育企业竞争优势、促进产业转型升级产生了积极作用。一是"走出去"企业对外投资规模持续扩大。2012~2016 年，我国对外直接投资年均增速 22.3%，由全球第 3 位升至第 2 位，仅次于美国。目前，我国对外投资在全球外国直接投资中的地位和作用日益凸显。二是"走出去"企业对外投资方式不断创新。越来越多的企业通过跨国并购、联合投资等新方式开展对外直接投资。中国化工等企业通过收购境外优质资产，自身研发和创新能力得到显著提升，品牌和专利优势进一步增强。境外经贸合作区投资聚集效应和产业辐射作用进一步增强，成为国际产能合作的重要载体和平台。三是"走出去"企业对外投资质量显著提高。对外直接投资越来越注重实体经济和新兴产业，比如，制造业及信息传输、软件和信息技术服务业等，而房地产、酒店、影城、娱乐业和体育俱乐部等领域没有新增对外直接投资。整体结构更加优化，质量不断提升，逐渐由高速增长转向高质量发展阶段。四是"走出去"企业国际化经营水平明显增强。一批钢铁、水泥、有色、汽车、机械、纺织、化工等领军企业通过在境外建设生产基地，充分利用当地比较优势，大力拓展新兴市场。"走出去"的企业在全球范围内配置资源的能力进一步增强。五是"走出去"企业实现了互利共赢和共同发展。对外投资的持续健康发展不仅带动了我国相关装备、技术、标准和服务"走出去"，而且推动了国内经济转型升级，对供给侧结构性改革作出了积极贡献，也有力促进了世界经济和东道国的经济增长,实现了互利共赢、共同发展。

二、国有企业国际化发展的战略选择

世界一流企业的成功经验和我国改革开放 40 年来国有企业的探索经验表明,企业提升全球竞争力、培育世界一流必须坚持国际化发展。国有企业把自己置于世界范围之中,实行面向世界的经营战略,以世界为舞台,实施适应国际惯例的经营方式,是社会化大生产高度发展的必然趋势。

1. 国有企业国际化的方式与特征

(1) 国有企业国际化的路径。改革开放以前,国有企业是市场中唯一的参与者。改革开放以后,国有企业与非国有经济体形成了竞争和补充的关系。在对外经济工作和国内重大项目承接时,国有企业又有其不可替代的功能优势。尤其是国有企业"走出去"的战略逐步深化,不仅进一步地打开了国有企业的国际视野,同时,也拓宽了国有企业发展和壮大的路径。国有企业"走出去"的初期,其主要路径是出口产品、设备、劳务等,主要是从贸易的角度而言。如今国有企业"走出去",其主要路径是投资、办厂、技术合作、管理合作、资源开发、科研攻关、基础设施建设等全方位方式。这种全方位的新模式不仅仅更进一步地推进了贸易层面的"走出去",更使得我国的国有企业在技术、竞争力、市场参与能力、品牌、人才、企业管理和资产配置等全方位提升。

(2) 国有企业国际化的程度。在中国成为世界贸易组织的成员后,除了贸易额飞速高升,我国的对外直接投资(ODI)的脚步也让人刮目相看,"走出去"进入快车道。

2005 年,中国企业层面 ODI 总额上升到百亿美元级别,当然,那个时候更多的 ODI 是围绕着资源和工业原料等大型固定资产和大宗商品为相关标的。2008年，全球尤其是欧美等发达国家遭遇了金融危机，出现了资产价格"洼地"。折价机遇吸引了大量的中国企业完成了数以百亿计的ODI交易。那一年中，我国的ODI总额就超过了1980~2005年之和。2005年，中国整体ODI净额达到1 456.7亿美元，比上一年同期高出近两成。截至2015年12月31日的10年间，中国2万家企业对全球3万家企业完成了ODI交易，基本上分布于世界上每一个国家，境外企业资产总额达到4.4万亿美元。根据普华永道的统计显示：2016年，中国并购市场再创纪录。交易数量上升两成，交易金额提高一成。中国企业ODI金额增幅高达2.5倍，几乎是2015年的3.5倍。仅10亿美元以上的超级投资交易就完成了50余单，直接比上一年翻一番，详情见图7-1。

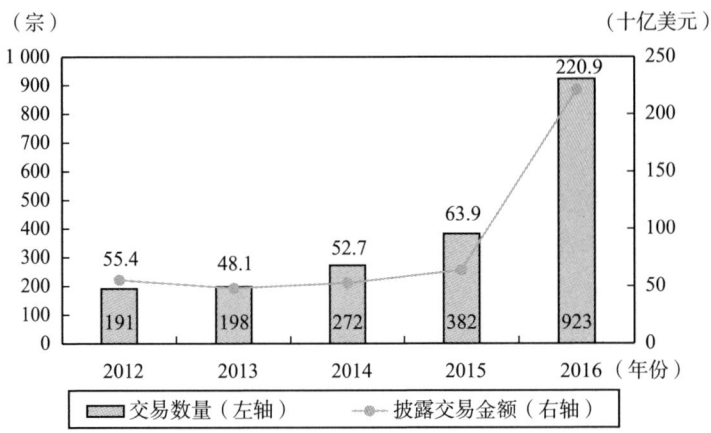

图7-1　2012~2016年中国内地企业海外并购交易数量与交易金额

资料来源：汤森路透、投资中国及普华永道分析。

同时，与老牌发达国家（地区）相比，中国内地在境外投资方面还是一个新起之秀。即使是我国的香港地区，也有14 857亿美元的海外直接投资存量，比内地高约35%，虽然其中有一些可能是通过香港地区投向海外的内地资本。但即使是将内地和香港地区的总量加在一起也才仅仅不到美国的一半（43.2%），见图7-2。

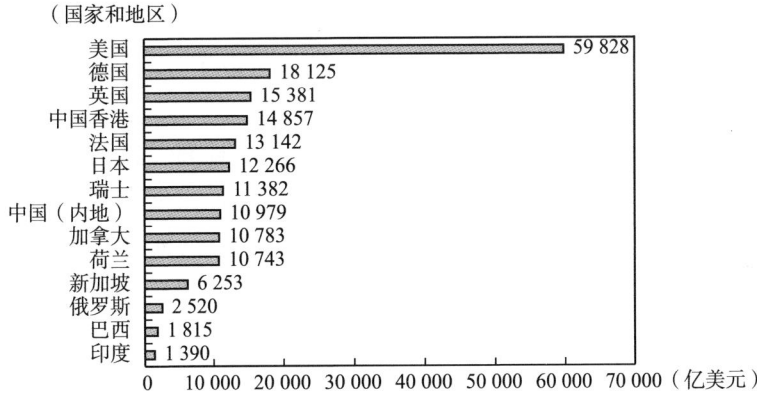

图7-2 世界发达国家地区对外投资存量对比

资料来源：贸发会议：《2016年世界投资报告》。

因此，中国仍要继续发展"走出去"战略，实行对外直接投资的促进措施，深度融入世界经济，以保证未来稳定的流量增长，力求稳步缩小与发达国家对外直接投资存量之间的差距。

作为我国对外直接投资的主力军，国有企业对外投资的特点如下：

第一，国有企业一直是我国对外直接投资的主力军。在《2004年度中国对外直接投资统计公报》非金融类直接对外投资存量前30位的公司中，29家是国有或国有控股公司，投资存量达360.2亿美元，占我国对外直接投资存量的80.4%。在2008年公布的对外直接投资存量前40位中，有36家是国有或国有控制企业。截至2010年底，在非金融类对外直接投资存量中，国有企业占66%。这说明我国对外直接投资大户几乎都是国有企业。在海外并购方面，1995~2010年，中国企业对外并购案1 000万美元以上的共 600 多个案列，中央企业占并购数量的 1/3，并购金额的 80%，因此国有企业绝对是海外并购的主体。近几年，虽然我国民营企业也加快了"走出去"的步伐，国有企业对外直接投资存量占比也在持续上升，但在未来较长时间内，国有企业在我国对外投资中的主体地位不可能发生质的改变。石油、石化、电信、航行、建筑等行业的国有大型企业已成为我们参与国际竞争的主要力量。

第二，国有企业投资方式由绿地投资（即新设投资）向跨国并购转变。绿地投资是指跨国公司在东道国，依据东道国的法律法规，建立合资企业或独资企业。这是 20 世纪 90 年代前我国国有企业对外投资的主要方式，但从 2002 年起，跨国并购开始在我国国有企业中逐步升温。跨国并购是跨国公司通过收购国外企业的部分或全部股权，取得对企业的控制权。金融危机过后，发达国家一些非常优秀的企业价值被低估，这也给我国国有企业的海外并购创造了有利的条件。随着我国国有企业的经济和科技实力不断增强，越来越多的国有企业采用兼并收购的方式，吸收了一些发达国家的优秀资源、技术、品牌、市场。例如，2002 年，TCL 收购了有百年多历史的号称德国三大民族品牌之一的施耐德电器公司，2013 年，中联重科并购意大利 CIFA，2014 年，中粮集团以 12 亿美元收购荷兰粮食巨头 NIDERA 的 51% 的股权，成为 NIDERA 的控股股东。近些年，我国国有企业海外成功的并购案例举不胜举，这些都说明我国国有企业海外并购的步伐正在加快，规模正在加大，我国国有企业的对外竞争实力正在不断增强，随之而来的风险也日益加大，如何规避风险也越来越引起国内众多学者的关注。

第三，投资行业多样化，但又相对集中。我国国有企业对外投资行业分布广泛，覆盖面不断扩大，但是投资相对集中。截至 2013 年底，对外投资存量最大的五个行业依次为：租赁和商务服务业、金融业、采矿业、批发和零售业、制造业。这五大行业累计投资存量达5 486亿美元,占总投资存量的83%。这五个行业当年流量占比也超过八成。由此可见,我国对外直接投资主要集中在这五大行业中。租赁和商务服务是我国对外投资最热门的行业。根据中国商务部统计数据,2013年,流向矿业的投资大幅上升,占投资总额的22.4%。这点也证实了我国国有企业对外直接投资的动机之一:获得国家战略资源。

第四,投资于境外金融产业的趋势增强。2007年美国金融危机,2009年欧洲主权债务危机引发美欧主要发达国家资产价格下跌,金融市场动荡,一些银行纷纷破产倒闭。我国国有大型银行面临着历史性机遇,通过并购海外银行,实现全球业务扩张。自2006年以来,流向金融业的对外投资开始高速增长,年均流量在各行业中排名二三位。2012年,金融类对外直接投资流量达100.7亿美元,占总流量11.5%。2014年,金融类对外直接投资流量131.1亿美元,同比增长27.5%。2013年,中信证券收购里昂证券80.1%的股权。2014年,中国工商银行收购南非标准银行全球市场业务60%的股权,近几年,国有金融企业纷纷通过各种方式开始国际化进程。

2. 国有企业在国际化中做强做优做大

国有企业在国际环境中所选择的路线,是企业生存发展的方向性选择。各个企业也有自己不同的模式,要想找到适合自身的融入世界市场的战略,必须根据内外双重要素,创新出行之有效的模式。

(1) 决定战略选择的外部因素。从国际角度看,国有企业要想成功地进入世界市场,首先要了解贸易对象国家,即目标国家的环境。主要包含政治、经济、文化、社会和自然环境等。第一,政治环境,目标国家的政局稳定、法制健全、对外贸易政策是否宽松等都是优先考虑的国际化往来目标国家的要素。另外,与我国的外交关系也不容忽视。第二,经济环境,需要通过了解对方的经济实力、国际收支水平、市场供需情况等,寻找与本企业的产品、服务、所需原材料是否有贸易关联点。第三，金融环境，金融市场稳定则表明了目标国家的汇率、货币、金融市场等一系列因素的稳定。第四，社会文化与自然环境。一些国家由于文化、地理、宗教等因素在合作中会产生一些禁忌，这会直接影响到国有企业国际化战略的进程。

（2）决定战略选择的内部因素。除外部因素外，长久以来国有企业内部有自然形成的无形限制以及国家政策造成的一些壁垒，对其战略选择有一些影响，主要影响因素有以下几点：

第一，政府政策因素。在某种程度上该因素对国有企业起决定性作用。国有企业作为国家经济命脉控制着关乎国家稳定的行业。虽然这些企业也纷纷走出国门，但仍受国家政策导向性约束，且其海外经营、投资等审批也相当严格。

第二，生产经营环境因素。国有企业在国内的生产环境相对稳定，且我国政府对经济的干预能力较强。而在国际市场上，竞争激烈、市场化程度高，习惯于国内的生产环境的国有企业的生产经营模式很难在短时期内与国际形势相适应，国有企业如果依旧抱着国内惯性思维进行国际业务，既不能熟悉当地法规也不能对项目风险进行系统性的分析，那么失败的概率将会大幅提升。

第三，企业内部因素。我国大多国有企业由于市场化程度不高，其内部存在着一些不利于国际化的因素。一是企业是否拥有核心技术，该因素是企业的国际化战略基础。二是企业是否有适应国际市场的管理水准，不合适的管理方法不但不能应对新的环境，还会阻碍国际化战略。三是品牌影响力，打入国际市场，品牌是企业的敲门砖。产品声誉和企业信用是提高产品竞争力的有力武器，同时也影响着企业在国外的投资和收益。

（3）参与世界市场的战略选择思路。

第一，行业进入战略。我国国有企业的优势行业在于制造业。据统计，我国制造业在三大产业中占明显优势。其规模大、涉及面广、劳动资源丰富，对国际市场有较强的适应性。其中机械、家电、轻工、服装等行业有较强的技术优势和成本优势,通信技术、计算机软件、化工加工、新材料等行业发展迅速,有些甚至国际领先。

第二,企业的经营主体优势。国有企业经营主体无论在资金上还是规模上都有其深厚底蕴。从经营主体规模上看,国有企业结构越大,越要通过国际化在优势项目上提高品牌效应,增强技术含量。从国家扶持而言,我国政策一如既往地支持国有大中型企业的国际化。上述条件均为国有企业尽快打开国际市场提供了便利。

第三,区域准入角度。发展中国家与欧美发达国家的进入壁垒差别较大。例如,推广高铁建设的中车集团就是从文化背景相近,经济发展较缓的周边国家入手,而中粮集团则从欧洲入手。两种区域选择有其各自的优势,也有各自的局限性,从发展中国家入手,其品牌效应必将落后于从欧美入手者;而从欧美入手的,在知名度迅猛上升的同时也需要投入较大资本。具体哪种方式更适合国有企业进入需要根据其自身特点制定规划,不可完全照搬。

(4)国有企业国际化市场进入模式分析。近年来,我国国有大型企业如中粮集团、中钢、中石油等,在国际化经营上也取得了不错的成绩,其战略模式也符合我国国有企业经营思路,为其他企业国际化战略提供了大量的参考经验。

第一,中国高铁的海外战略模式。近年来,我国高铁的海外营销,在国家政策的大力支持下,已在技术和产品上大踏步地迈向了国际市场,其中涉及中车集团、中国铁建等多个中字头企业。总结其国际化市场进入模式,有以下几个特点:一是"先易后难",市场竞争相对较小,利用价格和技术优势,可以迅速站稳脚跟。二是寻求与发达国家进一步合作,提高品牌价值。与德国、法国、日本等高铁上发展早,技术先进的企业合作,虽然在市场竞争中依然处于不利地位,但是其品牌价值和技术水平有了很大的提升。三是技术领先战略。我国的高铁技术虽然起步晚，但是核心技术成长快，自主研发的技术已列入国际前沿，因此，"技术领先"创造的品牌效应，是国有企业国际化顺利推进的强大武器。

第二，中粮集团的"全产业链"战略模式。2014年，中粮完成了对荷兰尼德拉集团和香港来宝农业的并购，跻身世界五大粮商。目前，中粮资产覆盖全球50多个国家和地区，2013年总资产达610亿美元，在国际化大粮商中排名第2位。中粮未来还将在最大的粮食产地南美、黑海等地的国家及地区与亚洲间建立起稳定的粮食走廊，提高粮食产品在国际市场上的话语权。总结其国际化战略特点，可概括为"全产业链"模式。其国际化的第一步，是打造自主创新品牌，以其质量和信誉优势，直接打入欧美市场，在产业链条中，每个环节特别注重自主技术的创新、研发，学习国外先进技术，创新自身技术，建立起了以中粮为中心的全球资源配置体系。

我国国有企业因为企业性质、管理制度、历史沿革等条件限制，"走出去"并不容易。因此，国有企业应结合自身优势在其目的国针对经济、文化或市场寻找切入点，同时调整自身在管理、企业文化等方面的弱势，选择合适的市场参与模式，在参与国际市场的过程中做大做强。

三、"一带一路"条件下国有企业国际化发展

自我国提出"一带一路"的发展倡议以来，在国际范围内引起了强烈的反响，沿线国家和地区积极地参与，经济政治共融的局面为我国和100多个地区国家创造了前所未有的发展机遇。在这样的时代背景之下，我国企业积极"走出去"，以国有企业

第七章 国有企业国际化发展

为代表的中国企业统筹国内外市场,展现出了良好的发展态势。随着"一带一路"发展的不断推进,我国国有企业要适应这种国际化的发展途径,抓住"走出去"的机遇,防范风险,推进国有企业国际化再上新台阶。

1. "一带一路"的基本内容和特点

2013年,中国政府提出两个符合欧亚大陆经济整合的大战略:丝绸之路经济带战略和21世纪海上丝绸之路经济带战略,即"一带一路"倡议。丝绸之路经济带战略涵盖东南亚经济整合、涵盖东北亚经济整合,并最终融合在一起通向欧洲,形成欧亚大陆经济整合的大趋势。21世纪海上丝绸之路经济带战略从海上联通欧亚非三个大陆和丝绸之路经济带战略形成一个海上、陆地的闭环。边境地区作为连接中国与众多邻国的门户和纽带,在"一带一路"建设中具有独特的地位和作用。

"一带一路"倡议是我国在新时期对外经济战略上的主动倡议,是一个开放性的世界经济合作模式的战略倡导,不针对任何其他的经济体或现有国际组织,更不是类似TPP那样具有敌意的围堵性战略联盟。它可以使所有的参与国增强经济联络,扩大贸易从而对整个世界经济产生正面效应,使我国占领了舆论中的道德制高点。这是因为"一带一路"倡议不仅有利于我国,也有利于其他发展中国家。一直以来,发达国家设立很多国际组织,对落后和发展中国家进行帮助和支援,但一直没有改变发展中国家的现状,总是显得难以对症下药。而且在过程中还总是附带了发达国家自身的意识形态和发展理念,这些对发展中国家很难产生真正的联动,甚至会造成政治因素的抵制。

反观我国提出的战略思想却完全不同,例如,随着经济的发展和劳动力成本的提高,亚洲主要发达国家和地区都曾出现制造业被动向国外转移,并且很快在国际上形成生产能力,一些过去在国内下单的国际买家一旦在海外形成产能、物流,订单就会转向海外。这样一来,国内劳动力密集型的加工业将面临两头挤压，国内工资水平不断上升，同时也面临订单不断流失。因为这种一定期限内的要素禀赋，能够承接中国转移的劳动力密集型产业的国家很可能会进入 10 年到 30 年的经济高速增长。当然随着时间的推移，同种要素优势也会随之转移。所以"一带一路"倡议，是对这种不可避免的转变进行主动管理，最大化经济结构调整所带来的利益和控制期间可能造成的风险。

"一带一路"倡议非常形象地展现了这个规划倡议的内涵，首先是一种纽带的概念，其主要目的是链接，其间的端点是路上和海上的"一带一路"范围中的各个国家，这也就是比喻中"带"和"路"的含义。另外，"丝绸"很好地代表了贸易货物，又同时体现了中国的主导地位。"一带一路"以此推动各国经济贸易上的往来。在交通运输、能源、建设方面，我国现在已经有了领先世界的竞争优势，物美价廉效率高，并且可以对周边建设予以技术经验的支持。很多"一带一路"相关国家虽然在生产力价格上逐渐出现了价格优势，但往往由于基础设施的缺陷使其无法发挥。我国目前由于生产力价格优势的减退，现有的相关产业必须寻找生产力价格更低的其他国家，产业转移不可逆转。参与到这个产业转移的过程中，同时将境内包括钢铁水泥等过剩产能库存进行输出就是"一带一路"最高明的地方。不仅过度了经济结构调整的周期性影响，同时解决了过剩产能行业市场供需难题。并且，增加了中国在此过程中所产生的国际影响力。

2. "一带一路"背景下国有企业"走出去"的机遇

（1）提供巨大的市场潜能、带来国际产能合作"新机遇"。"一带一路"沿线覆盖人口超 40 亿人，经济总量约 21 万亿美元，蕴含着巨大的市场潜能，为给国有企业提供了巨大的产能合作机遇。数据显示，截至 2014 年底，国资委监管的 110 余家央企中已有 107 家在境外共设立 8 515 家分支机构，分布在全球 150 多个国家和地区，其中 80 多家央企已在"一带一路"沿线国家设立分支机构。改革开放以来，受惠于全球化机遇和低成本生产要素优势，我国制造业得到长足发展，规模跃居世界第1位。与此同时，2000年以来，中国产能过剩问题开始持续存在。众多行业产品供大于求，钢铁、汽车、电力、家电、电解铝、水泥、纺织、房地产等传统产业出现的产能过剩现象更加严重。

当前，中央提出"消化一批、转移一批、整合一批、淘汰一批"等"四个一批"的政策来处理过剩产能状况。"转移一批"即指国际产能合作问题。开展国际产能合作本质上即为产业的国际转移，同样可以说是在重新组合全世界的生产要素。"一带一路"沿线国家多是发展中国家及地区，其工业化发展迫在眉睫，因此市场空间很广，例如中亚、东南亚、中东、拉美等地区国家。它将为深化投资合作创造新空间。该倡议使得在国际投资方面，我国制造业的范围更广阔，使得在"一带一路"的沿线国家间进行的产业合作更加充满活力。当前，"一带一路"建设已经进入全面务实的推进阶段，形成了良好的推进势头。目前中国已同20多个国家签署"一带一路"合作文件，同17个国家签署产能合作协议，2015年对"一带一路"沿线国家投资同比增长18.2%，许多项目业已取得重要早期收获。数据显示，国际产能合作正与"一带一路"相互借力，同步发展。

（2）发挥我国国有企业包括中国高铁技术等在高端制造业方面的特殊优势。推进在"一带一路"倡议中，基础设施建设被摆在首要位置。由于周期较长、收益不高，私人资本与私有企业通常不愿意进入基础设施建设领域。而对于国有企业来说，投入"一带一路"的基础设施建设中，不仅是贯彻国家战略和意志的体现，也是消化和转移我国国内产能的一个重要途径。未来，国有企业可以发挥这个优势，不断扩大对外投资与合作，带动基建、研发和材料等多个领域形成齐头并进格局，同时在国家总体规划的基础上，制定企业具体规划，使"一带一路"从构想变为落地。

（3）加快中国装备"走出去"步伐。随着"走出去"步伐的加快，央企的海外资产也随之扩大。"十二五"以来，中央企业境外资产总额从 2.7 万亿元增加到 4.6 万亿元，年均增长 12.2%。截至 2014 年底，央企境外资产总额、营业收入和利润总额分别占中央企业总体的 12.7%、18.3% 和 8.6%。国有资产监督管理委员会的数据显示，中央企业境外投资额约占我国非金融类对外直接投资的 70%，对外承包工程营业额约占我国对外承包工程营业总额的 60%。境外投资和对外工程承包的增长加速了中国装备制造"走出去"。中央企业在"走出去"中已经成为名副其实的国家队和主力军，增长空间不断拓展，尤其是在推动电力、轨道交通、建材等领域"走出去"方面，取得了显著成绩。

（4）促进国有资本"走出去"。由于"一带一路"倡议涉及人民币国际化等问题，而现阶段，我国民营资本的规模、技术水平、竞争力、管理水平都不如国有资本，更远远比不上西方跨国公司的垄断资本，因此目前进入国际要素市场，获得足够份额的主要还是国有企业和国有资本。具有国际竞争力的国有企业和国有资本，是我国进入国际要素市场的希望，也是我国获得国际要素市场定价权的主通道。

（5）推动国有企业重组。在"一带一路"倡议的带动下，在交通运输、装备制造、能源发电等领域，央企重组的步伐已经迈开了。因为这些领域是国家重点鼓励"走出去"、并且能够实现的产能转移，同时反过来促进"一带一路"的发展，这是双向推动。国有企业的兼并重组会加快"走出去"的步伐，"一带一路"建设也会推动国有企业的兼并重组，国有企业重组又接着推动了"一带一路"，这是双向推动的良性循环。

3. "一带一路"下境外风险防范

当今世界国与国之际关系错综复杂，各国之间既合作又竞争，既帮衬又制约，世界朝着多极化发展的趋势越来越明显。"一带一路"倡议下国有企业"走出去"后所面临的国际环境远比国内复杂，遇到的风险也越来越大。中国国有企业在境外经贸活动中遇到的实践问题和矛盾，主要集中在海外直接投资与并购过程中。根据风险的来源不同，又可以划分为来自投资东道国的风险和来自国际大环境的风险。根据国有企业对外直接投资的特征来看，风险主要来自投资东道国。

东道国的投资环境可以看成一个大系统，一般由以下几个要素组成：政治环境、法律环境，经济环境，文化环境，自然环境。围绕着这些环境，我们把来自投资东道国的风险分为政治风险、法律风险、经济风险、文化风险与国际大环境的风险。

第一，政治风险及其防范。政治风险是指对外投资过程中，由于投资东道国政治动荡或政府换届等原因给投资带来的经济损失。政治风险主要来自以下几个方面：其一，政策制度。东道国的政策制度是否鼓励吸引外资，在哪些领域禁止国外企业进入，对外资的开放程度如何，等等。其二，政府腐败。一个腐败的政府也给我国国有企业对外投资带来巨大的风险。据世界银行报告称非洲的"隐性腐败"正在悄无声息地破坏着非洲国家，行贿、受贿、吃回扣等现象非常普遍，但非洲国家并没有认真对待这一问题。我国国有企业对非洲投资时，也经常遇到"吃拿卡扣"现象，他们也不觉得这有什么问题，可见这种腐败风气已深入人心。可以说非洲的市场并不是公平竞争的市场，这也为我们国有企业对非洲的投资带来了许多风险。其三，民族宗教问题。宗教矛盾经常导致宗教斗争引发社会动荡，为我国对外投资埋下极大的隐患。其四，政权的交替方式。政党选举期间，会对我国对外投资行为产生影响，选举后的新政府是否保持原有的投资政策以及对我国国有企业投资行为的态度都有巨大的不确定性。其五，与中国的外交关系。两国外交关系恶化时，必然会抑制相互投资，并且给原有的对外投资带来风险。

另外，中国国有企业在对外投资的过程中，由于其国有的所有制性质，西方国家的政府常常以"国家安全"为理由进行各种审查，中国国有企业承受着外国政府大量的舆论政治压力。许多重大项目都是因为政治和舆论压力的原因，限制了中国国有企业海外投资的步伐，甚至最终导致投资行为被驳回。国际知名金融数据提供商 Dealogic 公布的数据显示，近年来，中国企业跨境收购的失败率（指已宣布的跨境交易被撤回、拒绝或过期失效的比率）为全球最高，达到 12%。相比之下，美国和英国公司从事海外收购因政府审查导致的失败率仅为 2% 和 1%。英国《金融时报》曾报道，中国企业海外竞购失败，一方面可能的原因是收购操作手法的问题；另一方面"中国威胁论"给完成交易带来了政治阻力，中国国有企业面临的审查问题不容忽视。

针对上述情况，为了更好地参与"一带一路"，国有企业要充分调研东道国的政治形势。首先，要认真研究投资东道国的外交政策，研究近 20 年来该国的外交形势与政策。该投资东道国与中国的外交关系，与周边国家的外交关系，与美国、西方经济强国的外交关系。如果投资东道国受到美国或其他西方国家的制裁，必然会影响该国的经济发展，不利于我国国有企业的投资。其次，要研究该投资国的内部政治局势，政权的交替方式及政府的意识形态。东道国的政权不稳定，必须引起其投资环境中其他构成要素的变化，进而对我国对外直接投资效果产生影响。政权的稳定性决定政策的连续性，如果政权不稳定，社会环境动荡不安，会直接影响投资环境，影响海外投资者的利益。最后，要研究该国家的民族宗教问题。是否存在宗教斗争，这些都是海外投资的风险隐患。把这些问题解决清楚，可以保证我国国有企业的对外直接投资事半功倍。

第二，法律风险及其防范。法律风险是指我国国有企业对外直接投资过程中，因违反东道国法律法规或其他规章制度导致承担法律制裁的风险。我国国有企业在东道国遭受法律风险主要的原因在于东道国法律的变更，或者是不了解当地法律，并且从主观上也不懂得用法律来保护自己的合法权利。

每个国家的法律体系都不相同，投资东道国与中国国内的法律肯定也会有很大的区别。关于对外直接投资方面，许多国家都有类似"外国投资法"这样的法律，这些法律规章对外国企业投资的行业、投资范围、参股比例、纳税、利润等都有详细规定。但是遇到东道国法律变更的情况，例如东道国修改法律对外国投资者股权比例设限，导致中方企业无法控股，这会直接导致部分国有企业退出东道国市场。这是我国国有企业对外投资面临的最大的法律风险。此外，关于投资东道国的劳动法、环境保护法、知识产权法、国际贸易法等都是投资企业必须掌握的重要法律。举一个著名的青蛙搬家案例，中国海外工程有限责任公司在履行波兰公路建造合同时，屡次违反波兰当地劳动法与环境保护法，合同执行不到两年，波兰政府即宣布取消合同。波兰环境保护法要求为小动物留下安全通道，或停工助其搬家，这些让中国企业瞠目结舌。这就是不了解投资国法律，导致投资失败的典型案例。如果对这些法律不了解，就可能因为不懂法而触犯了东道国的法律，最终导致对外直接投资的失败。还有种情况，由于语言及文化的障碍，而导致对东道国法律的曲解。这也是我国企业在对外投资中常遇到的法律风险。

上述种种情况都要求国有企业建立法律风险管理体系。首先，要强化法律风险意识，在公司内部建立法律管理体系和法律顾问制度。其次，由公司的法律部门建立对外直接投资风险的识别流程。最后，要合理利用双边保护协定。我国国有企业在对外直接投资过程中，如果与东道国某方发生法律纠纷，中国政府与这个国家签订的投资保障协定往往是解决问题最好的武器，因为协定中最重要的一部分就是关于争端机制的解决，将争议提交到国际仲裁往往是最有效的解决方式。

第三，经济风险及其防范。经济风险是指与经济因素相关的可能导致投资受损的风险。包括东道国的宏观经济风险、税务风险、市场风险、外汇风险。

一是宏观经济风险。它是指东道国的整体的经济状况的风险，包括GDP总量、经济增长速度、通货膨胀率、失业率、财政收支、外债规模等。显然，宏观经济状况越好，投资收益越有保障。以新兴市场国家俄罗斯为例，经历了前几年的快速增长后，近几年经济增速有所放缓，经济增长压力增大。2012~2013年，经济增速明显下滑，2013年经济增长率不到1%。2014年，受乌克兰危机及欧美制裁的影响，俄罗斯经济下行压力进一步增加，第一季度、第二季度经济增幅分别只有0.9%和0.8%。这些都给我国国有企业在俄罗斯的投资带来许多经济风险。

二是税务风险。伴随着"一路一带"倡议的持续推进，中国境外投资格局逐步清晰，中国企业将创造前所未有的对外投资规模。但是从税收角度看，中国国有企业跨境业务通常缺乏系统的税制安排，税务风险日益突出。值得注意的是，当我国国有企业正在大规模"走出去"的时候，许多投资东道国却正在通过国内立法，制定新的跨境税源征管措施，加强跨国企业的税收管理，打击跨国公司的避税行为。我国国有企业对外直接投资前，面临着对投资东道国税制、税收体系以及税收政策了解不足的风险。由于国内缺乏官方的、统一的境外税收资讯平台，国有企业在"走出去"的时候，不得不依靠咨询公司、会计师事务所等机构自行调查这些投资国的税务信息，这些将花费很大的代价。我国国有企业对外直接投资过程中，还面临着与东道国跨境税务纠纷的风险。企业一般只能依靠申请双边磋商进行解决，一般磋商时间都比较长，处理过程非常缓慢，结果一般也不会倾向我们对外投资方。这些风险都极大地影响了我国企业的海外竞争力。

三是市场风险。我国国有企业"走出去"的步伐虽然很快，但还仍处于对外直接投资的起步阶段，国际竞争力还比较弱，从事国际化经营的市场信息还不灵通。并且与国内市场相比，国际市场有着更大的不完全性。信息的不对称，将给我国国有企业的对外直接投资带来很大的市场风险。生产要素的不完全性也比国内市场更明显，人力、技术、原材料、资本、管理水平等生产要素在不同区域之间的流动水平都为我国国有企业的对外投资带来许多风险。近些年市场导向作用越来越强，许多国家都转向开放式经济发展模式，以各种形式积极参与到全球经济体系中。市场机制作用范围的扩大，加强了世界经济发展的效率，但同时加剧了竞争的激烈程度，从而也加大了我国国有企业"走出去"的风险。

四是外汇风险。又称汇率风险，是在对外直接投资过程中由于汇率的变化而给投资者带来的损失。我国国有企业对外直接投资是一种跨国经济行为，必然要涉及不同货币的兑换问题，因而汇率风险不可避免。尤其是21世纪以来，国际货币市场汇率波动频繁，我国国有企业面临的汇率风险越来越大。2005年汇率改革，人民币升值汇率不再盯住单一美元货币，2006年人民币开始升值，我国许多"走出去"的国有企业在国外的子公司一般是以东道国的货币单位进行会计核算与编制报表，但年终统计时总公司都会要求其将会计报表的记账货币转为人民币，然后编制合并财务报表，这样一来，折算汇率风险就会产生。

针对上述风险，我国政府应该积极履行职能，帮助国有企业更好地面对来自东道国的经济风险。例如，美国、韩国、日本等国家在我国都派驻了税务参赞，负责统一协调投资母国的跨国公司在投资国的境外投资涉税事宜，取得了较好的效果。我们国家也应该在一些中国企业投资比较热门的国家设立税务参赞，或指定驻外使馆商务参赞履行相应的职责，帮助"走出去"企业处理跨境税务纠纷，保护"走出去"企业在当地投资经营的合法权益。另外，建议我国成立专门的境外税收管理部门。目前"走出去"的企业规模越来越大，数量越来越多，只有建立专职境外税收管理机构，才能为"走出去"的国有企业提供有效的、便捷的税收管理与服务，并帮助企业解决投资东道国的税务问题，及时应对境外挑战。

第四，文化风险及其防范。我国国有企业对外直接投资过程中，伴随着各种文化之间的交流与碰撞，以前最容易被忽视的就是文化风险，但是这几年越来越多的企业开始关注企业文化，关注文化风险。我国国有企业参与"一带一路"的过程中，必须进行员工属地化，不同国家的人在一起工作，由于人们的价值观不同，行为习惯不同，语言文化不同，很容易导致公司内部的文化摩擦。摩擦处理不好，就会影响企业的经营活动、管理效率及投资战略，给企业的发展带来风险。上汽收购韩国双龙汽车，结果身陷罢工风波，五年后双龙宣告破产，上汽投入的40亿元基本消耗殆尽。上汽折戟韩国双龙，主要原因就是中韩两国文化差异大，而上汽并没有做好充分的准备。韩国员工有着强烈的民族自尊心，被中国上汽收购后，员工始终不服气，认同感非常低，收购后企业文化的融合始终存在矛盾。而上汽也没有很好的策略，只想采取减员增效的办法，以管理者的身份来管理双龙，没有与工会处好关系，结果韩国强大的工会力量大大超乎上汽的预料。由于上汽对韩国企业文化缺乏理解，最终导致这次收购损失惨重。由此可见，了解投资东道国文化风险在对外直接投资中的重要性，非常必要。

文化差异是产生文化风险的根本原因。每个国家、每个民族的文化教育都不尽相同，尤其是不同的国家，由于宗教信仰、民族历史、文化理念等差异较大，这些人组成一个团队工作文化风险非常突出。另外，我国国有企业在投资第三世界国家时，我国管理人员经常有种民族优越感，认为我们的管理水平、文化体系优于东道国，当我们以这种观点看待东道国的员工时，沟通一定是不通畅的，必然会引起冲突。

我国国有企业进行海外直接投资时，已不仅仅是中国民族经济的支柱，更是经济目标和影响力已超出民族国家范围的跨国公司。作为跨国公司的领导人、管理人员不仅要具有民族感情和爱国主义精神，更应该具备世界观念和博爱精神。当进行海外投资经营活动时，要充分尊重东道国的民族文化，在尊重的基础上达到相互信任、相互依赖。世界各地语言不同、思维方式不同，宗教信仰、风俗习惯更是迥异。我们国有企业在"走出去"的同时，要鼓励员工学习当地语言、了解当地文化，消除文化壁垒。例如，阿拉伯国家的穆斯林员工，每天要做五次祷告，白天在上班的时候，也要祷告两次。我们国有企业作为雇主，就应该充分尊重他们的这种宗教信仰，为他们提供祷告的地方。当地员工得到了充分的尊重，他们才会全心全意为我们的企业服务，企业内部的沟通合作也会更有效率。

第五，来自国际大环境的风险。

一是来自金融危机、欧债危机的影响。2008年金融危机后，全球国际直接投资经历了2008年、2009年连续两年的大幅下滑。欧债危机后，西方的一些主要经济体的经济环境依然脆弱，许多跨国公司对于对外投资持有谨慎态度。受经济危机影响，投资东道国的经济环境变差，可能会影响我国国有企业在投资东道国的经济绩效。未来的国际直接投资环境依然面临着较大风险，全球经济复苏依旧步履蹒跚，不利的投资环境势必影响全球对外直接投资。在这种情势下，中国对外直接投资要想维持高速增长也绝非易事。

二是来自恐怖主义的影响。美国"9·11"事件后，世界恐怖组织大有抬头之势，基地组织、塔利班组织、伊斯兰武装组织等恐怖组织，频频在世界各地发动恐怖袭击事件，严重威胁世界和平。这些都是我国国有企业对外投资的直接影响因素。投资国如果出现恐怖组织，可能会直接导致我国国有企业放弃或减少对该国的投资，并承担一定的经济损失。投资国的周边国家或地区出现恐怖组织或恐怖事件，也会影响我国国有企业对其的投资。2011年，埃及、摩洛哥、利比亚等国家纷纷发生暴乱，直接导致我国国有企业对整个非洲地区的投资停滞不前，甚至一段时间内赴非洲的劳务签证都停止办理。

随着现代科技的快速发展，国际交流的日益便利，地球村的概念已深入人心，但正是由于这样，我们受到国际大环境的影响也越来越多。因此在国有企业"走出去"的时候，我们的目光再也不能停留在中国，我们必须放眼世界，以国际化的视角对待每一个投资决策。对世界经济形势保持高度敏感性，所谓牵一发而动全身，必须以联系的观点看问题。同时对于恐怖主义袭击事件，更是要高度重视。国际形势应该是每一个投资海外的国有企业最关注的地方。如果自身能力不足，可以请第三方中介公司作相关调研，对危险系数较大的区域，必须提前做好风险防范措施，以及退出机制。

4. "一带一路"推进国有企业国际化再上新台阶

随着我国和国际的各种外部条件和中国国有企业内在因素的变化，我国越来越多的国有企业开始通过各种方式和渠道加快了通往国际市场的步伐。"一带一路"倡议的实施，为我国更好地利用国际市场和资源，带动国内资本、产能、技术"走出去"，政策性地打通了另外一个通道，既强化了我国与沿线国家的合作共赢，也使得国有企业尤其是处于产能过剩的制造类国有企业找到新的突破口。目前，中国整体 ODI 已多年连续 10% 以上的高速增长后，ODI 金额已跃居全球第 2 位。

2016 年，中国的 ODI 交易涵盖了 164 个国家近 8 000 家的非金融企业总额达到 1.13 万亿元。对"一带一路"相关国家的 ODI 达到 145.3 亿美元，工程承包新增额 1 260.3 亿美元，并保持着进一步发展的势头。我国企业已经在沿线 20 多个国家建设了 56 个经贸合作区，涉及多个领域，累计综合投入规模已经达到 185 亿美元，为东道国创造了近 11 亿美元的税收和 18 万个就业岗位。与此同时，"一带一路"倡议对沿线国家的吸引力越来越强，"一带一路"建设正成为世界经济新的增长点。其中，国有企业的主导作用毋庸置疑，主要原因是许多"一带一路"沿线国家基础建设底子薄、功能弱。而中国的国有企业，尤其是那些公共类国有企业，在中国的基础设施建设过程中，拥有绝对的产能和技术优势。随着"一带一路"倡议的推进，中国的此类国有企业又迎来了一个春天。目前，大量的"一带一路"的工程建设、项目承包和原料协议已经签署，而这里面有相当大的部分都是由国有企业进行操作和完成的。2015年，我国已落实2 000亿美元的对相关经济体的外承包工程合同总额。其中已经实现1 541亿美元的对外承包工程营业规模，见表7-2。

目前，"一带一路"沿线已有40多个国家，与我国签署了各类合作协定。国有企业要抓住这一有利契机，不断完善对外投资方式和手段，多在全球资源配置、价值链融入、产业结构布局、生产要素集聚、科研项目研发、尖端技术整合等方面加大投资，更多地带动我国技术发展、标准制定、品牌推广、装备去产能、服务输出等，以及更高附加值的项目"走出去"，促进我国供给侧结构改革以及产业结构转型和升级，同时推动国有企业自身的国际化水平再上新台阶。

四、在把握机遇和挑战中积极参与"一带一路"建设

"一带一路"是我国根据世界经济、政治变化的实际，将自身的产能优势、技术与资金优势、经验与模式优势转化为市场与合作优势，实行全方位开放的大创新。为了更好地抵御风险，把握机遇，一方面，国有企业要努力提升其国际化经营理念和企业的层次水平，加强国际化人才队伍建设；另一方面，政府要积极推进国有企业改革，营造良好政策环境，加大对国有企业"走出去"的支持力度，完善相应的政策促进体系和统筹协调机制，协助企业积极参与"一带一路"建设。

表7-2　1978~2015年我国对外承包工程合同、金额和相关人数统计

年份	对外承包工程合同数（份）	对外承包工程合同金额（亿美元）	增长率（%）	对外承包工程完成营业额（万美元）	增长率（%）	对外承包工程年末在外人数（人）	对外劳务合作派出劳务人数（人）
2015	8 662	2 101	10	15 407 423	8	408 565	276 800
2014	7 740	1 918	12	14 241 066	4	408 851	292 570
2013	11 578	1 716	10	13 714 273	18	370 144	255 674
2012	6 710	1 565	10	11 659 697	13	344 618	278 380
2011	6 381	1 423	6	10 342 400	12	324 000	209 100
2010	9 544	1 344	6	9 217 000	19	376 510	186 800
2009	7 280	1 262	21	7 770 600	37	326 861	180 100
2008	5 411	1 046	35	5 661 200	39	271 613	224 900
2007	6 282	776	18	4 064 300	36	236 002	214 900
2006	12 996	660	123	2 999 300	38	198 598	214 800
2005	9 502	296	24	2 176 300	25	144 800	183 400
2004	6 694	238	35	1 746 800	26	114 700	173 000
2003	3 708	177	17	1 383 700	24	94 000	—

续表

年份	对外承包工程合同数（份）	对外承包工程合同金额（亿美元）	增长率（%）	对外承包工程完成营业额（万美元）	增长率（%）	对外承包工程年末在外人数（人）	对外劳务合作派出劳务人数（人）
2002	4 036	151	15	1 119 400	26	78 500	—
2001	5 836	130	11	889 900	6	60 000	—
2000	2 597	117	15	837 900	-2	55 600	—
1999	2 527	102	10	852 200	10	55 300	—
1998	2 322	92	9	776 900	29	61 100	—
1997	2 085	85	10	603 600	4	47 800	—
1996	1 634	77	3	582 100	14	38 800	—
1995	1 558	75	24	510 800	5	38 400	—
1994	1 702	60	16	488 300	33	38 300	—
1993	1 393	52	-1	366 800	53	34 200	—
1992	1 164	53	108	240 300	22	25 400	—
1991	1 171	25	19	197 000	20	21 500	—
1990	920	21	19	164 400	11	21 800	—

续表

年份	对外承包工程合同数（份）	对外承包工程合同金额（亿美元）	增长率（%）	对外承包工程完成营业额（万美元）	增长率（%）	对外承包工程年末在外人数（人）	对外劳务合作派出劳务人数（人）
1989	776	18	-2	148 400	18	24 000	—
1988	642	18	10	125 300	12	30 000	—
1987	616	16	39	111 400	36	31 300	—
1986	486	12	7	81 900	24	27 400	—
1985	465	11	-27	66 300	34	30 600	—
1984	344	15	92	49 400	161	21 900	—
1983	280	8	131	18 900	89	无数据	无数据
1982	195	3	25	10 000	—	无数据	无数据
1981	250	3	97	—	—	无数据	无数据
1980	138	1	324	12 300	—	无数据	无数据
1979	27	0	—	无数据	—	无数据	无数据
1978	无数据	无数据	—	无数据	—	无数据	无数据

资料来源：贸发会议：《2016年世界投资报告》。

1. 提高国有企业国际化水平

(1) 提升国际化经营理念。由于"一带一路"建设还处在初期阶段,我国很多企业还没有适应这种国际化的发展趋势。大部分企业习惯于传统的思维模式和发展理念,缺乏国际化的长远布局和经营规划,没有把国际化的经营纳入自己企业转型的战略格局之中。还有的企业在国际化的过程之中,一味地追求发展的规模和速度,不断扩充企业规模和员工数量,片面地追求企业的并购和控股,并没有结合自身客观情况对国际环境和投资风险等因素进行考虑,缺乏国际视野,没有把握良好的机遇,导致目前国际化发展迟迟没有进展。例如,目前我国国内有很多的从事玻璃、水泥、钢铁生产的国有企业,这些企业在国内的发展过程中,衍生出了一系列的资源和环境压力、产能过剩等诸多问题,而对于"一带一路"沿线的非洲、东南亚等国家来说,由于其工业设备和技术手段落后,传统能源的储备丰富,故而有着非常广阔的发展前景。目前国际经济结构正处于重要的转型之中,我国国有企业在国际化发展的过程中,可以通过参股并购等方式,参与到"一带一路"沿线国家和地区企业的经营和发展中,通过核心技术、高层次人才、品牌等诸多资源,和国外企业达成合作、互补短板,推动国有企业国际化的发展。

(2) 提升国有企业的层次和水平。和其他跨国企业的全球化格局相比,我国国有企业的国际化发展还处于初步阶段,不论在资源配置、核心技术掌握、产业链经营等方面都难以和西方大型跨国企业匹敌,目前还主要依靠成本低、劳动力密集等发展优势,大多数国内国有企业还处于国际化产业链的底端。就长远发展来看,我国国有企业科技创新能力不够、核心技术不强,面对着国际化的发展,主要的对外经营方式还是以出口贸易为主,综合技术、产品、服务、资源等综合性的国际化格局还没有形成。在国际化发展的过程之中,我国国有企业必须加强对同行业优秀跨国企业的学习,在树立标杆的同时,不断地学习和借鉴其成功的经验和方法，用全球化的思维方式和经营理念谋求国际化的发展道路，在推动企业规模发展的同时，完成企业质量效益提升的转变，在经济生态链条中从低端向高端转变。进一步发挥我国国有企业的优势，由产品出口向技术、服务、理念、资本等输出的综合型发展格局转变。

（3）加强国际化人才队伍建设。企业想要取得长远发展，离不开内部人才队伍的培养，国有企业想要在"一带一路"倡议中得到深入发展，必须完善内部的人才培养计划。首先应选择内部一些懂外语、技术和管理理念的高端人才在境外进行学习，在国外的实践中培养其国际视野，使其熟悉国际经济环境和商业规则。要拓宽人才吸收的渠道，引进国外优秀人才，提升企业的全球化思维、国际化视野和跨文化的经营和管理水平。除此之外，国际化发展的过程之中，国有企业还应该制定实施多样化的国际化专业人才管理政策，为企业引进高素质、高水平的国外顶尖人才提供政策便利，提高企业的适应能力和国际竞争力。

2. 积极推进国有企业改革，营造良好政策环境

（1）推进国有企业的混合所有制改革。推动国有企业加快混合所有制改革步伐，逐渐降低国有股持股比重，是应对国际上"竞争中立"规则的方式之一，也是提升国有企业国际竞争力的途径。鼓励国有企业与有能力优势和资源优势的其他企业组织（包括有专业能力的民营企业、跨国公司、外资企业、各种中介服务机构、东道国企业组织）之间开展全方位的战略合作，实现自身从弱能力到强能力的组织体制转变。中联重科、联想集团和中兴通讯等企业海外投资发展取得成功的一个重要原因，就是通过发展混合所有制，逐渐从国有控股转变为国有参股，增强企业发展的活力。

（2）政府和行业协会加强对企业的行为指引和服务。相关政府管理部门和行业协会应针对我国国有企业国际化经营能力还不强，对国外法律、用工、制度环境等还不十分精通的问题，加

强对国有企业许多指引工作，提升国有大企业"走出去"的行为规范程度，提高它们遵守"一带一路"沿线国家准则的意识和能力。首先，政府应组织力量集中研究各个国家对进入该国的外国公司的制度要求、法律规范、责任要求等，完善公共信息平台，为实施国际化战略的企业提供指导。其次，相关政府管理部门和行业协会应该在与大中型对外投资企业保持密切充分沟通的基础上，代表中国跨国经营企业的利益，在参与"一带一路"沿线国家经贸规则制定过程中发挥更重要的作用。再次，可以考虑制定国有企业跨国投资经营行为指引等制度，帮助我国国有企业在"一带一路"沿线国家中树立良好的企业形象。

（3）强化市场约束和国际规则约束。为有效规避国有企业参与"一带一路"建设时遭遇的法律和政治风险，需要真正建立以市场为导向，进行商业化经营的被国际社会所广泛接受的公司治理结构。建议政府部门可以参考法国和新加坡等国的做法，进一步转变政府职能，以"一带一路"倡议为契机，对国有企业的海外投资并购决策给予更大权限的自主权，提高需报请政府核准的资金门槛，弱化对国有企业海外投资项目短期收益的考核指标，加大对长期收益指标的考核权重。按照功能定位对国有企业进行分类管理，凡是竞争性领域的国有企业，最大限度地发挥市场的资源配置作用。对于重点领域的公益性国有企业，建立起多层次的、更有效的监督管理体系，加快发展国有资本投资公司，真正实现用"管资本"替代"管资产"的旧模式。

（4）做好企业的协调服务。国有企业参与"一带一路"建设，不仅涉及企业本身，还和国内很多行业尤其是政府相关部门有着非常密切的联系。从各个省份和地区的角度考虑，各省区政府应该成立专门管理"一带一路"事务的机构，主要服务于省内的国有企业和民营企业的国际化发展，从保险、银行、海关、商务、财政、金融等各个方面为企业发展提供服务。涉及企业发展资金的方面，政府部门提供相应的便利，为国有企业在资金支持、金融信贷、税收返还等方面要重点倾斜。除此之外，要建立起国际化信息共享平台，促进企业间的信息共享，帮助国有企业在国际化进程之中有效地利用国外资源，最快地了解国内外信息技术，提高企业的综合信息管理、技术发展、人才引进和产品创新等，为国有企业国际化发展提供助力。

第八章

国有资产管理体制改革

改革和完善国有资产管理体制是我国国有企业改革的重要内容，是我国国民经济持续稳定健康发展的重要环节。国有资产管理体制改革是一项宏观改革，涉及政府作为所有者与作为公权履行者两种不同性质职能的分解。但它却与微观改革即国有企业改革紧密相连。国有资产管理体制改革的进程与国有企业改革的进程始终相伴随，前者为后者创造宏观条件。自党的十四届三中全会确立了国有资产管理体制和国有企业改革的重大方向和总体设想以来，经过不断探索和完善，国有资产管理体制和国有企业改革取得很大进展。新时代我们必须总结我国国有资产管理体制改革的经验规律，以管资本为主，以资本为纽带，以产权为基础，重点管好国有资本布局、规范资本运作、提高资本回报、维护资本安全，增强国有经济的活力、控制力、影响力和抗风险能力。

一、我国国有资产管理体制的演化历程

我国国有资产管理体制主要经历了从直接经营国有企业到国有资产监督管理再到国有资本投资运营的演变路径。在"一大二公"的计划经济时代，对国有企业的管理采用"条块"管理，由各专业部委和各级政府直接决定各个国有企业的生产和销售数

量及价格。改革开放以后，随着市场经济的建设和国有企业自主经营权力的扩大，国有资产管理从对国有企业的直接经营演变到对国有资产的监督管理。随着国有企业建设现代企业制度和混合所有制经济的发展，对国有资产的管理更多地体现为履行资产所有者的职能，因此对国有资产管理开始演变为对国有资本的投资运营管理。

1. 改革开放前国有资产管理体制变革（1949～1977年）

（1）新中国成立初期和"一五"时期（1949～1957年）。新中国成立初期的国有资产主要来自政府没收的官僚资本和敌伪财产，以及老解放区、早解放区经过艰苦奋斗所建立起来的公营经济。政府直接掌握全国一半以上的燃料、动力和工业原料，以及将近一半的棉纱产量，掌握全国的铁路、邮政、电信和大部分的交通运输事业，还控制了绝大部分的银行和国内外贸易。我国在这个时期建立起了高度集中统一的国有资产管理体制。国有资产的所有权、占有权、支配权甚至使用权都由国家集中行使。国家通过政府直接组织整个社会的生产和流通，企业的人财物由政府统一调拨，产供销也由政府统一决策。市场的作用被完全否定，甚至计划外的市场交易都被视为非法。国有企业没有独立经营的自主权，利润全部上缴国家，亏损由政府承担，不是真正意义上的企业而是政府的行政附属机构。

这个时期的国有资产管理体制与当时高度集中的计划经济体制相适应，国有资产管理的权力高度集中于中央政府，国有资产投资资金实行统收统支、无偿使用，国有资产管理的主要内容是对生产资料实行计划调拨和统一分配的实物管理。国有资产所有权、国家行政管理权与国有企业经营权高度集中，政府的社会管理者职能和国有企业出资人职能不加区分，没有专设的国有资产管理机构，国有企业按行政隶属关系"条条"管理。企业既没有生产经营自主权，也基本没有独立的经济利益，经营上只完成主管部门下达的任务，不考虑国有资产保值增值的目标和责任。

(2)"大跃进"时期(1958~1960年)。三年"大跃进"期间,针对中央集权过度的弊端我国对国有资产管理体制进行改革,决定将中央部属企业、计划管理权限和基建审批权限下放到地方管理,并扩大地方在物资、资金和人事方面的权力。地方政府开始行使部分国有资产的管理权利,形成了中央专业部委的"条条"管理和地方政府的"块块"管理相结合的条块管理体制,即以地区综合平衡为基础、专业管理部门与地区政府相结合的国有资产管理体制。政府的指令性管理内容减少了,企业可自行决定短期生产计划并开始拥有招工等权力。国家与企业之间实行全额利润分成制,企业可用留成资金发展生产和发放福利,企业有权自行调整机构设置和调配职工。

这个时期的国有资产管理体制改革一定程度上解决了高度集中的国有资产管理带来的弊端,调动了地方政府和企业的积极性,使国民经济得到了一定的发展。但在这次改革中,权限的下放在一定程度上分散和降低了国有资产的投资规模,削弱了国家的宏观调控能力。一些全国性的企业被下放给地方管理后,地方政府实际上不具备保障这些企业正常运营的条件和能力,企业之间原有的协作关系遭到破坏,许多物资、资金和利润被挪用,导致中央财政收入的减少并影响了一些国家重点建设计划的实施,地方管理经济经验不足造成的失误对人民的生活水平造成了较大的影响。

(3)国民经济调整时期(1961~1965年)。1961~1965年,是国民经济调整时期,针对"大跃进"时期国有资产管理权力下放过度的混乱局面,中央上收了很多国有资产管理的权力,重新实行高度集中统一的国有资产管理体制,强调全国上下保持一致,地方政府应在统一的国家计划下发挥各自积极性。中央政府上收了国有资产投资的审批权,把不适于地方管理的企业收回至中央管理。1961年国家调低了国营企业的利润留成比例,1962年以后取消利润留成改为企业奖励基金制度,企业可以从利润中提取一定比例的奖励基金,用于职工奖金和集体福利。

这个时期的国有资产管理体制改革克服了"大跃进"时期国有资产管理的混乱局面,在一定程度上提高了企业的经济效益和优化了国有资产配置,使国民经济得到了恢复调整并重新进入协调发展的轨道。然而,国有资产管理的再度集权在一定程度上挫伤了地方政府和国有企业自我发展的积极性,高度的集中和统一使国有资产管理体制重新趋于僵化。

(4)"文化大革命"和拨乱反正时期(1966~1978年)。1966~1976年的"文化大革命"期间,国有资产管理体制几乎成为"大跃进"时期的翻版。国有企业的管理权被大幅度下放,并将国有资产的投资和运营权限下放给地方政府。多个部属大中型企业下放给地方管理,大庆油田、长春汽车厂和开滦煤矿等关系国计民生的大型骨干企业也不加区别地下放给各省、自治区、直辖市管理,有的甚至层层下放直至到市县管理。除重大基础设施建设、国防战备、对外援助和国家物资储备等由中央部门直接管理以外,其余的国有资产管理权限全部划归地方政府进行管理。

这个时期国有资产的投资管理实行大包干制度,即由地方政府负责实施建设的投资、统筹安排材料和设备。在物资管理方面也减少了国家统一分配和中央各部管理的项目种类。地方政府代表国家对国有资产进行监督管理,地方政府掌握了国有资产管理相关的物资、基建、计划、税收、信贷和招工等权力。国有资产管理权限的下放与"大跃进"时期一样造成了很多混乱的局面,国民经济发展受到了很大影响。1976~1978年的拨乱反正对国有资产管理体制的一些混乱之处进行了一定程度的纠正。

2. 改革开放以来的国有资产管理体制改革(1978年至今)

改革开放初期的国有资产管理体制改革以微观层面的经营体制改革为主,后来的改革以宏观层面的优化布局和完善国有资产管理体制为主。

（1）"放权让利"时期的国有资产管理。20世纪70年代末期，国民经济发展出现了很大的问题，国有资产传统的"条块"管理模式使得国有企业缺乏活力，国有经济的发展近乎停滞。"放权让利"阶段的国有资产管理体制改革以对国有资产的具体经营者进行扩权让利为重点，主要目标是提高经营者的积极性，主要方向是调整国家与企业的利益分配关系。

针对国有企业经营缺乏活力的问题，1978年12月，党的十一届三中全会指出，必须改变当时国有资产管理权力过于集中的弊病，"应该有领导地大胆下放，让地方和工农业企业在国家统一计划指导下有更多的经营管理自主权。"1979年5月，国务院开始设置扩大经营自主权的试点企业，1980年，各地在扩权试点基础上试行利润包干的经济责任制。1981年10月，国务院《关于实行工业生产责任制若干问题的意见》对经济责任制的具体内容、原则和形式进行了明确规定，在国有资产的收益分配方式上明确了"利润留成""盈亏包干""以税代利、自负盈亏"三种形式。1983年4月，国务院决定开始实行"利改税"，财政部《关于国营企业利改税试行办法》规定盈利的国营大中型企业按实现利润的5%的税率缴纳所得税，税后利润一部分留给企业。

从国有资产管理体制改革的内容和重点来看，这个时期以提高国有企业经营活力的改革为主，国有企业的经营环境开始从计划经济转入市场经济体制。国有资产投资"拨改贷"的改革受到较大阻力而进展缓慢，国有资产的投资仍以财政拨款为主。"放权让利"推动了国有企业向独立的市场主体转变，企业通过超额完成计划等增收方式实现了一定程度的自我积累，开始具备自我发展的能力，企业活力得到明显增强。不过政府对企业的放权让利缺少明确的边界，也缺乏一个相对客观的标准，加上缺少配套的政策和改革措施，国有企业经营绩效和宏观经济效率没有得到根本性的改善。由于"利改税"在制度设计上过分强调增加财政收入，企业发展后劲受到一定的影响。

（2）"两权分离"时期的国有资产管理。"两权分离"以承包经营责任制为重点，实行企业所有权与经营权适当分离，确立企业的市场主体地位。国有资产管理体制改革从简单的扩权让利发展为对企业经营机制的改革，国有企业开始与政府机构实行分离，政府部门不再用行政手段直接决定企业的经营内容而是开始运用价格、税收、信贷等经济杠杆来调节国有企业的经营。1984年9月，国务院规定国家投资建设的项目，都要按照资金有偿使用的原则，由财政拨款改为银行贷款，同年12月，正式规定凡是由国家预算安排的基本建设投资全部由财政拨款改为银行贷款。基本建设贷款实行差别利率。1984年12月，国务院在《关于深化企业改革增强企业活力的若干规定》中，提出要推行多种形式的经营承包责任制，给经营者以充分的经营自主权。1987年，国务院发布《全民所有制工业企业承包经营责任制暂行条例》，规定按照所有权与经营权分离的原则，以承包经营合同的形式，确定国家与企业的责任与权利关系。承包经营责任制的主要内容是在完成上交国家利润任务和完成技术改造任务后，企业职工的工资总额与经济效益挂钩，以此实现企业的自主经营和自负盈亏。1984年9月，国务院决定开始实施第二步"利改税"，对税种和税率进行了调整，从原来的"税利并存"改为"以税代利"，税后利润完全归企业所有。1988年1月，国务院决定把国有资产的所有权管理职能与政府行政管理职能相分离，组建国家国有资产管理局统一行使国有资产所有权管理职能。1986年12月，我国颁布《中华人民共和国企业破产法》，对企业的破产边界、破产申请的提出等诸多方面进行了规定。1986年，沈阳防爆器械厂宣告破产，是新中国成立后第一家正式宣告破产的国有企业。

"拨改贷"作为国有资产投资制度的重大改革，增大了国有企业作为投资主体的责任感，对于提高投资效益起到了积极作用，但是贷款投资在一定程度上造成了产权关系的混乱，企业用银行贷款投资形成的资产归属成为问题，同时贷款投资使企业负债过高，还贷压力较大。推行承包经营责任制调动了企业经营的积极性，增强了国有企业的活力，是我国国有资产管理体制改革的一个重要内容，国有资产管理体制进入一个新的历史阶段。《中华人民共和国企业破产法》的颁布促进了国有资本的流动和国有企业的有序进退，提高了国有企业总体经济效益，为国家处置低效无效资产和淘汰落后企业提供了一种新的方法和途径。

（3）现代企业制度建设时期的国有资产管理。1992年，党的十四大提出，国有企业应成为同市场经济相适应的、政企分开的独立的市场主体和法人实体。1993年，党的十四届三中全会提出，建立对国有资产管理体制的改革目标是国家统一所有、政府分级监管和企业自主经营，首次提出了政资分开的概念，提出政府的社会经济管理职能应与国有资产所有者的职能相分离。1997年，党的十五大提出，"从战略上调整国有经济布局"，国有资产管理体制改革开始进入宏观层面，并由市场压力造成的被动调整转为顶层设计的主动调整。1998年，我国开始实行国有资产的授权经营，将国有资产委托给国有企业集团或资产经营机构，授权其对相关国有企业的资产行使出资人的职责。1999年，党的十五届四中全会提出，要"按照国家所有、分级管理、授权经营、分工监管的原则，逐步建立国有资产管理、监督、营运体系和机制，建立与健全严格的责任制度"。2002年，党的十六大提出，关系国民经济命脉和国家安全的大型国有企业、基础设施和重要自然资源等，由中央政府代表国家履行出资人职责，其他国有资产由地方政府代表国家履行出资人职责。

这个时期是国有资产管理体制改革的深入期，是以市场交易为主的资源配置优化时期。企业产权制度的建立、公司股份制改造的开展以及资本市场的形成使国有资产管理体制的效率得到了有效提升。虽然更多地利用了市场作为资源配置手段，但是这个阶段我国的资本证券市场还比较不成熟，并购重组中出现了利用二级市场炒作性并购、非公众公司大量受让上市公司股权进行买壳上市等各种现象，出现了不同程度的国有资产流失问题。国有资产的授权经营强化和明确了国有企业的产权关系，推动了政企分开和出资人的职责到位，有利于增强国有经济的活力，但授权经营不能从根本上解决国有资产出资人缺位问题，政企不分的现象仍然存在。国有资产管理体制改革已经从搞活企业的微观层面上升到国有经济进行战略性改组的宏观层面上，从国有企业管理过渡到国有资产管理阶段。

（4）深化国有企业改革时期的国有资产管理。2003年，国有资产管理体制改革的一个重大事件是成立了国有资产监督管理委员会（简称国资委），标志着国有资产管理从管理企业为主转变为管人、管事、管资产的结合，政府与企业由行政隶属关系向产权纽带关系转型。2003年10月，党的十六届三中全会提出，要建立国有资本经营预算制度和企业经营业绩考核体系，完善授权经营制度，推动产权有序流转，积极探索国有资产监管和经营的有效形式。党的十六届三中全会还提出，大力发展混合所有制经济，实现国有企业投资主体的多元化，使"股份制成为公有制的主要实现形式"。

2006年，国资委开始在国有企业中开展董事会试点工作。2007年，党的十七大要求，深化国有企业的公司制和股份制改革，优化国有经济的布局和结构，并要求进行垄断行业引入竞争机制的改革。2007年，国务院发布《关于试行国有资本经营预算的意见》，开始对国有资本的收益分配进行规范。2008年，颁布《中华人民共和国企业国有资产法》，将国有资产管理体制的内容以法律的形式进行了确认。法律明确了国有资产出资人的职责和国有资产出资人的权益，对国家出资企业的活动、管理者的选择与考核以及国有资本经营预算和国有资产监督等内容作了规定。2008年，国务院国资委发布《关于规范国有企业职工持股、投资的意见》，针对国有企业股权激励的实施进行了规范和调整。

2009年2月，国资委发布《国有资产监督管理信息公开实施办法》，对国资监管信息公开的范围、公开的方式和程序以及信息公开工作的监督和保障作了规定。2010年，国有资产管理开始实行经济增加值（EVA）的考核方式，对国有企业经营者使用资本的效率和创造价值能力进行考察。经济增加值是国有企业营业利润减去资本成本后的净值。国资委直属企业的资本成本率为5.5%，政策性企业的资本成本为4.1%。

（5）国有企业混合所有制改革时期的国有资产管理体制。党的十八大以来，国有资产管理体制改革转为以国有资本的布局和结构优化为重点，这是国有资产管理体制不断完善的时期。由于已经明确了政府的出资人地位，各级政府不再直接干预国有企业的经营管理和投资决策。这个阶段开始强调国家的出资人职责和所有者权益，实行政资分开，强调国有经济的主导作用，提出大力发展混合所有制经济。

2012年，党的十八大继续强调深化国有企业改革和完善各类国有资产管理体制。2013年，党的十八届三中全会明确提出，完善国有资产管理体制，以管资本为主加强国有资产监管，改革国有资本授权经营体制。这就指明了国有资产管理体制的方向，即以管资本为主加强国有资产监管，组建国有资本运营公司和改组国有资本投资公司。党的十八届三中全会后，我国各界对国资国有企业改革的认识再一次集中到国资管理体制改革上。根据党的十八届三中全会对国资监管体制新的模式设计，在国资委、国有企业之间，要加入一个国有资本投资运营公司，从而形成国资监管机构—国有资本投资运营公司—国有企业三个层级的纵向关系。围绕以管资本为主构建新型国资监管体制，构建国有资本的运营和投资主体。2013年2月，国务院发布《关于深化收入分配制度改革的若干意见》，开始实施国有资本经营预算和收益分享制度，对国有资本收益的分配和使用进行了规定，扩大了国有资本收益的上交范围，提高了国有资本收益的上交比例，国有资本收益更多地用于社会保障等民生支出。

2015年8月，中共中央、国务院发布《关于深化国有企业改革的指导意见》，这成为当前深化国有企业改革和国有资产管理体制改革的纲领性文件，是指导国有资产管理体制改革与完善的"行动指南"。在此基础上国务院及相关部门相继发布《关于国有企业发展混合所有制经济的意见》《关于改革和完善国有资产管理体制的若干意见》《关于加强和改进企业国有资产监督防止国有资产流失的意见》《关于国有企业功能界定与分类的指导意见》等。此次国有企业改革在"完善国有资产管理体制"部分，提出了四个"管资本"，即以管资本为主推进国有资产监管机构职能转变，以管资本为主改革国有资本授权经营体制，以管资本为主推动国有资本合理流动优化配置，以管资本为主推进经营性国有资产集中统一监管。可以说，从"管人管事管资产"到"以管资本为主"的转变，是国有企业管理上的重大突破，是国有资产管理体制改革的核心内容，是深化国有企业改革的重要突破口。

2017年，党的十九大提出，要完善各类国有资产管理体制，改革国有资本授权经营体制，加快国有经济布局优化、结构调整、战略性重组，促进国有资产保值增值，推动国有资本做强做优做大，有效防止国有资产流失。我国的国有企业分为六大类：国资委管理的工业、商贸、运输、科技等类型的国有企业；由有关机构管理的金融类国有企业；宣传部门管理的文化类国有企业；教育部门管理的校办类国有企业；交通部门管理的铁路类企业；财政部门管理的烟草、邮政等类别的国有企业。这六大类国有企业具有不同的特点且由不同的主体来管理，因此每一类便形成了有各自特点的管理体制。"要完善各类国有资产管理体制"，这意味着国有企业目前的六大类及相应的管理主体不会改变，但每一类国有资产管理体制则要进行完善。国有资产管理体制的设计取决于国有企业的体制机制,即有什么样的国有企业就要求有与之相适应的国有资产管理体制。国有企业的变革决定着国有资产管理体制的变革,这适用于我国的六大类国有企业及它们各自的国有资产管理体制。其中,各级国资委系统的国有企业改革、国有资产管理体制完善是重点。

二、国有资产管理从"管资产"向"管资本"转变

党的十八届三中全会《决定》明确提出,完善国有资产管理体制,以管资本为主加强国有资产监管,改革国有资本授权经营体制,组建若干国有资本运营公司,支持有条件的国有企业改组为国有资本投资公司。国有企业改革的重要方面,就是将原本的国有资产管理架构由目前的两级变为国资监管机构、国有资本投资运营公司和经营性国有企业三级,逐步实现政企分开,将政府和企业剥离开来,以产权管理为纽带,突出国有资本运作,最终实现国资委从"管资产"向"管资本"转变。

1. 以管资本为主对于完善国有资产管理的重要意义

国资管理体制改革是国有企业改革的重要内容,国资委放权和从管人、管事、管资产转变为管资本是改革的核心议题,从管企业到管资产再到管资本,预示着我国国资监管的内容将发生重大的改变。因此,研究如何以管资本为主加强国有资产监管,具有重要的现实意义。

(1) 有利于真正实现政企分开、政资分开。以管资本为主的管理模式,形成国资监管机构、国有资本运营投资公司、国有企业三级架构模式,可以帮助国有企业摆脱与政府部门之间的捆绑关系,从而使监管者、出资人代表和实体企业之间的职责分工更加明确。国资监管部门通过管理国有资本运营公司和国有投资

公司达到调整和管理资本的目的，国有资本运营公司和国有投资公司再以股权投资混合所有制企业，混合所有企业完全按照市场机制进行规范运作，这样就可以清楚地划分出国有经济融入市场时的管理层级和各层级的管理界限，从而有利于真正实现政企分开、政资分开。

（2）有利于调整优化国有经济布局。优化国有经济布局，必须对国有资产的分布进行调整，不仅要调整投资结构，实现增量资产结构的优化，而且还要大力调整存量结构，实现存量资产的优化。过去国有资产管理体制强调管人、管事与管资产相结合，强调的是管好企业，但企业是一种十分复杂的实物形态，涉及大量的人、事、资产，流动性很差。而国有资本是一种价值形态，流动性好，交易性强，现在强调以管资本为主，通过对国有资本职能和投向的有效监管，有利于国有企业按照市场机制，通过产权交易等方式加快企业战略重组，不断优化国有经济结构和布局。

（3）有利于提高国有资产运营效率。在以管资本为主加强国有资产监管的情况下，国有资本运营效率和国有企业经营业绩考核更具针对性和可操作性。同时，以管资本为主的管理体制，强化国有资本运营，国有企业股权变更和联合重组将更加频繁，有利于国有资本跨企业、跨行业流动，使国有资本投向效率更高、综合效益更好的行业领域。

（4）有利于国有企业完善现代企业制度。以管资本为主的监管模式，有利于所有权与经营权分离，有效促进国有企业公司制股份制改革。在此模式下，国有资本投资运营公司作为专业的出资人代表，以资本和产权关系为纽带，通过规范的公司治理机制管理下属企业，进而促进国有企业加快建立现代企业制度、完善法人治理结构，依法制定和完善公司章程、设立董事会和监事会，优化董事会和监事会结构。

2. 以管资本为主加强国资管理的基础条件

以管资本为主不仅是深化经济体制改革的具体要求，也是进一步完善社会主义市场经济体制的客观要求。

（1）国有资产管理体制逐步理顺。随着我国国有企业改革的逐步深入，我国国有资产管理体制逐步得到优化。党的十六大确立了"三分开、三统一、三结合"的国有资产管理体制。"三分开"即政企分开、政资分开、所有权与经营权分开。"三统一""三结合"，即权利、义务和责任相统一，管资产、管人和管事相结合。这既是理论上的重大创新，也是体制上的重大突破，结束了国有企业多头管理的混乱局面，对深化国有企业改革起到了重要的推动作用。2003年3月，专司中央国有企业出资人职能和企业国有资产监督管理职能的国务院国资委正式成立。到2004年6月，各省（区、市）国有资产监管机构相继组建，由此国有资产管理体制逐步理顺，为以管资本为主加强国有资产监管创造了较好的体制基础。

（2）国有企业市场竞争主体地位逐步确立。经过40年的改革，国有企业已经逐步成为市场竞争的主体，涌现出一批有较强影响力的知名品牌和行业排头兵企业，一批国有大型企业尤其是中央企业显现出较强的国际竞争力，成为与跨国公司竞争的重要力量。国有企业的企业形态也发生了深刻变化，国有企业法人治理结构逐步完善，股东会、董事会、监事会、经理层各负其责、协调运转、有效制衡的机制正在逐步建立。市场竞争主体地位逐步确立，国有企业经营管理逐步完善，这为国资监管部门专注于管资本，创造了重要的企业经营管理制度基础。

（3）国有资本运营环境日益成熟。随着市场化改革的不断深入，我国多层次资本市场逐步建立并日益完善，一大批大型国有企业先后在境内外资本市场上市。同时，国内多地已经建立了比较健全的产权交易市场，专业评估机构、中介机构发展良好，社会监督力量越来越强大，大大降低了国有资产大面积流失的风险。与此同时，党的十八届三中全会全面深化改革的战略部署逐步实施，社会舆论深化改革的呼声高涨，强化国有资本运营和监管，放开市场准入，实现公平竞争是大势所趋。这些都为以管资本为主加强国资监管奠定了良好的资本市场环境和社会舆论氛围。

3. 新型国有资产管理体制的总体思路、主要目标和逻辑顺序

（1）总体思路。贯彻和落实党的十八届三中全会《决定》要求，正确处理好政府和市场的关系，坚持市场化改革方向，以提高国有资本的集中度和配置效率为核心，以激发企业活力和提升竞争力为着力点，进一步推进政企分开、政资分开、所有权与经营权相分离，全面深化国有企业改革，以管资本为主加强国有资产监管，进一步完善国资监管体制。

第一，明确不同类型资本和企业的功能定位。对公益类资本（企业）、功能类资本（企业）和竞争类资本（企业）实行分类分部门监管和考核。财政部门和国资部门分别作为公益类资本（企业）和功能类资本（企业）和竞争类资本（企业）的监管主体，推动国有企业实现社会效益和经济效益的有机统一、均衡发展。

第二，建立新型国资监管组织架构（见图8-1）。组建或改组若干不同资本类别的国有资本运营和投资公司，实行"国资监管部门—国资运营和投资公司—国资企业"的"3+3"国资监管架构。国资部门［负责"挣钱"（国资保值增值）］和财政部门［负责"持家"（提供公共产品和服务）］是国有资产监管机构和国有资本运营和投资公司的出资人代表，国有资本运营和投资公司是国有股权的实际出资人和持股人，国资企业则负责具体生产经营活动。

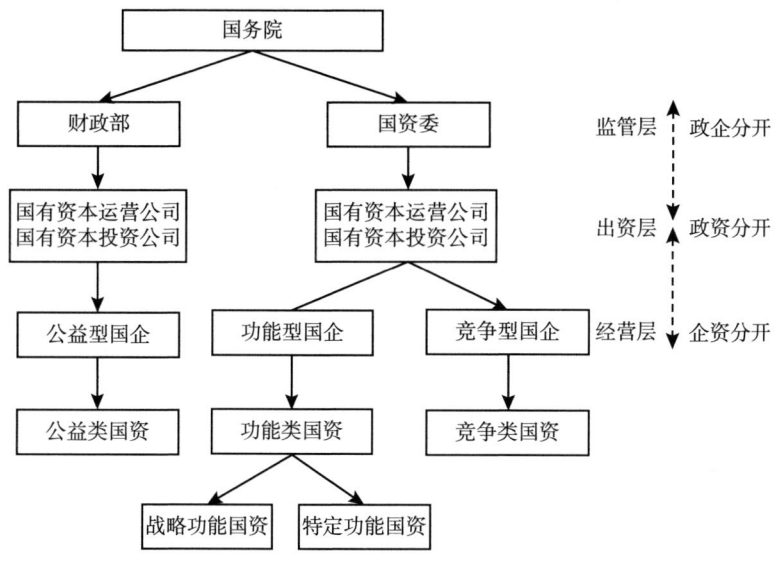

图 8-1 我国国资监管体制框架设计思路

第三，完善监督考核体系。设计两层监督考核体系，明确国资监管部门对国资运营主体、国资运营主体对所投资企业的监督考核原则、考核导向、监管方式、考核内容。按照资本的不同性质，确立分类监督考核的途径和方式，提高国资监管的有效性。

第四，完善国有资本经营预算制度。建立财政部门（公益类资本）和国资部门（功能类资本和竞争类资本）相对独立的国有资产经营预算体制。逐步提高国有资本收益上缴比例，到2020年不低于30%。合理分配和使用国有资本收益，统筹考虑国有资本收益再投资和民生关系。

（2）主要目标。到2020年，国资管理体制机制进一步完善，基本建成以管资本为主的国有资产监管体系，政企分开、政资分开、所有权与经营权相分离工作取得决定性成果，形成更加符合基本经济制度和社会主义市场经济要求的国有经济实现形式、国有资本运营方式、国有企业运行机制、国有资产监管体制，国资布局结构更加优化，国资监管方式更富有效率，国有企业活力和竞争力进一步提高，国有经济在经济社会中的带动作用进一步增强。

第一，形成以管资本为主分类监管的国资监管体系。国资和国有企业分类改革取得明显成效，并在此基础上形成公益和非公益类国资分类分部门监管的两套三层次管理体系。国资监管和运营方式不断创新，根据企业功能定位，分类完善治理结构、分类开展绩效评价、分类考核，监管的针对性和有效性明显提高。

第二，国有资本配置效率显著提高。国有资本的流动性明显增强，形成功能明确、流动顺畅的国有资本配置机制。国有资本集中度显著提高，主要投向公益类和功能类行业。国有企业成为提供城市公共服务、保障城市运行、引领产业升级、创新驱动发展、保护生态环境、维护社会稳定的主力军和表率。

第三，现代企业制度不断完善。推进产权结构多元化、公司治理规范化、国有资产证券化、选人用人市场化工作取得显著成效。规范的董事会建设基本完成，以产权为纽带的母子公司管理体制基本建成。职业经理人制度全面推行，形成市场化的企业人事、劳动、分配制度和长效的激励约束机制。

第四，国有资本经营预算制度进一步完善。发挥国有资本经营预算在推进结构调整和科技创新中的引领作用，逐步提高国有资本收益上缴公共财政比例，2020年提高到30%，更多用于保障和改善民生。

（3）改革的逻辑顺序。鉴于中间层国有资本投资运营公司的重要地位、作用和改革的关联性和复杂性，整个国资监管体制改革的逻辑顺序是：从易到难，从两头往中间，自上而下与自下而上相结合渐进式依次推进改革（见图8-2）。

自上而下的改革主要包括：一是进一步完善《国有资产法》，改革要在总结实践经验的基础上，由国家制定法律法规，一切依法办理，严格执法，使整个改革能够规范有序地进行。二是确定国资监管体制框架，包括组织体系、监管考核体系、资本

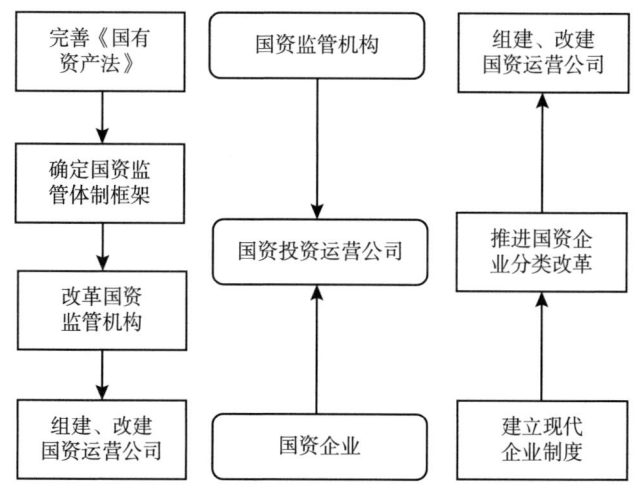

图 8-2　国资监管体制改革的逻辑顺序

经营预算等方面。三是改革国资监管机构，对新型国资监管体制下的国资监管主体要进行明确的职能定位，不缺位、不越位，并制定针对国资监管主体的考核问责机制。四是组建或改组国有资本投资运营公司，严格按照职能定位将中间层建立起来。

自下而上的改革主要包括：一是加快对国有企业进行规范的公司化改造，建立健全董事会制度，实现股权结构多元化，有条件的可直接上市，为下一步国有资产资本化创造条件。二是明确不同行业国有资产的职能分类，在职能分类的基础上，加快推进国有企业主辅分离、分业经营，进而制定国有资产经营模式和治理方式改革方案。三是在对国资企业进行资产分类基础上，组建或改组国有资本投资运营公司，作为国资企业的实际出资人，专司资本投资运营。

三、推动国有经济布局和结构优化

党的十五大首次明确提出要从战略上调整国有经济布局。党的十八届三中全会提出组建若干国有资本运营公司，支持有条件的国有企业改组为国有资本投资公司，为下一步深入推进国有经济布局优化调整，提供了有利契机和重要抓手。党的十九大报告指出，要完善各类国有资产管理体制，改革国有资本授权经营体制，加快国有经济布局优化、结构调整、战略性重组，促进国有资产保值增值，推动国有资本做强做优做大，有效防止国有资产流失。2018年中央经济工作会议进一步强调，要推动国有资本做强做优做大，完善国有企业国资改革方案，围绕管资本为主加快转变国有资产监管机构职能，改革国有资本授权经营体制。

1. 深入推进国有经济布局和结构调整优化的重要意义

（1）发挥市场在配置资源中决定性作用的必然要求。国有企业的定位决定了其本质是弥补市场失灵的作用，因此其与政府之间必然有千丝万缕的联系。为充分发挥市场在资源配置中的决定性作用，必须改革国有经济领域中存在的非市场化因素，破除既得利益集团的藩篱。推动国有经济向关键领域集中，合理减少国有经济的分布范围，放开自然垄断领域的竞争性环节，消除各种行政垄断，大力发展混合所有制经济，实现国有企业与市场经济的融合。这为各种所有制经济公平竞争和合作、建立符合市场经济要求的现代企业制度奠定了基础，更为激发市场主体的活力和创新力提供了组织保障。可见，深入推进国有经济布局调整，是深化国有企业改革、完善我国社会主义市场经济体制的必然要求，是我国加快从"半市场经济"向"市场经济"转型的微观基础，是实现市场在资源配置中起决定作用的关键所在。

（2）构建开放型经济新体制的形势所需。我国将构建开放型经济新体制，推进对内对外相互促进、"引进来"与"走出去"更好地结合，促进国际国内要素有序自由流动、资源高效配置、市场深度融合，企业在全球范围内配置资源、参与国际竞争将成为常态。而在国际商务活动中，竞争性行业的国有企业往往被认为有政府背景，比没有政府背景的企业更加受限，选择机会较少，发展空间较窄，在激烈的国际市场竞争中要付出更高的交易成本和风险代价。因此，深入推进国有经济布局调整，打造适合国际化发展需要、更富效率的企业组织新形式，是加快培育参与和引领国际经济合作竞争新优势的形势所需。

（3）新技术革命引导下产业升级的动力使然。打造国民经济升级版，促进产业结构转型升级，必然要求竞争性行业中成长出一批市场导向、技术领先、机制灵活的优势企业。未来诸如新一代通信、生物技术、新能源、3D打印以及信息与金融等融合发展的新领域，其商业模式创新以网络化、去集权化、小型化、个性化、灵活性为特点，国有大企业传统的工业化发展模式，难以跟上信息化后新兴产业的特点和节奏。另外，原本被认为具有自然垄断属性的垄断领域，随着新技术革命加速推进、市场容量扩大和金融创新的出现，导致某些进入、退出壁垒被逐渐克服，成为能够引入竞争、向社会资本开放的非自然垄断领域。因此，深入推进国有经济布局调整结构优化，顺应新的工业技术革命发展趋势，逐步从已失去竞争优势的竞争行业或过去所谓的支柱产业领域淡出，是我国产业结构转型升级的动力使然。

（4）促进民营经济健康发展的必然选择。我国国有企业长期以来的特殊地位使得民营企业与国有企业在资源配置上存在事实上的不平等，较之民营企业，国有企业享受到了相对廉价的融资、市场中的优势地位、大量的留存收益、政府补贴和倾斜政策。这种畸形的政企关系也导致国有企业及其管理部门腐败多发。要实现经济的持续健康发展和结构转型升级，无疑更需要一个公开、公平、公正的市场及一批充满活力和效率的现代企业。伴随着国有经济布局结构调整优化和股份制改造，需要进一步消除所有制标签，解放生产力，促进各种资本优势互补、深度融合和有机统一。因此，深入推进国有经济布局结构调整优化，必将推动落实对国有企业和民营企业一视同仁的政策要求，促进企业建立真正适应市场经济体制的现代企业制度和公司治理结构，有利于促进民营经济更为健康地发展。

（5）实现服务于国家战略目标定位的责任担当。党的十八届三中全会《决定》强调，国有资本投资运营要服务于国家战略目标，更多投向关系国家安全、国民经济命脉的重要行业和关键领域，重点提供公共服务、发展重要前瞻性战略性产业、保护生态环境、支持科技进步、保障国家安全。国有经济布局调整将进一步增强这些领域的重要作用，尤其是在市场失灵的公共性产品提供领域发挥应有作用。同时，退出的国有资本通过变现划拨等方式主要用于补充社保基金，既充分体现了国有资本的全民属性，无疑也有利于我国社会保障体系的进一步完善。因此，深入推进国有经济布局战略性调整，有利于改善民生、实现共同富裕，是实现国有资本服务于国家战略目标定位的当务之急。

（6）降低财政压力和风险的现实途径。国有企业往往将各种亏损，包括承担政策性任务形成的亏损和道德风险、管理不当等造成的亏损都归咎于政策性业务。而政府无法准确区分这两种亏损的差别，又不能推托对政策性负担所造成亏损的责任时，就只能把企业的几乎所有亏损责任都负担起来，在企业的亏损形成后给予事后的补贴，这样无疑增加了财政的负担。我国政府或明或暗地补贴某些行业的国有企业、给亏损国有企业"兜底"的做法，不仅违背了公平竞争的原则，无疑也加大了政府财政运行的风险。因此，深入推进国有经济布局结构调整优化，使国有资本真正集中到关系国家安全和国民经济命脉的关键领域，从一般竞争性领域逐步退出，是降低不必要的财政负担和风险、减轻财政压力的现实途径。

2. 国有经济布局和结构调整的历程和主要成效

（1）通过改制引入民营资本，推动国有资本从中小企业层面逐步退出。1998年以来，面对地方国有企业整体亏损严重、国有企业分布过宽、户数过多、形不成规模经济等状况，各地通过引入民营资本等方式对国有中小企业实施改制退出，成为缩短国有经济战线、促进国有资本向优势领域和产业集中的重要途径。到国资委成立前，经过国有对中小企业实施改制，在服装、皮革、鞋帽、家具、文教体育用品等制造业，国有经济已基本退出，国有经济的战线大大收缩，国有资源的配置效率和配置质量明显提高。

（2）通过政策性关闭破产，一批困难国有企业有序退出市场。一些大中型国有企业长期处于发展困境，国家为此实施了政策性关闭破产措施。截至2008年底，全国国有企业政策性关闭破产工作基本结束，共涉及项目5 000户，职工约1 000万人。通过政策性破产，一批长期亏损、资不抵债、扭亏无望的国有大中型困难企业和资源枯竭的矿山基本平稳有序地退出市场，形成了优胜劣汰机制，有力推动了国有经济布局结构的优化调整。①

（3）通过公司制、股份制改革，国有企业组织形态和产权结构发生显著变化。公司制是现代企业制度的有效组织形式，是建立中国特色现代国有企业制度的必要条件。近年来，经过多年改革，全国国有企业公司制改制面已达到90%以上，有力推动了国有企业政企分开，公司法人治理结构日趋完善，企业经营管理水平逐渐提高。截至2016年底，仍有部分国有企业特别是部分中央企业集团层面尚未完成公司制改制：国资委监管的101家中央企业中，有69家集团公司为全民所有制企业；近5万家中央企业子企业中，有约3 200家为全民所有制企业。在推进公司制改制的过程中，不少央企进一步摸清了资产状况，将长期"休眠"的子企业纳入压减范围，大大促进了瘦身健体工作，实现了轻装上阵。统计显示，截至2017年底，中央企业累计减少法人8 390家，节约管理费用135亿元，"三供一业"完成分离移交

---

① 陈鸿：《国有经济布局》，中国经济出版社2012年版，第93页。

或签订移交协议达80%。①

（4）通过深化试点，为国有资本布局结构调整优化发挥更大作用。2018年，政府工作报告提出，深化国有资本投资、运营公司等改革试点，赋予更多自主权。推动国有资本投资、运营公司在开展投资融资、产业培育、资本整合，推动产业集聚和转型升级等方面发挥更大作用，推动国有资本投资、运营公司作为市场化运作的专业化平台。此外，2018年，国资委还将推动国有资本投向符合国家战略的领域，调整优化布局结构；打好瘦身健体提质增效攻坚战，在供给侧结构性改革中发挥引领带动作用；开展集团公司层面股权多元化试点，分层分类推进混合所有制改革；加强规范董事会建设，形成更高水平的法人治理结构；充分发挥经理层任期制和契约化的关键作用，加快建立灵活高效的市场化经营机制。为推进央企创新，国资委成立了中央企业创新工作领导小组，研究出台9条针对国资委机关的措施，给央企创新创造环境、创造条件。同时，国资委还设立了中央企业国创投资引导基金，重点投向航天、核能、高铁、3D打印等一大批优质项目，加快突破产业发展瓶颈。数据表明，目前央企研发投入超过了全国研发投入总额的1/4。在国家科技奖励中，央企获得的科技奖项占获奖总数1/3以上，涌现一大批具有世界先进水平的标志性的重大科技成果。与此同时，央企搭建了众多各类"双创"平台，有效汇集社会创新资源，带动社会的创新，促进大中小企业融通发展，总体带动了社会就业超过600万人。2017年，中央企业实现利润14 230.8亿元，首次突破1.4万亿元，较上年增加1 874亿元，同比增长15.2%，经济效益的增量和增速均为五年来最好水平。98家中央企业中，49家企业效益增幅超过10%，26家企业效益增幅超过20%，利润总额过百亿元的中

---

① 郝鹏：《做强做优做大国有资本　加快培育具有全球竞争力的世界一流企业》，载于《国资报告》2018年3月1日。

央企业达到41家。

3. 国有经济布局和结构存在的问题

(1) 国有经济布局缺乏总体规划，深入推进优化调整存在体制障碍。一是对于关系国家安全和国民经济命脉的重要行业和关键领域的范围，目前尚没有明确的目录与标准，各方对这一问题的认识不尽一致，导致实际操作难度较大。二是国有资产管理条块分割。目前，在经营性国有资产中，既有国资委监管的112家大型企业集团，也有由财政部履行出资人代表职责的企业，还有由中央有关部门直接管理的近万家企业。在纵向上，国有企业又分为中央、省、地、县4级，分别有同级国资委或其他部门履行出资人代表职责。这一管理格局，使得国有资产无法统一管理，难以有效流动，也无法从全局高度对国有经济布局结构进行总体规划。

构建经营性国有资产统一集中监管体系的改革应该按照有利于转变政府职能、有利于企业发展、有利于职工队伍稳定、有利于国有资产保值增值的原则，应加强改革顶层设计，制定配套政策措施，强化改革的针对性和可操作性，确保改革积极稳妥推进。

(2) 国有经济分布仍过宽、过散，一般性竞争领域企业数量仍过多。目前，国民经济全部行业20个门类、96个行业大类中，国有经济涉及94个行业，中央企业各级子企业经营的业务涉及19个门类、90个行业大类。中央企业涉足行业大类数量在40个及以上的有44户，户数占比达37.3%。国有资本涉足行业过宽、战线过长，有的企业在国民经济96个大类中涉足70多个，法人单位数量过多，业务板块不清晰，不同层级子公司之间业务交叉混杂，内部相互竞争，影响企业整体功能。[①] 尤其是企业亏损多集中在5级以下，经营风险大，出现大量低效无效资

---

① 根据《中国统计年鉴》数据整理。

产、"僵尸企业"和长期亏损企业。推进中央企业间产业重组合作整合,有利于优化组织结构,集中优势发展主业,不断增强核心业务盈利能力和风险防控能力,有效提升经营管理水平和运营效率。相当一部分国有企业处于非重要行业和关键领域,规模偏小、实力较弱、技术创新能力不强,对行业的影响力和带动力有限。总体来看,国有资本经营范围较宽,产权链条较长,推进产业整合、优化资源配置任务依然艰巨。

党的十八大以来,我国共有34家企业进行重组,企业总数从117家到现在是98家,省级监管企业开展了136家重组,国有经济布局结构调整也取得了明显的优化和提高,这五年来,力度是最大的。关键是重组以后,企业更加优化,资产更加优化,资本更加集中,方向更加明确,改革发展方向更加明确了。

(3)产权结构不合理,混合所有制改革任务艰巨。一是母公司层面股权多元化推进缓慢。2015年,中央企业中实现股权多元化的仅有8家,其他均为国有独资公司或国有独资企业。2017年,多家央企旗下上市公司发布公告称控股股东完成改制及更名,从全民所有制企业改制为国有独资企业。据国资委消息,目前中央企业集团层面公司制改制方案已全部批复完毕,各省级国资委出资企业改制面达到95.8%。同年底,推进央企股份制改革,引入社会资本实现股权多元化。二是一些国有企业形式上通过上市等实现了混合所有制改革,但国有股一股独大,难以形成真正的制衡和约束机制。据统计,中央企业引入非国有资本的混合所有制企业中,国有绝对控股企业户数占比高达70%以上。2017年的国务院常务会议指出,对主业处于充分竞争行业和领域的商业类国有企业推进混合所有制改革。抓紧淘汰落后产能、处置"僵尸企业"。继续推动降杠杆、减负债。促进国有企业效益持续增长。下一步混合所有制改革,一个是混合所有制改革作为国有企业改革的重要突破口。再一个按照"宜改则改、宜控则控、宜参则参"的原则来进行推动,"一企一策"地进行混合所有制改革。和其他一些改革不一样，混合所有制改革是一个企业的市场化行为，不像公司制改制，2017年要全部完成。混改要根据企业的发展情况，根据各方面资本对企业参与改革的积极性来进行改革，所以一定会是一企一策。

4. 国有经济布局和结构的战略性调整

通过国有经济布局调整，国有经济比例降低并平稳在一定水平，使国有经济向公益性领域加强回归，向体现国家战略意图的基础性、战略性、前瞻性重要产业和领域收缩集中，竞争性领域实现产业和产权的广泛开放，中央地方层级分布功能明确，微观持股比例和企业组织规模进一步合理优化，不断增强国有经济的活力和影响力。

（1）外部总体布局调整。国有经济占国民经济比重多少为宜，没有一个绝对化标准。为使国民经济保持长期活力，发挥市场在配置资源中的决定性作用，必须在范围集中化的同时，合理降低国有经济在国民经济中的比重，进一步明确市场化改革的方向。

第一，建立国有资本有序进退的动态调整机制。继续推动国有资本向关系国家安全和国民经济命脉的重要行业和关键领域集中。有计划地促进国有资本从一般竞争性产业和非行业骨干企业退出，做到布局"少而精"。建立进入、退出机制，加快退出速度，加大退出力度，即使是国有资本必须进入的领域，也要在国有资本完成其特殊使命后通过市场化方式及时退出，实现国有经济的动态管理。

第二，以竞争性行业为突破口，加快国有资本退出步伐。对于一般竞争性行业，如纺织、轻工、传统商贸、房地产等，应促进国有经济逐步降低比重并有序退出，为非公有制经济快速发展创造更为广阔的市场空间。逐步减少竞争性行业国有企业数量，营利性的大型国有企业以转让股权等方式全部或大部分退出，降低控股度。中小型国有企业以转让股权等方式全部退出。地方竞争性国有企业退出步伐要快于中央企业。

第三，以产权为纽带，鼓励非公有制经济以控股或参股的混合所有制形式全面参与。加大对非公有制经济参与国有企业改革的支持力度，促进民营企业等非公经济成分企业通过并购、控股、参股等方式，参与国有经济布局调整，国有资本投资项目允许非国有资本参股，实现公有制经济与非公经济互利共赢。加快制定支持非公有制经济参与国有企业改革的政策规定和实施方案。

（2）内部产业布局调整。切实推动国有资本向关系国家安全、国民经济命脉的公益性、基础性、战略性、前瞻性产业和领域集中，这是国有经济战略性布局调整的重中之重。在公益性领域，更大限度地发挥国有经济的主导作用，实现国有资本强力回归。竞争性领域以混合所有制为基石，发挥市场配置资源的决定性作用。

第一，加大公益性、基础性、战略性行业国有经济进入力度。增量改革方面，适当增加公益性和不完全竞争性行业国有企业数量，以有效弥补公共服务的缺位，使国有资本投资运营更好地服务于国家战略目标，更多投向关系国家安全、国民经济命脉的重要行业和关键领域，重点提供公共服务。引领重要的前瞻性战略性产业发展，待非公有制经济成长壮大，有足够能力参与市场竞争后，国有经济考虑逐步退出，在保护生态环境、支持国家科技进步、保障国防军事和经济安全等领域更好地发挥国有经济的主导作用。

第二，细分垄断行业及其业务环节，加强自然垄断行业监管。借鉴国际上"网运分离，区域竞争""干线公司＋平行线竞争"等运营模式，引入相对竞争的经营模式。铁路支线、城际铁路、城市轨道交通等小型铁路，适合对社会资本开放。市政公用事业等具有区域性网络特征的领域，可以通过特许经营等方式对社会资本开放。放开对进口原油、成品油、天然气的限制，放宽对油气资源勘探开发市场准入，在油气等资源的中下游加工环节建立竞争的市场格局。烟草、食盐等行政垄断性质的专营行业不必要完全国有。

第三，放松行业准入，全面建立混合所有制经济。允许非公有资本进入法律法规未禁入的基础设施、公用事业及其他垄断性行业和领域。增强市政公用行业特许经营的透明度和规范度，提升非公有制企业进入特许经营领域的可操作性，有效消除导致其不愿、不想、不敢进入特许经营领域的约束，拓展非公有制经济发展的领域。

（3）内部央地层级布局调整。中央企业和地方国有企业的层级布局也应区别功能，合理调整。现阶段中央所属国有企业为实现国家战略意图，公益性和竞争性职能兼而有之，但要明确地方国有企业功能不同，要大量减少地方国有企业竞争的属性，更多发挥市场配置资源的作用，促使地方国有企业在提供公共服务、增进社会效益方面发挥更大作用。

第一，合理划分地方国有企业类别，进行差别化调整。对于地方国有企业，可以将其分为三类，有针对性地进行国有经济布局调整。第一类是各地提供公共服务的骨干企业，这些企业应该重点发展。第二类是服务地方城市建设的平台公司，实质是承担政府延伸职能，助推地方政府追求生产总值，帮助政府债务转移到企业身上。这类企业比重要大为减少，并做好风险防范，或引入社会资本参与公司经营，促进地方产业转型。第三类是大量的竞争性企业，建立混合所有制企业、资本运作、有序退出是唯一可靠的途径。

第二，将产权置换作为中央企业与地方国有企业层级布局调整的重要方式。中央与地方企业之间的产权置换应该以战略并购和强强并购为主要形式。通过产权置换，原来单一国有股东改变为中央和地方国资委，或者中央企业和地方企业共同持有股权的公司，使中央和地方国有独资企业实现股权多元化，更好地发挥中央企业和地方企业的整体作用。

（4）微观产权布局调整。合理优化企业资本结构，多数国有经济的作用通过混合所有制经济形式实现，控股的比例由绝对控股向相对控股转变，探索金股的方式以实现国家的控制力和影响力。

第一，坚持以股份制为方向进行国有企业改革。允许更多国有经济和其他所有制经济发展成为混合所有制经济，鼓励中央与地方、国有与非公之间交叉持股，大力发展多元持股的混合所有制企业。加快推进国有企业特别是母公司层面的公司制股份制改革。

第二，明确股份制改革的路径和措施。将事实上由政府掌握的产权适当分离，建立明确的国有产权委托代理关系。政府以股东身份，和其他持股者一样，通过董事会共同行使产权。争取大部分国有企业通过股权多元化改革，逐步发展成为混合所有制企业。通过实施股权多元化改革，吸引更多的社会资本与国有资本共同发展，促进国有企业进一步完善法人治理结构和内部的运行机制。

第三，通过上市完善国有股份进入及退出的合理流动机制。在股份化的基础上，优质的国有股份制公司可通过股票上市的途径，在上市交易的锁定期完毕后，依托资本市场增强国有资本的流动性，让国有资本根据需要顺畅地从相关产业退出或进入，实现从绝对控股向相对控股或参股甚至退出的调整。对于一定时期有必要强化国有控制力的领域，也可以通过资本市场买入更多股份，加大在公司的话语权。

第四，充分发挥国有资本投资运营公司的作用。国有资本投资公司以产业资本投资为主，着力培育产业竞争力；主要开展股权运营，改善国有资本的分布结构和质量效益，实现国有资本的保值增值。其与所出资企业更加强调以资本为纽带的投资与被投资的关系，在投资管理、公司治理、职业经理人管理、管控模式、考核分配等方面，力争更加市场化，更加充分体现国有经济的活力、控制力和影响力。

(5) 企业规模布局调整。规模布局调整包括两个方面：一方面从规模属中小型的国有企业中逐步退出，向大型企业集中；另一方面，单个国有企业的规模并非越大越好。我国某些特大型垄断企业的产权改革在较长时间内难以完全到位，但近中期内可以考虑将某些企业进行分拆或重组，以克服企业规模过大、管理层级太多所带来的效率低下，以及内部不同业务板块之间的利益输送问题。对于特大型规模的"恐龙化"企业，也可适当进行拆分，实行去"恐龙化"和归核化战略的调整。

四、国有资产监管体系的完善

改革开放40年来，我国国有资产管理制度从"一元监督"到"多龙治水"再到"国资委统筹兼顾"的转变，同时伴随着"管人、管事和管资产"到"管资本"的转变，国有资产的监督体系和监督格局不断完善。新时代我们完善国有资产监管体系，就是要更好地促进国有资本优化布局，使国有资本更好地服务于国家战略目标，更好地推进国有企业股权多元化改革，积极发展混合所有制经济，提升国有资本放大功能。

1. 准确把握国资监管机构定位，建设科学有效的监管体系

准确把握国有资产监管机构的职责定位，根据授权代表本级人民政府对监管企业依法履行出资人职责，科学界定国有资产出资人监管的边界，专司国有资产监管，不行使政府公共管理职能，不干预企业自主经营权。以管资本为主，重点管好国有资本布局、规范资本运作、提高资本回报、维护资本安全，更好地服务于国家战略目标，实现保值增值。发挥国有资产监管机构专业化监管优势，逐步推进国有资产出资人监管全覆盖。

重新构架监管体系，形成"国有资产监管机构—国有资本投资运营公司—经营性国有企业"的权责清晰、职能明确的国有资

产监管体系。在各地国资监管机构与经营性国有企业之间,组建国有资本运营公司以及通过改组设立国有资本投资公司,专门从事国有资本的运营管理,循序渐进地推广开来。在国资监管机构与国有资本投资运营公司之间,实现监管者与出资者职能的分离;在国有资本投资运营公司与经营性国有企业之间,实现出资者与企业的分离。通过两级分离,形成国资监管机构—国有资本投资运营公司—经营性国有企业三层国有资产管理架构(见图8-3)。这样的架构在给予企业经营空间的同时,也保证了政府的控制力。

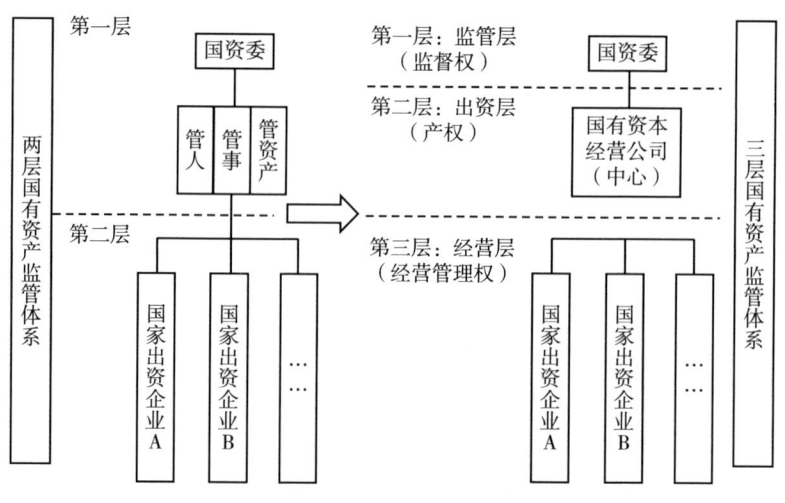

图8-3 三层国有资产监管体系

2. 明确国有资产监管重点,推进国有资产监管机构职能转变

进一步明确国有资产监管重点。加强战略规划引领,改进对监管企业主业界定和投资并购的管理方式,遵循市场机制,规范调整存量,科学配置增量,加快优化国有资本布局结构。加强对国有资本运营质量及监管企业财务状况的监测,强化国有产权流转环节监管,加大国有产权进场交易力度。按照国有

企业的功能界定和类别实行分类监管。改进考核体系和办法，综合考核资本运营质量、效率和收益，以经济增加值为主，并将转型升级、创新驱动、合规经营、履行社会责任等纳入考核指标体系。着力完善激励约束机制，将国有企业领导人员考核结果与职务任免、薪酬待遇有机结合，严格规范国有企业领导人员薪酬分配。建立健全与劳动力市场基本适应，与企业经济效益、劳动生产率挂钩的工资决定和正常增长机制。推动监管企业不断优化公司法人治理结构，把加强党的领导和完善公司治理统一起来，建立国有企业领导人员分类分层管理制度。强化国有资产监督，加强和改进外派监事会制度，建立健全国有企业违法违规经营责任追究体系、国有企业重大决策失误和失职渎职责任追究倒查机制。

推进国有资产监管机构职能转变。围绕增强监管企业活力和提高效率，聚焦监管内容，简政放权，该管的要科学管理、绝不缺位，不该管的要依法放权、绝不越位，将国有企业中关于"人与事"的权力下放给企业，发挥市场在资源配置上的决定性作用。将国有资产监管机构行使的投资计划、部分产权管理和重大事项决策等出资人权利，授权国有资本投资、运营公司和其他直接监管的企业行使，所有国有企业统一由不同地方层级的国有资本投资运营公司持股，切断国有企业与政府的直接管理关系，实现政企分开；在促进监管的同时，要充分发挥国有资本投资运营公司资本管理功能，允许国有资本投资运营公司跨行业持股，弱化国有资本投资运营公司的行业属性，增强其资本管理的属性；加强对企业集团的整体监管，将延伸到子企业的管理事项原则上归位于一级企业，由一级企业依法依规决策；对国有资本投资运营公司的运行范围进行严格规范，除投资管理业务之外，不进行其他经营活动，除行使《公司法》规定的股东权利外，不干涉投资企业的正常运营；将国有资产监管机构配合承担的公共管理职能，归位于相关政府部门和单位。

3. 改进国有资产监管方式和手段，内外结合促进监管体系有效落实

改进国有资产监管方式和手段。大力推进依法监管，着力创新监管方式和手段。按照事前规范制度、事中加强监控、事后强化问责的思路，更多地运用法治化、市场化的监管方式，切实减少出资人审批核准事项，改变行政化管理方式。通过"一企一策"制定公司章程、规范董事会运作、严格选派和管理股东代表和董事监事，将国有出资人意志有效体现在公司治理结构中。针对企业不同功能定位，在战略规划制定、资本运作模式、人员选用机制、经营业绩考核等方面，实施更加精准有效的分类监管。调整国有资产监管机构内部组织设置和职能配置，建立监管权力清单和责任清单，优化监管流程，提高监管效率。建立出资人监管信息化工作平台，推进监管工作协同，实现信息共享和动态监管。完善国有资产和国有企业信息公开制度，设立统一的信息公开网络平台，在不涉及国家秘密和企业商业秘密的前提下，依法依规及时准确地披露国有资本整体运营情况、企业国有资产保值增值及经营业绩考核总体情况、国有资产监管制度和监督检查情况，以及国有企业公司治理和管理架构、财务状况、关联交易、企业负责人薪酬等信息，建设阳光国有企业。

内外结合，促进监管体系的有效落实。从外部来看，要加强外部监管机构的监管力度，由国资专职监管部门向国有企业派驻财务总监，做到国有资产走向哪里，监管就到哪里，有利于规范国有企业的经营行为。同时，发挥行政审计及行政监察的作用，对查到的国有资产侵占行为依法进行问责，追求其行政和法律责任。从政府行为方面加强对国有企业国有资产的外部监管。从内部监管方面，国有企业已经按照《公司法》建立完整的董事会、监事会、股东会。这其中最重要的一点就是明确国有股权的代表，并参与到监管行为之中。对于国有企业的法定代表人，其对企业法人财产及净资产的保值增值承担责任。从而有效避免国有

财产的侵吞行为，维护纳税人的合法权益，避免国有资产流失。除了建立内部监管机构外，必须强调落实各机构的监管责任。这就要发挥民主监督的优势。要求国有企业向上级监管部门及企业内部对国有资产的处置进行合理披露，尤其是大额的资金调度及重大资产的处置。使员工能够明确企业国有资产的使用，并拓宽企业员工举报渠道，形成企业内部互相制约、互相配合、分工负责的管理机制。同时，国有企业混合制改革中，推动员工持股，能够有效平衡员工利益和资产流失，激发企业的经济活力。

4. 完善落实监管配套政策法规，促进混合所有制改革开展

完善相关法律法规，落实相关配套政策。做好国资监管相关法律法规的立改废释工作，健全国有资产监管法律法规体系。按照立法程序，抓紧推动开展企业国有资产法修订工作，出台相关配套法规，为做好国有资产监管夯实法律基础、提供法律保障和监管指向。根据国有企业公司制改革进展情况，推动适时废止全民所有制工业企业法。研究起草企业国有资产基础管理条例，统一管理规则。落实和完善国有企业重组整合涉及的资产评估增值、土地变更登记和国有资产无偿划转等方面税收优惠政策，切实明确国有企业改制重组过程中涉及的债权债务承接主体和责任，完善国有企业退出的相关政策，依法妥善处理劳动关系调整和社会保险关系接续等相关问题，为国有资产监管提供政策支撑和方向指导。完善落实监管配套法规，按照依法依规、分类推进、规范程序、市场运作的原则，以管资本为主，稳步将党政机关、事业单位所属企业的国有资本纳入经营性国有资产集中统一监管体系，明确好国有资产监管机构与国有资本投资、运营公司的关系，界定好国有资本投资、运营公司与所出资企业的关系，切实做好监管，使真正具备条件的进入国有资本投资、运营公司。

完善国有资产监管体系，促进混合所有制改革的推进。在国资监管中，要按照不同的国有企业类型合理调整监管侧重点，在国有资本的放大与控制功能之间实现平衡，逐步放开国资监管设

置的壁垒，积极推进各行业领域对民间资本的开放。国有资本是绝对控股、相对控股还是参股，需要依据行业性质和国有企业类型决定。对于涉及国家战略及市场失灵的非竞争性领域，探索"负面清单"管理办法，对民间资本不开放的领域应以"负面清单"的方式进行公示，保持国有资本控制力；而在竞争性领域，则应积极吸引民间资本进入，营造国资与民资平等使用要素、公平参与竞争、同等受到法律保护的环境，在监管中不做"两面派"，促进各类所有制企业平等竞争，使国资民资互荣共生。混合所有制改革推进下，完善国资监管，促使国有资产走向市场流转，要秉持公开、公平、公正原则，促进国有资产的保值增值，避免国有资产非法流失的发生，促进国有资产产权规范化。国有资产产权的转让行为在国家依法设立的产权交易机构中进行，不受区域、行业或者出资者的干涉，对国有资产的产权流转信息在公众平台上进行公示，对存在异议的转让行为应建立调查小组，依法取证，确认符合转让标准后方可继续履行转让行为。如异议属实的，必须停止转让行为。未来，所有的国有资产买卖并购将通过合法的程序参与到产权交易市场中来，并严格执行交割单制度，坚决制止国有资产的场外交易和私下交易，防范国有资产流失。

参 考 文 献

1. 中共中央文献研究室:《十五大以来重要文献选编》(上)、(中),人民出版社2000年版。
2. 中共中央文献研究室:《十五大以来重要文献选编》(中),人民出版社2003年版。
3. 中共中央文献研究室:《十六大以来重要文献选编》(上)、(中),人民出版社2006年版。
4. 中共中央文献研究室:《十六大以来重要文献选编》(下),人民出版社2008年版。
5. 中共中央文献研究室:《十七大以来重要文献选编》(上),人民出版社2009年版。
6. 中共中央文献研究室:《十七大以来重要文献选编》(中),人民出版社2013年版。
7. 中共中央文献研究室:《十八大以来重要文献》(上),中央文献出版社2014年版。
8. 中共中央文献研究室:《十八大以来重要文献》(中),中央文献出版社2016年版。
9. 中共中央文献研究室:《十八大以来重要文献》(下),中央文献出版社2018年版。
10. 武力:《论50年代公私合营由经营方式转变为改造方式的原因》,载于《教学与研究》1997年第7期。
11. 张侃:《建国初期在华外资企业改造初探(1949~1962):以上海为例》,载于《中国经济史研究》2004年第1期。

12. 涂克明：《国营经济的建立及其在建国初期的巨大作用》，载于《中共党史研究》1995年第2期。

13. 郑会欣：《对"官僚资本"的再认识》，载于《民国档案》2003年第4期。

14. 汪裕尧：《关于资本主义工商业社会主义改造的几个问题——读毛泽东关于资本主义工商业改造的三篇著作》，载于《党的文献》1998年第6期。

15. 周振华：《国营企业改革与非国营经济发展》，载于《经济研究》1982年第8期。

16. 沈志华：《新中国建立初期苏联对华经济援助的基本情况（上）》，载于《俄罗斯研究》2001年第1期。

17. 沈志华：《新中国建立初期苏联对华经济援助的基本情况（下）》，载于《俄罗斯研究》2001年第5期。

18. 孙瑞鸢：《资本主义工商业社会主义改造道路的形成》，载于《中共党史研究》1988年第4期。

19. 黄群慧：《"新国企"是怎样炼成的——中国国有企业改革40年回顾》，载于《中国经济学人》（China Economist）2018年第1期。

20. 綦好东、郭骏超、朱炜：《国有企业混合所有制改革：动力、阻力与实现路径》，载于《管理世界》2017年第10期。

21. 周楠：《国有企业混合所有制改革的思考与建议》，载于《企业管理》2018年第2期。

22. 张冰石、马忠、夏子航：《国有企业混合所有制改革理论研究》，载于《经济体制改革》2017年第6期。

23. 肖浩辉：《坚定不移地把国有企业做强做优做大不动摇》，载于《湖南社会科学》2017年第6期。

24. 戚聿东、刘健：《深化国有企业改革的方向和路径——"深化国有企业改革研讨会"观点综述》，载于《中国工业经济》2013年第12期。

25. 王金胜、陈明：《我国国有企业改革：历程、思路与展望》，载于《华东经济管理》2008 年 8 月。

26. 顾钰民：《习近平做大做强做优国有企业的理论逻辑》，载于《思想理论教育导刊》2018 年第 1 期。

27. 黄群慧、余菁：《新时期的新思路：国有企业分类改革与治理》，载于《中国工业经济》2013 年第 11 期。

28. 徐小三：《关于企业的性质"完整"解释的讨论》，载于《生产力研究》2010 年第 10 期。

29. 黄凯南、黄少安：《企业的性质：契约理论和演化理论的比较和融合》，载于《求索》2008 年第 4 期。

30. 谢德仁：《企业的性质：要素使用权交易合约之履行过程》，载于《经济研究》2002 年第 4 期。

31. 周其仁：《公有制企业的性质》，载于《经济研究》2000 年第 11 期。

32. 杨卫东：《国有企业工具论》，武汉大学出版社 2011 年版。

33. 胡岳岷：《论国有企业的性质》，载于《江汉论坛》2005 年第 8 期。

34. 郁义鸿：《企业的性质：能力理论的阐释》，载于《经济科学》2001 年第 6 期。

35. 邵传林：《国有企业性质的比较制度分析》，载于《经济学动态》2011 年第 9 期。

36. 黄速建、余菁：《国有企业的性质、目标与社会责任》，载于《中国工业经济》2006 年第 2 期。

37. 曲卫彬：《国有企业的功能》，载于《财经问题研究》1997 年第 8 期。

38. 陈敬武：《国有经济的功能定位分析》，载于《科学学与科学技术管理》2001 年第 5 期。

39. 雷星晖、刘万才：《从功能变迁看国有企业的战略性调整》，载于《经济体制改革》2007 年第 2 期。

40. 李玲：《论国有企业基本功能的合理定位》，载于《中国财政》2012 年第 3 期。

41. 科斯：《企业、市场与组织》，上海人民出版社 1996 年版。

42. 陈佳贵、黄群慧：《中国工业化进程报告（1995~2010）》，社会科学文献出版社 2012 年版。

43. 中国人民大学经济研究报告课题组：《国有企业的分类改革战略》，载于《教学与研究》1998 年第 2 期。

44. 黄群慧、余菁：《新时期的新思路：国有企业分类改革与治理》，载于《中国工业经济》2013 年第 11 期。

45. 中国社会科学院工业经济研究所课题组：《论新时期全面深化国有经济改革重大任务》，载于《中国工业经济》2014 年第 9 期。

46. 董辅礽：《从企业功能着眼，分类改革国有企业》，载于《改革》1995 年第 4 期。

47. 黄速建：《中国国有企业混合所有制改革研究》，载于《经济管理》2014 年第 7 期。

48. 余菁、黄群慧：《新时期全面深化国有企业改革的进展、问题与建议》，载于《中共中央党校学报》2017 年第 5 期。

49. 高明华、杨丹、杜雯翠等：《国有企业分类改革与分类治理——基于七家国有企业的调研》，载于《经济社会体制比较》2014 年第 2 期。

50. 刘现伟：《以管资本为主推进国企分类监管的思路与对策》，载于《经济纵横》2017 年第 2 期。

51. 兰定香：《建立现代产权制度与国有企业分类改革》，载于《经济体制改革》2006 年第 1 期。

52. 余菁：《现代公司治理变革与国企制度创新》，载于《人民论坛》2016 年第 1 期。

53. 于东智、谷立日：《公司的领导权结构与公司绩效》，载于《中国工业经济》2002 年第 2 期。

54. 奥利弗·哈特：《公司治理：理论与启示》，载于《经济学动态》1996年第6期。

55. 苏东蔚、林大庞：《股权激励、盈余管理与公司治理》，载于《经济研究》2010年第11期。

56. 李维安、李汉军：《股权结构、高管持股与公司绩效——来自民营上市公司的证据》，载于《南开管理评论》2006年第5期。

57. 中国宏观经济分析与预测课题组：《新时期新国企的新改革思路——国有企业分类改革的逻辑、路径与实施》，载于《经济理论与经济管理》2017年第5期。

58. 杜奋根、程恩富：《中国特色社会主义经济制度是科学社会主义继承性发展——兼评三种流行的误论》，载于《马克思主义研究》2017年第11期。

59. 章治国：《坚持和改善党对国有企业的领导》，载于《理论视野》2017年第8期。

60. 丰存斌：《规范国有企业法人治理结构的基本路径》，载于《经济问题》2017年第7期。

61. 张凡：《中国特色社会主义经济理论问题探析》，载于《经济研究导刊》2017年第11期。

62. 胡乐明、宁阳：《论完善中国特色社会主义经济制度体系》，载于《青海社会科学》2014年第5期。

63. 胡乐明：《以总体性思维构建中国特色社会主义经济制度体系》，载于《马克思主义研究》2014年第1期。

64. 柳随年、吴群敢：《中国社会主义经济简史》，黑龙江人民出版社1985年版。

65. 国家统计局国民经济综合统计司：《新中国五十年统计资料汇编》，中国统计出版社1999年版。

66. 赵昌文、许召元、朱鸿鸣：《工业化后期的中国经济增长新动力》，载于《中国工业经济》2015年第6期。

67. 陆剑、柳剑平、程时雄：《中国与OECD主要国家工业行业技术差距的动态测度》，载于《世界经济》2014年第9期。

68. 许召元、张文魁：《国企改革对经济增速的提振效应研究》，载于《经济研究》2015 年第 4 期。

69. 盛丰：《生产效率、创新效率与国企改革——微观企业数据的经验分析》，载于《产业经济研究》2012 年第 4 期。

70. 邢炜、周孝：《国企改革与技术创新模式转变》，载于《产业经济研究》2016 年第 6 期。

71. 李政：《发挥国有企业在自主创新中的引领作用》，载于《光明日报》2015 年 4 月 8 日。

72. 彼得·德鲁克：《创新与企业家精神》，机械工业出版社 2012 年版。

73. 宋立丰：《中—德国有企业创新动力与激励机制比较与借鉴研究》，载于《科学管理研究》2017 年第 5 期。

74. 肖广岭、杨淳等：《企业创新发展研究》，清华大学出版社 2015 年版。

75. 郑尚植、贾思宇、夏奕天：《企业家精神对东北三省经济增长影响的实证研究》，载于《东北财经大学学报》2018 年第 1 期。

76. 庄子银：《企业家精神、持续技术创新和长期经济增长的微观机制》，载于《世界经济》2005 年第 12 期。

77. 李新春、王珺、丘海雄、张书军：《企业家精神、企业家能力与企业成长——"企业家理论与企业成长国际研讨会"综述》，载于《经济研究》2012 年第 1 期。

78. 胡永刚、石崇：《扭曲、企业家精神与中国经济增长》，载于《经济研究》2016 年第 7 期。

79. 宋河发、李振兴：《影响制约科技成果转化和知识产权运用的问题分析与对策研究》，载于《中国科学院院刊》2014 年第 5 期。

80. 张斌：《全球化视角下的我国企业专利战略研究》，载于《财政研究》2013 年第 4 期。

81. 曹新明、梅术文：《知识产权保护战略研究》，知识产权出版社 2010 年版。

82. 武常岐、钱婷：《集团控制与国有企业治理》，载于《经济研究》2011年第6期。

83. 邬德政、刘鸿渊、段龙龙：《政府职能转型视角下国企改革的目标价值取向研究》，载于《管理世界》2015年第2期。

84. 杨红英、童露：《论混合所有制改革下的国有企业公司治理》，载于《宏观经济研究》2015年第1期。

85. 薛有志、马程程：《国企监督制度的"困境"摆脱与创新》，载于《改革》2018年第3期。

86. 曹冬梅、辜胜阻、郑超：《当前国有资产管理与国有企业改革研究》，载于《中国科技论坛》2015年第7期。

87. 廖红伟、张楠：《论新型国有资产的监管体制转型——基于"管资产"转向"管资本"的视角》，载于《江汉论坛》2016年第3期。

88. 荣兆梓：《国有资产管理体制进一步改革的总体思路》，载于《中国工业经济》2012年第1期。

89. 《中共中央关于全面深化改革若干重大问题的决定》，人民出版社2013年版。

90. 张宁：《"一带一路"倡议下国有企业"走出去"面临的挑战与应对》，载于《国际贸易》2017年第10期。

91. X. Yang, Y. K. Ng. Theory of the Firm and Structure of Residual Right [J]. Journal of Economic Behavior and Organization, 1995, (26).

92. Andrew G. W., Jean O. Property Rights in the Chinese Economy: Contours of the Process of China [M]. California: Stanford University Press, 1999.

93. Grossman, O. Hart. An Analysis of the Principal – Agent Problem [J]. Econometrica, 1983, (4).

94. O. Hart. Incomplete Contracts and the Theory of the Firm [J]. Journal of Law, Economics and Organization, 1988, (4):

119 – 139.

95. Hart & Moore. Property Rights and the Nature of the Firm [J]. Journal of Political Economy, 1990, (98): 1119 – 1158.

96. Williamson, O. E. Markets and Hierarchies: Analysis and Anti – Trust Implications. New York: Free Press, 1975.

后记

2018年3月，著名经济学家、中央民族大学黄泰岩教授电话布置我写一本国有企业改革方面的书，考虑到最近三四年一直研究中国特色社会主义初级阶段基本经济制度和国有企业改革方面的课题，我欣然接受了黄老师布置的任务。这本书是"中国道路"大型丛书中的一本。这套大型丛书从多个方面对"中国道路"的实践、成就和经验，以及历史、现实与未来，分卷分册作出全景式阐释展示。

2018年是我国改革开放40周年。1978年，在邓小平同志倡导下，以中共十一届三中全会为标志，中国开启了改革开放伟大历程。从农村到城市，从试点到推广，从经济体制改革到全面深化改革，在中国共产党领导下，40年来，中国人民用勤劳的双手书写了国家和民族发展的壮丽史诗，创造了伟大的时代传奇！中国特色国有企业改革发展是中国特色社会主义道路的重要组成部分。国有企业改革始终是我国经济体制改革的中心环节。国有企业是国民经济的主导力量，是社会主义经济的重要支柱。国有企业是维护和巩固社会主义公有制性质、引领国家经济发展的主导力量。国有企业是推动改革开放的主要力量，是社会责任的主要履行者。国有企业成为中国改革开放事业的主要推动力量，从放权让利到两权分离为基础的经营承包制再到现代企业制度建设，从深化国有企业改革到混合所有制改革，国有企业克服重重困难、负重前行，为我国经济、国防、民生和精神文明建设作出了巨大贡献。功勋卓著，功不可没！在改革开放40周年之际，我们来总结国有企业改革的历程，努力进行国有企业改革理论的升华，是一项十分有意义的工作。

  本书由我拟订提纲，并由我和我的学生分工完成。全书的分工为：前言，葛扬；第一章，孙睿；第二章，孙睿、葛扬；第三章，严紫翔；第四章，朱煜铭、葛扬；第五章，丁涵浩、葛扬；第六章，葛扬；第七章，刘可、葛扬；第八章，张建平、郑润润。最后由我统稿。

  在本书形成中，参考了大量的研究文献，在此表示真诚的感谢！同时，在整个课题研究和本书写作过程中，一直得到黄泰岩老师的指导和督促，经济科学出版社孙丽丽编辑付出了辛勤的劳动，在此一并表示衷心感谢！

  限于我们的认识水平，书稿中一定存在不少的疏漏甚至错误，敬请读者批评指正！

葛　扬

2019年10月22日

于北京西皇城根北街